장주(莊周)가 나비냐
나비가 장주(莊周)냐

장　　자
（莊　　子）

盧 在 昱 편저

자유문고

장자(莊子)란 어떤 책인가?

『장자』는 중국 고대(古代)의 사상문헌(思想文獻)에서 빼놓을 수 없는 인물이며, 만물일원론(萬物一元論)을 주창하고 해탈(解脫)의 중국적 사고를 논리 정연하게 갖춘 책이다.

이 『장자(莊子)』라는 저서를 남긴 장자는 과연 어떤 사람인가?

장자의 이름은 주(周)요, 자(子)는 중국에서 흔히 쓰는 존칭이며 장주(莊周)의 출생이나 사망연대는 확실하지 않다.

다만 사마천(司馬遷)의 사기열전(史記列傳)에 있는 기록이 그에 대한 기록의 전부다.

이 사기의 장주열전에 양혜왕(梁惠王=서기전 370~319년 재위)이나, 제선왕(齊宣王=서기전 319~301년 재위)과 동시대의 사람으로 서기전 4세기 중엽의 인물이라는, 연대가 불확실한 기록만 남아 있다.

현재 여러 학자들은 이 『장자(莊子)』에 출현하는 많은 역사적 인물의 연대(年代)에서 고증하여 '장주(莊周)'의 생몰연대를 밝히고자 하지만 결국은 설(說)에 그칠 뿐 정확한 결론은 얻지 못하고 있다.

사마천의 『사기(史記)』에서 노장신한열전(老莊申韓列傳) 등을 살펴 보면 대략 다음과 같은 설(說)이 유력하다고 볼 수 있겠다.

장주와 가장 밀접한 교섭을 가지고 양나라 혜왕(서기전 370~319 재위)과 양왕(서기전 318~296 재위), 2대에 걸쳐 대신(大臣)의 지위에 올라 벼슬한 혜시(惠施)가 그 지위를 내놓고 초나라(楚國)로 쫓겨간 연대가 서기전 306년, 양나라 양왕 13년이었다.

장주가 혜시의 사후에도 살아 있었다는 것은, 『장자』 잡편의 서무귀에 장주가 혜시의 묘를 찾아 그의 죽음을 추도(追悼)했다는 이야기에서 알 수 있다.

『회남자(淮南子)』의 수무훈(脩務訓)에는 혜시의 사후에 장주가 호적수(好敵手)를 잃고 침묵한 이야기가 실려 있다.

혜시(惠施)의 죽음을 그가 초나라로 쫓겨난 이후 10년 안팎으로 보면 장주가 서기전 300년경에 이 세상에 살아 있었음이 확실하다 하겠다.

그래서 장주의 탄생을 서기전 370년경(양나라 혜왕의 초기)으로 본 현대 학자 마서륜(馬敍倫)의 고증에 따르면, 요컨대 장주(莊周)는 서기전 370년경부터 서기전 300년경까지 약 70여년의 생애를 이 세상에서 살았다는 것이다.

덧붙여 말하면 장자의 죽음을 서기전 300년경으로 본다면 같은 시기에 여러 나라를 유세(遊說)하며 활약한 맹자(孟子)와의 관계가 문제된다.

그러나 두 사람의 교제에 대하여 『맹자(孟子)』라는 책에도 『장자(莊子)』 가운데도 서로의 기사(記事)가 보이지 않는다.

그 이유에 대하여 여러 학자가 온갖 억측을 낳고 있으나 아마 당시에 맹자에 있어 장자의 존재는 그렇게 경계할 만한 사상적인 적대성을 갖지 않았을 것이고, 장자 역시 맹자의 존재를 공자(孔子)만큼 크게 관심의 대상으로 삼지 않았을 것이기 때문이다.

그런데 장자가 살았던 서기전 4세기 당시의 중국은 어떠한 시대였던가? 그것은 고대 중국 역사에 있어 전국시대(戰國時代)라 부른 때이다.

이때는 전쟁과 살륙으로 얼룩진 피비린내 나는 시대였다. 이러한 불안과 절망만이 충만한 시대에 태어난 그의 철학은 불안과 절망을 초월하고 극복하는데서부터 시작되었다.

장주의 출생지에 관하여는 『사기』에 몽(蒙)지방 사람으로 쓰여 있다. 몽(蒙)은 마서륜(馬敍倫)의 고증에도 밝혔듯이 송(宋)나라에 속하는 땅(지금은 하남성 귀덕부 상구현 부근)이었다.

장주가 송나라 사람이란 사실은 그의 생활이나 사상에 비추어

볼 때 극히 중요한 의미를 갖는다.
  송나라는 주나라에게 패망한 은(殷)나라 민족이 살던 땅이다.
  서기전 12세기경 서북방으로부터 황하(黃河)를 따라 동쪽으로 내려온 주나라 민족(周民族)은, 지금의 하남성 동북부에 도읍한 은(殷)민족을 패망시켰고, 그 망국(亡國)의 민중들은 주(周)의 지배하에 있으면서 주나라의 통치를 받으며 은나라의 가계를 이어온 것이다.
  피정복자(被征服者)로서 그들의 생활은 결코 행복할 수 없었던 것으로 당연히 예상된다(그들의 운명에 관하여는 『춘추좌씨전』이나 『서경』 등에 구체적으로 기술되어 있다.). 그러나 정복자의 비웃음이나 멸시에도 불구하고 송인(宋人)들에게는 정복자들이 갖지 못한 오래된 문화와 전통이 있었다.
  로마에 정복당한 희랍인이 문화적으로는 오히려 로마인을 지도했지만, 북구(北歐)의 바바리안에게 유린당한 로마인들은 그들을 역으로 자신들의 문화속으로 동화(同化)시킨 것처럼 송나라 사람들도 역시 그 오랜 역사로 문화는 정복자보다 우월하였다.
  그래서 새로운 정복자인 주나라 민족이 멀지않아 독자적 문화를 가지기 시작하면서 송나라를 중심으로 한 오래된 문화와 제(齊)·노(魯)를 중심으로 한 새로운 신문화가 춘추전국시대(春秋戰國時代)에 있어서 두 문화권으로 대립했다.
  공자나 맹자가 후자의 문화권에서 나왔고 노자와 장자는 전자의 문화권에서 태어났다고 볼 수 있다.
  후자에는 인간의 힘에 대한 확신과 기대가 있었고 빛나는 이상(理想)과 그 이상을 가능케하는 정치적 현실이 있었다.
  그러나 전자에는 인간의 무력(無力)과 이상의 허무함에 대한 속절없는 응시(凝視)가 있을 뿐이었다. 역사의 좌절과 사람의 세상이 험난(險難)함에 대한 비참한 반추(反芻)만이 있었고, 거기에는 '어두운 골짜기'에 머뭇거리는 구슬픈 통곡과 닫혀진 울분이 있을 뿐이었다.
  그들에게 있어 인생이란 그대로 이상(理想)과 연결되는 직선적인 것이 아니라 멀리 돌고, 뒤로 돌고, 기울고, 다시 반복하는 곡선적인 것이었다.

그들에게 있어 행복이란 뒤집어 놓은 불행(不幸)이며 즐거움이란 뒤집힌 슬픔에 지나지 않았다.

그들은 벌써 인간이 잃는 것(喪) 없이는 얻을(得) 수 없다고 생각하였고 망한다(亡)는 생각 없이는 있는 것(存)을 생각하지 않았다. 그들은 인간과 인간의 역사를 포함한 자연의 유구(悠久)한 것을 동경했다.

앞으로 나아가는(進) 떳떳한 것보다는 뒤로 물러나는(退) 강인한 것에 깊은 관심을 가졌다. 그들의 부정(否定)과 역설(逆說)의 철학이 거기에서 성립되는 것이다.

장자가 살아온 배경에는 이러한 송(宋)의 전통문화가 있었다. 그의 철학은 이러한 어두운 골짜기의 예지(叡智)를 그 정신적인 풍토로하여 육성된 것이라 생각된다.

또 장자의 생활에 대하여는 아무것도 전하여져 온 바 없다. 역시 그는 그답게 역사에의 '혼돈화(渾沌化)'가 아니겠는가?

현재 전하여져 내려 오는 『장자』의 외편·잡편의 곳곳에 단편적으로나마 그의 생활에 대한 몇 가지 일화(逸話)가 보인다. 한마디로 말하여 요컨대 장자의 세속적인 생활은 그 자신이 적절하게 표현했듯이 '오독(汚瀆) 속의 인생'이었다.

그는 그 오독속에서 유유자적하며 노니는 방법을 알고 있었다.

자기의 빈궁을 희롱하고 자기의 오욕과 노닐며 자기의 육친의 죽음과도 홀연히 유희하며 자기의 인생과 소요(逍遙)하는 방법을 장주는 알고 있었다. 그의 생활은 그의 유희(遊戱)였다.

그 유희는 그가 찌들대로 찌든 인생의 밑바닥에서 찾아낸 그의 해탈(解脫)에 지나지 않았다. 장주의 초월은 그의 '오독속의 인생'에 지탱되어 있는 것이다.

장자에서 해탈의 논리란 무엇을 말하는 것인가? 그것은 인간의 도(道) 곧 실재(實在)에의 혼돈화(渾沌化)라 할 수 있겠다.

장자에서 도라고 하는 실재란 '살아 있는 혼돈'이며 모든 대립과 모순을 있는 그대로 자기의 내면으로 포섭하는 크나큰 무질서다. 또한 인간의 개념적 인식(概念的認識)을 초월하여 체험(體驗) 이외에는 다시 없는 생생발랄(生生潑剌)한 우주의 기능 그것이었다.

그 생생한 혼돈과 그대로 하나가 되어 살아 있는 혼돈을 살아 있는 혼돈 그대로 소중하게 여기는 것이 장자의 해탈이었다.

곧 장자는 인간이 그 눈으로 보고 그 귀로 듣는 존재하는 세계의 다양성을 부정하고, 세계의 진실한 모습을 한결같은 것(카오스)으로 파악하고 있다.

그 존재성을 무너뜨리고 인식주관(認識主觀)의 자아(自我)마저 그 안에 포함시켜 세계의 진실태(眞實態)를 한결같은 비존재(非存在=무(無))로 파악하는 것이다.

인간의 마음은 알음알이(心知)의 분별에 따라, 본래 하나인 도(道) 곧 실재를, 시(是)와 비(非)로 나누고 미(美)와 추(醜)로 갈라 놓았으며 크고(大) 작음(小)으로 구분할 뿐 아니라 인간과 짐승(禽獸)으로 분별하여 놓았다.

그러나 실제에 있어서는 시(是)가 비(非)일 수도 있고 미(美)가 추(醜)일 수도 있으며 대(大)가 소(小)가 되고 꿈(夢) 또한 현실로 될 수 있으며 인간이 짐승으로 될 수도 있다는 것이다.

인간은 또 마음의 알음알이로 분별함에 따라 모든 사물을 원인과 결과의 계열(系列)에 질서를 붙여 현재를 과거에, 미래를 현재에, 현상(現象)을 본체에, 인간을 신(神)에게, 인과(因果)로 결부시키지만 실재의 세계에서 만상(萬象)은 자연히 생겨 스스로 변화하는 것이다.

그것은 그 무엇에도 의존하지 않고, 그 어떠한 것으로도 인과관계를 가지지 않는다고 본다.

본래 하나인 실재의 진상(眞相)을 시비·미추·대소 등으로 분별하는 곳에서 인간의 비극인 탐닉(貪溺)과 망집(妄執)이 시작되는 것이다.

본래 자생자화(自生自化)하는 만상을 인과적 사유(因果的思惟)

로 하여금 천착(穿鑿)시키는데서, 주어진 현재를 주어진 현재로 솔직하게 받아들여 살아가는 인간의 정의(逞意)한 정신도 곧 질식되어진다.

때문에 장자적 절대자는 인간의 심지(心知)의 분별을 실재인 하나에 혼돈화하였다.

자기를 실재인 하나에 혼돈화시킨 무심망아(無心忘我)의 경지에 놓았을 때 장자적 절대자의 해탈이 성립되는 것이다.

인간의 모든 탐닉과 망집이 여기에서 해방되며, 인간의 모든 슬픔과 두려움이 여기에서 초극(超克)된다.

장자는 오직 생멸변화(生滅變化)하는 만상의 자연에 자기를 빈 마음으로 내놓고 자기에게 주어진 현재를 자기의 모든 것으로서 긍정하였다.

주어진 현재가 삶(生)이면 그 삶에 흠쾌(欽快)히 살아가고, 주어진 현재가 죽음(死)이라면 그 죽음을 편안하게 받아들이는 것이다. 주어진 현재가 꿈이면 그 꿈속에서 오직 즐겁게, 주어진 현재가 새(鳥)라면 그 날개로 하늘 높이 비상(飛翔)한다.

죽음과 삶과 꿈과 새가 주어진 필연이라도 그 필연을 좋은 것으로 긍정하는 자기는 벌써 단순한 필연은 아닌 것이다.

일체를 도(道)로 긍정하는 곳에 일체의 자유가 있다. 장자에게는 자기의 혼돈화란 일체를 도라는 진실재(眞實在)로 긍정하는 것이다. 장자적 절대자의 해탈이란 일체를 진실재인 자연으로 긍정하는 도리밖에 없는 것이다.

현대 인류는 스스로 문명이라고 자랑하는 것들에 파묻혀 치매화(癡呆化)되고 있다.

인류의 끊임없는 지적 노력이 쌓아올린 현대 사회의 거대한 메카니즘(Mechanism)과 싫증낼 줄 모르는 호기심이 만들어낸 광기어린 선정주의(煽情主義 = Sensationalism)나, 점잖은 체하는 가치에의 도취가 불러 일으키는 신경질적인 자기주장 등에 준동하는 것은 단지 잃어버린 자기를 광란케 할 뿐이다.

즉 '문명의 노예'인 것이다. 장자는 육체만이 노예가 있는 것이 아니라 정신에도 또한 노예가 있음을 말했다.

문명의 노예란 정신을 고역(苦役)의 쇠사슬에 묶어놓는 것을 말한다. 현대인은 벌써 단순한 위대함과 소박한 강인함을 잊은지 오래다.

일체의 사물을 있는 그대로 긍정하는 자연을 상실하고 말았다. 현대인의 이 치매화야말로 장자가 말하는 '약상(弱喪)'이 아니겠는가? 『장자』야말로 현대인에게 '고향에의 복귀(復歸)'이며 인간이 본래의 자기에게로 돌아가는 것을 가르치는 책이라 할 수 있겠다.

끝으로 장주(莊周)의 장자(莊子)와 노담(老聃)의 노자(老子)와의 관계에 대하여 살펴 보자. 장자는 흔히 노자와 결부시켜 '노장(老莊)'이라 불린다.

사마천(司馬遷)도 장자의 사상을 그 본질은 요컨대 노자의 사상에 귀착된다고 평하였다〈莊周列傳〉. 여기에서 주의하지 않으면 안될 일은 장자의 사상이 그 성립적 기반과 사상적 입장에 있어 일반적으로는 노자와 같은 계열에 속하지만 몇가지 중요한 점에서 노자와 다르다는 사실이다.

장자와 노자의 사상적 상위점에 대하여는 『노자도덕경(자유문고 발행)』을 정독하면 자세히 알 수 있을 것이다.

요컨대 장자와 노자는 춘추전국의 거의 같은 시대(그 차이는 약 100년 정도)와 송문화권의 거의 같은 지역(노자의 출생지는 지금의 하남성 귀덕부 녹읍현의 동쪽이며, 장자의 출생지는 상구현 부근으로 그 거리는 불과 60km라 전함)을 배경으로 하였다.

노자의 사상은 현세적 삶을 문제로 삼은데 비하여 장자는 보다 많은 절대적 삶을 문제 삼았다.

『장자(莊子)』의 원전이 현재와 같은 체제(내편 7, 외편 15, 잡편 11의 33편)로 정리된 것은 서기 4세기 서진(西晋)의 곽상(郭象)에서 시작되었다.

이 곽상 이전의 『장자』 원전은 어떠하였는가는 확실하지 않으나 서기 1세기경 후한(後漢) 초에는 52편이었다고 『한서예문지(漢

書藝文誌)』에 기록되어 있다.

　서기전 1세기 곧 장주의 사후 약 200년 뒤에 쓰여진 사마천의 『사기』에는 10여만언이라 기록되어 있다.

　이 사마천이 본 장자원전의 편명(篇名)으로 어부(漁夫)·도척(盜跖)·외루허(畏累虛) 등이 거명된다.

　이 가운데 외루허편은 현재의 원전에는 없고 어부·도척 등은 후인들의 가탁(假託)이었음이 송나라의 소동파(蘇東坡)가 쓴 『장자사당기(莊子祠堂記)』에 논해지고 있다.

　다시 말해서 현재의 33편 본 장자의 글자 수는 『속고일총서본(續古逸叢書本)』에서 계산하면 6만 5천 2백 13자이다.

　한대(漢代) 초기에 있어 장자의 원전은 『원본장자(原本莊子)』와는 상이하였음을 추측할 수 있다. 그렇다면 『원본장자』는 어떠한 것인가?

　곽상이 그 이전의 장자원본을 산정(刪定)하여 현재와 같은 것으로 만든 사정에 대하여는 그의 『장자주발어(莊子注跋語)』나 당(唐)의 육덕명(陸德明)이 쓴 『경전석문서록(經典釋文敍錄)』에 보이고 있다.

　그는 한대의 『장자원전』이 극히 잡다한 것으로 그 10분의 3정도는 도저히 채택할 수 없는 비속한 문장으로 모두 삭제하여 33편으로 엮었다. 아마 그가 깎아 내버린 것은 외편과 잡편의 대부분이 아닌가 생각된다.

　그 당시 곧 위·진시대(魏晋時代=서기 3세기~5세기)는 『장자』가 가장 많이 읽혔고 연구 또한 활발하였다. 그러므로 그의 산정본 외에도 몇가지 산정본이 만들어졌는데(경전석문서록에는 최선(崔譔)의 27편본, 향수(向秀)의 26편본, 이이(李頤)의 30편본 등) 이것들은 모두 망실되어 없어지고 현재 전하는 것은 오직 곽상의 33편본이 있을 뿐이다.

　또 장자의 주석서로 여러 가지가 있으나 제일 먼저 들 수 있는 것은 진(晋)나라 곽상의 『장자주(莊子注)』일 것이다.

　위에서도 밝혔듯이 위·진시대는 노장사상이 가장 숭상되던 때

로서 몇가지의 산정본이 만들어짐과 동시에 주석서도 많이 쓰였
으나, 곽상의 『장자주』가 여러 주석서를 집대성한 것으로 사상사
상(思想史上) 중요한 의의를 갖는다.
 그의 해석은 반드시 장자의 본문에도 충실하였지만, 그의 뛰어
난 철학적 예지는 훌륭하게 장자의 사상을 체계적, 통일적으로
파악하여 타의 추종을 허락치 않는 예민함이 있었다.
 이 곽상 이후 당(唐)시대에는 노자를 교조(敎祖)로 하는 도교
(道敎)를 국교로 함과 동시에 장자 또한 '남화진인(南華眞人)'이
란 시호를 당시의 임금 현종(玄宗=서기 742년)이 내려서『장자』도
『남화진경(南華眞經)』이라 불리워졌고 많은 지식층에서 애독하게
되었다.
 송시대에도『장자』는 숭상되었으며 주자학파(朱子學派)의 학자
들도 '장자'의 학도임을 시사하는 대목이 적지 않다.『적벽부(赤
壁賦)』『초연대기(超然台記)』등으로 유명한 소동파, 『장주론(莊
周論)』의 작자 왕안석(王安石), 『여관문진장자의(呂觀文進莊子
義)』의 저자 여혜경(呂惠卿) 등이 있었고, 현대까지 전하여지는
주석서로는 임희일(林希逸)의『장자구의(莊子口義)』가 유명하다.
 명(明)나라 시대에 들어와 육서성(陸西星)의『장자부묵(莊子副
墨)』과 초횡(焦竑)의『장자익(莊子翼)』이 유명하다.
 청나라 시대에는 임운명(林雲銘)의『장자인(莊子因)』과 육수지
(陸樹芝)의『장자설(莊子雪)』, 진수창(陳壽昌)의『장자정의(莊子
正義)』, 왕선겸(王先謙)의『장자집해(莊子集解)』, 곽경번(郭慶
蕃)의『장자집석(莊子集釋)』등 훌륭한 고증학자들의 연구가 활
발하였다.
 근대에서는 마서륜(馬敍倫)의『장자의증(莊子義證)』이 돋보여
이 방면의 연구학자들에게 큰 도움을 주고 있다. 최근에는 왕숙
민(王叔岷)의『장자교석(莊子校釋)』과 유문전(劉文典)의『장자보
정(莊子補正)』이 간행되었다.
 이 책은 주로『속고일총서본』의 송간(宋刊)인『남화진경(南華
眞經)』을 저본으로 하고 그밖의 여러 책을 참조하였다.

차 례

장자(莊子)란 어떤 책인가? ··· /3

제 1 편 소요유(逍遙遊) ··· /19

1. 모든 사람이 그대를 따르는 것이
이 또한 슬프지 아니한가? ··· /21

2. 두더지가 강물을 마신다 해도
주린 배를 채우는데 지나지 않아 ··· /29

3. 크기만 하고 합당하지 않으며
갈 줄만 알지 돌아올 줄 모른다. ··· /32

4. 쪼개어 바가지를 만들자니
평평하고 얕아서 아무짝에도 쓸모없어 ··· /36

5. 큰 일은 능히 할 수 있을지라도
한 마리의 쥐는 잡지 못한다. ··· /39

제 2 편 제물론(齊物論) ··· /43

1. 저것은 이것에서 나오고
이것은 저것에서 기인한 것이다. ··· /45

2. 위대한 도(道)는 표현할 수 없으며
   위대한 이론은 말로써 나타낼 수 없다. … /71

3. 모장(毛嬙)·여희(麗姬) 같은 미인이라도
   물고기는 이것을 보면 깊이 숨어버린다. … /76

4. 꿈속의 현실에서 헤맬 때는
   그것이 꿈인 줄을 알지 못한다. … /80

5. 나에게는 의지하는 것이 있다.
   뱀 껍질이나 매미 날개를 의지하는가? … /88

6. 장주(莊周)가 나비냐
   나비가 장주(莊周)냐. … /90

제 3 편 양생주(養生主) … /93

1. 우리의 삶에는 끝이 있으나
   앎(知)에는 끝이 없다. … /95

2. 백정의 말을 듣고
   삶을 기르는 도를 깨닫게 되었다. … /97

3. 새장에 갇혀 있는 새는
   왜 항상 마음이 즐겁지 않은가? … /100

4. 편안한 때일수록 순리를 따르면
   슬픔이나 즐거움이 끼어들 수 없다. … /102

제 4 편 인간세(人間世) ⋯ /107

1. 귀와 눈을 안으로 통하게 하고
마음의 지혜는 밖으로 향하게 한다. ⋯ /109

2. 말은 풍파와 같아 움직이기 쉽고
행동은 이해득실이 있어 몸을 위태롭게 한다. ⋯ /123

3. 그 굶주리고 배부른 때를 알고
그 마음의 성냄에 통달하여라. ⋯ /132

4. 쓸모없기를 바라던 것이
나에게 큰 쓸모가 있었다. ⋯ /137

5. 재목이 되지 못하므로
이렇게 잘 자랄 수 있었다. ⋯ /143

6. 치질이 있는 자는 제물로 쓰기에
적당치 않아 강물에 던지지 않는다. ⋯ /144

7. 온전치 못한 육체라도 천수를 다하거늘
하물며 덕이 온전하지 못함에 있어서랴. ⋯ /146

8. 그대가 사는 지금의 이 세상은
겨우 형벌이나 면하면 고작이지! ⋯ /148

9. 산의 나무는 베이기 위하여 자라고
등불은 스스로를 불태워 밝힌다. ⋯ /150

제 5 편 덕충부(德充符) ··· /153

1. 사물의 변화를 꿰뚫고 있으면
   천명에 맡겨 그 도의 근본을 지킬 뿐. ··· /155

2. 거울이 맑으면 먼지나 때가 없으며
   먼지나 때가 끼면 거울은 맑지 않다. ··· /161

3. 사람이 내린 형벌은 풀 수 있어도
   하늘이 내린 형벌을 어찌 벗길 수 있는가? ··· /165

4. 덕이 겉으로 나타나지 않는 사람이면
   만물은 그로부터 떠날 수 없다. ··· /168

5. 내면의 덕이 뛰어나면
   외형따위는 잊게 되는 것이다. ··· /176

6. 도가 사람에게 그 용모를 부여하고
   이법인 하늘이 사람의 형체를 부여했다. ··· /179

제 6 편 대종사(大宗師) ··· /183

1. 세상에 삶을 기뻐할 줄도 모르고
   죽음을 또한 싫어할 줄도 모른다. ··· /185

2. 죽여도 죽지 아니하고
   살아도 살지 아니한 것과 같다. ··· /201

3. 얻은 것은 이 시대이며
잃은 것은 순리일 따름이다. … /208

4. 하늘이 보기에는 소인배지만
사람이 보기에는 군자이다. … /213

5. 태어난 까닭도 죽는 까닭도 모르며
앞을 모르고 어떻게 뒤를 알겠는가? … /219

6. 인의(仁義)로 얼굴에 묵형을 새겼고
시비로써 네 코를 베어 놓았다. … /223

7. 하나면 좋아하는 것이 없고
화(和)하면 떳떳한 것이 없다. … /226

8. 이 꼴로 만든 것이 아버지인가?
어머니인가? 하늘인가? 사람인가? … /229

제 7 편 응제왕(應帝王) … /231

1. 말이라 생각하면 말이 되고
소라고 생각하면 소가 된다. … /233

2. 다스림은 밖을 다스리는 것이 아니요,
안을 바르게 한 뒤에 행하는 것이다. … /235

3. 만물의 자연스러움에 따르면
사사로운 것은 끼어들지 않는다. … /237

4. 교화는 만물에 미치더라도
   민중은 그것을 의지하지 않는다. … /239

5. 암컷이 많아도 수컷이 없으면
   어찌 알이 있을 수 있겠는가? … /241

6. 보내지 않고 맞아들이지 않으며
   응(應)하지만 감추지는 않는다. … /247

7. 하루에 한 구멍씩 뚫었는데
   7일째 되는 날 죽었다. … /249

〈▨ 표시는 저자의 해설임〉

제1편 소요유(逍遙遊)

소요유(逍遙遊)는
바람따라 구름따라 정처없이
노니는 것을 말한다.
온 천하의 그 무엇에도 속박되는 것 없이
절대 자유로운 삶을 영위하는 것을 말한다.
이러한 무애(無涯)로운
절대 자유의 삶을 가지는 인간을
궁극적으로는 지인(至人)이라 불렀고,
또 인간을 초월한 인간이라는 뜻에서
신인(神人)이라고도 하였다.
그러므로 이 편은 지인 또는 신인의
구애되는 것 없는 삶,
절대 자유무애의 경지를 장자 특유의
기상천외한 비유와 기지(機智)에 넘치는
종횡무진의 필치로 그려 놓았다.

제1편 소요유(逍遙遊)

1. 모든 사람이 그대를 따르는 것이 이 또한 슬프지 아니한가?

 북쪽의 아득한 검은 바다에 물고기가 살고 있는데 그 이름을 곤(鯤)이라 한다. 그 곤의 크기가 몇 천리나 되는지 알 수 없다.
 이 곤은 어느날 갑자기 변신하여 새가 되는데 새가 되면 이름을 붕(鵬)이라 한다. 붕의 등이 또한 몇 천리인지 짐작할 수 없다. 이 붕이 한번 떨쳐 크게 날아오르면 펼친 날개는 창공에 드리운 구름과도 같다.
 이 새는 멀지않아 바다에 태풍이 불 때가 되면 저 멀리 남녘 바다로 옮기게 된다. 남녘의 아득한 바다란 하늘 아래에 있는 연못을 말한다.
 제해(齊諧)라는 사람은 불가사의에 통달한 기이한 사람이다. 그가 말하기를
 "붕이 남녘 바다로 옮겨 갈 때의 모습은 3천리에 달하는 바닷물을 그 날개로 쳐 올려 태풍을 일으키고 그 바람을 타고 9만리나 높이 올라가 여섯 달을 날다가 처음으로 한 숨(呼吸)을 쉰다."라고 하였다.
 공중에서 흔들리는 들판의 아지랑이(野馬)나 먼지(塵埃)같은 것은 땅위의 생명체와 서로 어울려 호흡하는 것이다. 그러나 하늘을 올려다 보면 사람의 눈에 비치는 그 축적된 저 멀리에 있는 창공의 창창함은 정말 그 본래의 색깔이 그러한 것일까? 그렇지

않다면 저 끝없이 먼 것으로 인하여 그렇게 비추어진 것일까? 붕이 그곳에서 땅 위를 내려다 보았을 때도 또한 그렇게 보였을 것이다.

대저 물의 고임이 깊지 않다면 큰 배를 띄울 만한 힘이 없다. 한 잔의 물을 집안 웅덩이에 부어 놓으면 지푸라기는 배처럼 되어 겨우 뜨겠지만 그 물에 잔을 놓으면 땅에 닿는다. 그것은 물은 얕은데 배는 크기 때문이다.

이와 같이 바람이 쌓이되 두텁지 않으면 큰 날개를 떠받칠 힘이 없게 된다.

이러하기 때문에 9만리 장천을 높이 올라가야 비로소 바람이 날개 밑에 그만큼 쌓이게 되고 그런 뒤에라야 붕이 바람을 타고 날아가게 되어 곧 푸른 하늘을 등에 지고 거리낌없이 남녘으로 옮겨 가게 되는 것이다.

매미(蜩)와 고지새(鷽鳩)는 붕의 이러한 모습을 보고 웃으며 말하기를

"우리는 있는 힘을 다하여 날아도 느릅나무나 참빗살구나무 위에 겨우 머물 수 있다. 그것도 때로는 미치지 못하고 땅바닥에 떨어지는데 붕은 어찌하여 9만리나 하늘을 높이 올라 남녘으로 날아갈 수 있겠는가"한다.

가까운 들판(郊外)에 나가는 사람은 세 끼니의 밥만 먹고 갔다 돌아와도 배가 고프지 않은데 백리 길을 떠나는 사람은 전날 밤부터 양식을 절구에 찧어 준비를 하여야만 한다. 천리 길을 갈 사람은 석 달 동안 양식을 모아두지 않으면 안된다.

이와 같이 큰 일을 할 사람은 큰 준비가 필요하다. 이 두 마리의 작은 벌레가 어찌 그러한 이치를 알겠는가.

작은 슬기는 큰 슬기에 미치지 못하고 짧은 목숨은 긴 목숨에 미치지 못한다. 무엇으로써 그러한 이치를 알 수 있는가? 하루살이버섯(朝菌)은 초승과 그믐을 모르고, 쓰르라미(蟪蛄)는 봄과 가을을 모른다. 이것은 짧은 목숨의 한 예에 불과하다.

초(楚)나라의 남녘에 명령(冥靈)이라는 것이 있는데 5백년을

봄으로 삼았고 5백년을 가을로 삼았다. 아주 먼 옛적에 대춘(大椿)이라는 나무는 8천년을 봄으로 삼았고 8천년을 가을로 삼았다고 한다. 이것은 긴 목숨의 한 예이다.
 그런데 지금 사람들은 세상에서 가장 장수한 사람으로 팽조를 들고 있으며 뭇 사람들이 이를 따르려 애쓰고 있는데 생각하여 보면 또한 슬픈 일이 아니겠는가?
 그 옛날 은(殷)나라 탕왕이 현자로 이름 난 극(棘)에게 물은 것도 이와 같은 것이었다.
 초목마저 자라지 않는 넓은 불모지(不毛地)인 북녘에 검고 아득한 바다가 펼쳐져 있는데 그것은 하늘의 못(天池)이다. 그곳에 있는 물고기는 넓이가 수 천리이며 길이는 얼마인지 아는 사람이 없다. 그 이름을 곤이라 한다.
 그곳에는 또 새가 있어 이름을 붕이라 한다. 등은 태산같고 펼친 날개는 하늘에 드리운 구름과 같다. 회오리치는 바람은 양의 뿔같고 9만리를 올라 구름 위로 솟구쳐 푸른 창공을 등지고 남녘으로 향하는데 바야흐로 아득하고 검푸른 남명으로 가려는 것이다.
 연못가에 사는 메추라기(斥鷃)가 이것을 보고 비웃기를
 "저녀석은 도대체 어디까지 가려 하는가. 나는 힘껏 날아올라도 몇 길 높이 밖에 오르지 못하고 겨우 쑥대밭 사이를 날 뿐이다. 이것 역시 나로서는 한껏 날아다니는 것인데 저녀석은 도대체 어디로 간다는 것인가."한다.
 이것은 곧 작은 것과 큰 것의 차이이다.
 그러므로 앎은 하나의 벼슬을 맡아볼 만하고 행동은 한 고을에서 뛰어날 정도이며 덕은 한 임금을 섬기기에 알맞아 한 나라를 대표하는 사람이라 할지라도 그 자신을 살피는 안목은 이 메추라기 정도에 불과하다.
 그러나 송(宋)나라의 영자(榮子)같은 사람은 그런 일을 비웃는다. 세상 사람들이 모두 그를 칭찬하여도 더 우쭐대는 일도 없으며 온 세상 사람들이 온통 그를 비난하여도 기죽어 주저하는 일도 없다.

그는 안으로 내면세계의 자기와 밖으로 외부세계의 자아를 명확하게 정립하여 참다운 명예와 치욕의 한계를 알고 있어서 그럴 수 있는 것이다.

그는 세상의 가치 판단에 대하여는 그것에 급급하여 흔들리는 일이 없다. 그러나 아직 깊은 뿌리를 내려 제대로 정립하였다고 할 수 없다.

대저 저 열자(列子)는 바람을 타고 부리며 허공을 날아다니다가 보름 정도 지나면 돌아오고는 했다. 그는 복(福)을 가져오는 바람에 대하여 마음 쓰지 않았다. 그러나 그 역시 걸어다니는 어려움은 면하였으나 여전히 바람에 의지하는 바가 있었다.

대저 저 바람이라는 것은 만물이 존재하는 무한한 공간이다. 이러한 천지자체인 도를 타고, 과거에서 미래에로 영겁에 이어지는 만물의 변화인 육기(六氣)의 분별을 다스려, 공간과 시간의 한정이 없는 무궁한 세계에 노니는 사람이 있다면 무엇에 의지함이 없다.

그러므로 지인(至人)은 존재세계에 명합하여 자아가 없고, 신인(神人)은 요행에 대해 초연하기에 공적에 무심하고, 성인(聖人)은 명예를 추구함이 없는 것이다.

▨ 여기에서 장자가 그리는 소요유(逍遙遊)의 세계는 먼저 붕(鵬)과 곤(鯤)의 이야기에서 시작된다.

저 멀리 세계의 북녘 극단 검푸른 파도속에 몇 천리인지도 모르는 거대한 몸집으로 가로질러 있는 곤이란 이름의 물고기.

홀연히 그 거대한 곤이 일곱빛깔 무지개 극광(極光)의 신비로 세월을 겪은 다음, 큰 변신(變身)의 때를 맞아 등(背)넓이가 수천리나 되는 엄청나게 큰 새(鳥)로 변한다.

곤이 붕으로 변하는 모습은 어떠한가? 노이비 기익약수천지운(怒而飛其翼若垂天之雲). 곧 한바탕 온몸에 힘을 주어 떨치고 하늘로 솟구쳐 날아오르면, 그 날개가 푸른 하늘에 드리운 구름과 같다고 하였다.

곤(鯤)이란 본디 물고기의 알(卵)이었다(爾雅釋魚). 이 가장 작은 곤을 북극의 검푸른 바다에 사는 거대한 물고기의 이름으로 인용(引用)하였던 것이다. 그리고 다시 끝없는 창공으로 비상(飛翔)시켜 거대한 새(鵬)로 변신시켰다.

이러한 장자의 붓은, 인간의 생각(思惟)과 상상력(想像力)의 볼품없는 몰골을 비웃는 것으로 상식과 논리의 세계를 초월하여 무한의 시간과 공간으로 날아오른다.

하늘에 드리운 구름같은 큰 날개를 펼친 대붕(大鵬)이 북녘의 끝없는 바다에서 남녘끝의 바다로 날기 위해서는 대해원(大海原)을 뒤집어 놓을 태풍이 필요했다.

하늘에서 이처럼 엄청난 일이 벌어지고 있을 때 우리들이 사는 땅 위의 세계는 어떠한가?

아지랑이의 하늘거림이나 먼지의 자욱함 등 생명체들이 서로 뒤엉켜 숨쉬는 이 지상세계, 이 세계를 무한의 창공에서 내려다보았을 때 그 세계는 어떠한 빛깔일까. 창공의 푸르름과 마찬가지로 땅위 세계도 또한 푸르겠는가?

지상세계의 왜소함과 잡다함을 초월하는 것은 끝없이 비상하는 대붕의 모습이다. 그 높은 초월만이 일체의 지상세계적 차별과 대립을 크나큰 하나(一)에로 지양(止揚)시키는 것이다.

장자의 절대자(絶對者)가 이러한 초월자라고 했을 때, 저 니체(Nietzsche)의 초인(超人) — 짜라투스트라(Zarathustra) — 은 그의 고향과 고향의 아름다운 호수를 버리고 산속으로 들어갔으나 장자의 초월자는 대붕과 더불어 9만리 장천을 유유히 비상했다.

니체의 초인은 일체의 인간적인 것을 초극하여 이상과 가치의 질곡을 파괴하고 생명의 혼돈한 작열(灼熱)을 구하였다. 또한 장자의 초월자는 인간의 미망(迷妄)과 탐닉, 위선과 허식 등을 물리친 진정한 자아(自我)를 가진 삶의 충만과 분망활달한 인간정신의 고양(高揚)을 구하였다.

장자와 니체의 두 사상에서 우리들은 몇 가지 다른 점을 느낄 수 있지만 둘 다 인간을 초극(超克)하는, 인간을 초극하면서도 인간이 참으로 자기 자신인 참 자아(自我)를 지양한다는 점에서 하나의 공통된 마당(廣場)에 서 있다는 것을 발견할 수 있다.

　　北冥[1]有魚 其名爲鯤[2] 鯤之大 不知其幾千里也 化而爲鳥 其名爲鵬[3] 鵬之背 不知其幾千里也 怒而飛[4] 其翼若垂天之雲 是鳥也 海運 則將徙於南冥 南冥者 天池也 齊諧[5]者 志怪者也 諧之言曰 鵬之徙於南冥也 水擊三千里 搏扶搖而上者九萬里 去以六月息者也
　　野馬也 塵埃也 生物之以息相吹也 天之蒼蒼 其正色邪 其遠而無所至極邪 其視下也 亦若是則已矣 且夫水之積也不厚 則負大舟也無力 覆杯水於坳堂之上 則芥爲之舟 置杯焉則膠 水淺而舟大也 風之積也不厚 則其負大翼也無力 故九萬里 則風斯在下矣 而後乃今培風 背負靑天而莫之夭閼者 而後乃今將圖南 蜩與學鳩笑之曰 我決起而飛 搶楡枋 時則不至而控於地而已矣 奚以之九萬里而南爲 適莽蒼者 三湌而反 腹猶果然 適百里者 宿舂糧 適千里者 三月聚糧之二蟲 又何知 小知不及大知 小年不及大年 奚以知其然也 朝菌不知晦朔 蟪蛄不知春秋 此小年也 楚之南有冥靈者 以五百歲爲春 五百歲爲秋 上古有大椿者 以八千歲爲春 八千歲爲秋 而彭祖[6]乃今以久特聞 衆人匹之 不亦悲乎 湯[7]之問棘[8]也是已 窮髮[9]之北有冥海者 天池也 有魚焉 其廣數千里 未有知其脩者 其名爲鯤 有鳥焉 其名爲鵬 背若泰山 翼若垂天之雲 搏扶搖 羊角而上者九萬里 絶雲氣 負靑天 然後圖南 且適南冥也 斥鴳笑之曰 彼且奚適也 我騰躍而上 不過數仞而下 翺翔蓬蒿之間 此亦飛之至也 而彼且奚適也 此小大之辯也
　　故夫知效一官 行比一鄕 德合一君而徵一國者 其自視也 亦若此矣 而宋榮子[10]猶然笑之 且擧世而譽之而不加勸 擧世而非之而不加沮 定乎內外之分 辯乎榮辱之竟斯已矣 彼其於世 未數數然也 雖然 猶有未樹也 夫列子[11]御風而行 泠然善也 旬有五日而後反 彼於致福者 未數數然也 此雖免乎行 猶有所待也 若夫乘天地之正 而御六氣[12]之辯 以遊無窮者 彼且惡乎待哉
　　故曰 至人無己 神人無功 聖人無名

1) 北冥(북명) : 까마득하게 어두운 북녘의 바다. 명(冥)은 바다의 뜻

이며, 암흑의 뜻인 회(晦)와도 통한다.
2) 鯤(곤) : 본래는 물고기 알을 뜻하며 오직 『석문(釋文)』에 큰 고기의 이름(大魚名也)으로 쓰여 있다.
3) 鵬(붕) : 붕은 전설상의 영조로 봉황(鳳凰)과 같은 환상의 새.
4) 怒而飛(노이비) : 기운을 내어 떨쳐 날다. 노(怒)는 성을 내어 기운을 돋군다는 뜻이다.
5) 齊諧(제해) : 사마표(司馬彪), 최선(崔譔), 유월(兪越) 등은 사람 이름으로 보며, 그 뒤글에 나오는 '지괴자야(志怪者也)'에서의 '지 (志)'가 '지(誌)'로 해석되기 때문에 책 이름으로도 봄.
6) 彭祖(팽조) : 요임금의 신하로 8백년을 살았다는 전설적 인물.
7) 湯(탕) : 하(夏)나라 걸(桀)을 패망시키고 스스로 임금이 되어 상 (商=殷)을 세웠다.
8) 棘(극) : 탕임금의 신하.
9) 窮髮(궁발) : 초목이 나지 않는 넓은 불모지(不毛地). 『열자(列子)』 탕문편에 '종발지북(終髮之北)'으로 쓰여 있다.
10) 宋榮子(송영자) : 전국시대 중엽 서기전 4세기의 송나라 사상가로 영(榮)은 성이고 자(子)는 높임 말이다. 이름은 『맹자(孟子)』고자 하편에서 경(牼)이라 했고, 『순자(荀子)』 비십이자편에는 견(鈃)이 라 하였다.
11) 列子(열자) : 춘추시대 말 또는 전국시대 초기의 정(鄭)나라 사람. 성은 열이고 이름은 어구(御寇). 도가(道家)의 대표적 사상가로 노 자 학문을 닦았고, 장자보다는 조금 선배였다.
12) 六氣(육기) : 『장자』에 자주 나오는 말로 천지우주의 기운으로써 음양풍우회명(陰陽風雨晦明)의 자연현상을 말한다. 의가(醫家)에서 는 오운육기(五運六氣)라 하여 사람의 몸을 이것으로 판단하였고 삼음삼양(三陰三陽)의 맥경(脈經)의 영향을 논하였다.

북명에 고기가 있어 그 이름을 곤이라 한다. 곤의 크기는 몇 천리가 되는지 알지 못한다. 화(化)하여 새가 되면 그 이름을 붕 이라 한다. 붕의 등도 몇 천리가 되는지 모른다. 성을 내어 날면 날개는 하늘에 드리운 구름과 같다. 이 새는 바다가 움직이면 장차 남명으로 옮겨 간다. 남명이란 하늘의 못이다.

제해는 뜻이 괴이한 자이다. 해가 말하기를 "붕이 남명으로 옮겨갈 때, 물은 3천리를 치솟고, 바람을 타고 9만리를 올라, 여섯 달을 난 뒤에 쉰다."고 하였다.

야마나 진애같이 생물은 서로 숨결로 섞여 있는데, 하늘은 그저 창창하다. 그것은 본래의 빛인가. 너무도 멀고 끝이 없어서인가. 그 아래를 보아도 또한 그러할 뿐이다.

또 물의 쌓임이 두텁지 않으면 곧 배를 띄울 힘이 없다. 물 한 잔을 붕당의 움푹한 곳에 쏟으면 티끌은 곧 배가 되지만 잔을 놓으면 땅에 닿는다. 물은 얕은데 배가 크기 때문이다. 바람의 쌓임이 두텁지 않으면 곧 큰 날개를 감당할 힘이 없다. 그러므로 9만리나 올라가야 바람이 그 밑에 있게 된다. 이러한 뒤에야 바람을 타고 푸른 하늘을 등지고 거침없이 남쪽으로 갈 수 있는 것이다. 조와 학구가 이를 비웃어 이르기를 "나는 힘차게 날아도 느릅나무나 참빗살구나무에 이른다. 때로는 미치지 못하고 땅에 떨어진다. 이러한 데 어찌 9만리나 남쪽으로 갈 수 있단 말인가?" 교외에 가는 사람은 세 끼니만 먹고 돌아와도 배가 부르고, 백리 길을 가는 사람은 밤부터 절구를 찧어 식량을 준비해야하고, 천리 길을 가는 사람은 석 달 동안 양식을 모아야 한다. 이 두 벌레가 어찌 그런 것을 알 것인가?

작은 앎은 큰 앎에 미치지 못하고, 짧은 목숨은 긴 목숨에 미치지 못한다. 어떻게 그러한 것을 알겠는가? 조균은 그믐과 초하루를 알지 못하고 혜고는 봄과 가을을 모른다. 이는 짧은 목숨이다. 초나라 남쪽에 명령이라는 것이 있는데 5백년을 봄으로 삼고 5백년을 가을로 삼았다. 아주 옛날 대춘이라는 나무는 8천년으로써 봄을 삼았고 8천년으로 가을을 삼았다. 팽조는 지금껏 오래 산 사람으로 특별히 알려져 있어 뭇사람이 이를 짝하려 하지만 이 또한 서글픈 일이 아니겠는가? 탕임금이 극에게 물은 것도 이것이었다. 궁발의 북쪽에 어두운 바다가 있는데 이것이 천지이다. 거기에 물고기가 있는데 그 넓이가 수 천리요 그 길이를 아는 사람은 아직 없다. 그 이름은 곤이라 한다. 새가 있는데 그 이름은 붕이다. 등은 태산과 같고 날개는 하늘에 드리워진 구름과 같다. 회오리바람을 타고 양의 뿔같이 하늘로 오르기 9만리, 구름을 꿰뚫고 푸른 하늘을 업고 남쪽을 향하여 바야흐로 남명으로 간다. 메추라기가 웃으며 말하기를 "그는 또 어디로 가는 것일까? 나는 힘껏 뛰어도 겨우 몇 길 밖에 안되어 쑥대밭 사이를 날 뿐이다. 이 또한 난다고 하는데, 그는 대체 어디로 또 가는 것일까?"라고 한다. 이것이 작고 큰 것의 분별이다. 그러므로 대저 그 앎(知)은 한 벼슬을 맡을 뿐이고, 행함은 한 고을에 견주며, 덕은 한 임금과 화합하여 한 나라를 대표한다 하여도 그 자신을 살피는 눈은 또한 메추라기와 같다.

그러나 송나라의 영자는 이를 비웃었다. 세상이 명예를 부추겨도 더 애쓰지 않고 세상이 허물을 들추어도 주저하거나 머뭇거리지 않는다. 안팎의 분별을 정하고, 영욕의 경계를 분별하면 그만이다. 그는 세상 일에 있어 흔들린 적이 없었으나, 아직 뿌리 내리지 못한 것이 있었다. 저 열자는 바람을 부리면서 가는데 그 기분이 가뿐하여 좋았고, 보름이 지나면 되돌아 왔다. 그는 복을 가져오는 것에 마음 쓰지 않았다. 이는 비록 걷는 것은 면하였어도 아직 기대하는 바가 있는 것이다. 만약 천지의 올바른 것을 타고 육기의 분별을 다스려 무궁 속에 노니는 자는 또한 무엇에 의지하겠는가? 그러므로 말하기를 "지인은 자기가 없고, 신인은 공이 없으며, 성인에게는 명예가 없다."고 한다.

2. 두더지가 강물을 마신다 해도
   주린 배를 채우는데 지나지 않아…

천하를 잘 다스려 오래도록 태평성대를 구가하게 한 요(堯)임금이 당시에 덕이 많다고 이름난 허유(許由)에게 임금의 자리를 넘겨 주고자 다음과 같이 말하였다.
 "해와 달이 이미 나와 충분히 밝은데 횃불을 끄지 않고 더욱 밝게 하려 한다면 횃불로써 밝게 하는 것이 어렵지 않겠는가? 때맞춰 비가 내리는데도 여전히 물을 끌어댄다면 물 대는 일이 또한 헛된 수고가 아니겠는가?
 선생께서 임금 자리에 오르면 세상이 잘 다스려질 터인데도 내가 세상을 맡아 다스리고 있으니 스스로 돌이켜 보건대 부족한 점이 매우 많구려. 부디 바라건대 천하를 맡아 다스려주오."
 이에 답하여 허유가 말하였다.
 "당신이 다스리는 그 세상은 이미 잘 다스려지고 있소. 그런데 나에게 당신을 대신하라 함은 나로 하여금 천자(임금)라는 명예를 위하여 일하라는 말입니까?
 명예라는 것은 실체(實體)에 대한 손님(客)과 같은 것으로서 비본질적(非本質的)인 것에 지나지 않소. 나에게 그 허상(虛像)인 손님이 되란 말씀입니까?
 뱁새는 깊은 숲속에 집을 짓지만 그 많은 숲이 모두 필요한 것이 아니라 나뭇가지 하나면 넉넉하오. 두더지가 큰 황하에서 물을 마셔도 그 많은 물이 다 소용없고 오직 작은 배만 채우면 그뿐 아니겠소.
 임금이시여, 그만 돌아가 편안하게 쉬시오. 나에게는 세상 천하가 아무 쓸모가 없소. 음식 만드는 요리사(庖人)가 비록 솜씨가 없다하여 시축(尸祝)이 주책없이 부엌으로 들어서서 술잔이나 음식을 들고 그를 대신할 수는 없지 않소."

▨ 절대자(絶對者)의 자유무애(自由無碍)한 삶 — 소요유(逍遙遊) — 은 그 세속적인 일체의 것을 포기하는 무기(無己), 무공(無功), 무명(無名)의 삶이라 결론지은 장자는 이 장에서 몇 가지 문답형식의 서술로 구체적, 실화적인 설명을 하고 있다.
 중국의 전설적인 성군(聖君)인 요(堯)와 먼 옛날부터 전하여 오는 허유(許由)라는 유덕한 은자(隱者)를 등장시켜 설명했다.

지고(至高)한 천자(天子)의 자리를 물려주려는 요임금과 이를 사양하는 허유는, 자기의 절대자유를 구가하려는 정신세계의 제왕(帝王)임을 자부하고 '시축불월준저이대지의(尸祝不越樽俎而代之矣)'를 내세워 허유를 시축(尸祝)으로 요임금을 요리사(庖人)로 비유하였다.

堯[1]讓天下於許由[2] 曰 日月出矣 而爝火不息 其於光也 不亦難乎 時雨降矣 而猶浸灌 其於澤也 不亦勞乎 夫子立而天下治 而我猶尸之 吾自視缺然 請致天下 許由曰 子治天下 天下旣已治也 而我猶代子 吾將爲名乎 名者實之賓也 吾將爲賓乎 鷦鷯巢於深林 不過一枝 偃鼠飮河 不過滿腹 歸休乎君 予無所用天下爲 庖人雖不治庖 尸祝[3]不越樽俎而代之矣

1) 堯(요) : 고대 중국의 성군(聖君)으로 당요(唐堯)라고 한다. 춘추전국시대에 와서 주로 유가(儒家)에 의하여 숭앙받았다.
2) 許由(허유) : 전국시대 후기부터 처음으로 등장한 이름으로 기산(箕山)에 숨어 살았다는 은자(隱者). 중국 최고(最高)의 유덕자(有德者)로 요임금과 동시대라고 전한다.
3) 尸祝(시축) : 시(尸)는 제사를 지낼때 신(神)을 대신하는 신주이며, 축은 제주(祭主)를 대신하여 축을 읽는 사람이다.

요임금이 허유에게 천하를 물려주고자 말하기를 "일월이 나왔는데 횃불을 끄지 않으면 그 빛 또한 어렵지 않겠는가? 때 맞게 비가 내리는데 물을 댄다면 그 혜택 또한 헛수고가 아닌가? 그대가 임금이 되면 천하가 잘 다스려질터인데 내가 맡고 있으니 스스로 살펴 부족한 것같소. 청컨대 천하를 맡아 주오."하였다.
허유왈 "당신이 천하를 다스려 이미 천하는 잘 다스려지고 있소. 나에게 당신을 대신하라 함은 명예만을 위하라는 것인가? 명예는 실상의 손님에 불과하오. 나더러 장차 손님이 되란 말입니까. 뱁새는 밀림에 깃들지만 한 가지면 족하고, 두더쥐가 강물을 마시지만 배를 채우는 데 불과하오. 임금이여 돌아가 쉬시오. 나는 천하가 아무 쓸모가 없소. 포인이 비록 요리를 잘 못하여도 시축이 술병과 도마를 넘어 그 일을 대신할 수 없소."

3. 크기만 하고 합당하지 않으며
갈 줄만 알지 돌아올 줄 모른다.

　견오(肩吾)가 연숙(連叔)에게 물었다.
　"나는 접여(接輿)로부터 이야기를 들었는데 그 내용이 너무 크고 황당무계하여 종잡을 수 없더군. 잔뜩 벌려놓아 마치 하늘의 은하(銀河)같은 그 끝없는 말에 그저 놀랄 수밖에 없었소. 그의 말은 앞으로 나아갈 줄만 알고 돌아올 줄은 모르더군. 너무도 크고 엄청나 사람의 실제(實際)와는 멀리 벗어나 있었소."
　연숙이 듣고 있다가 말하였다.
　"그가 말한 것이 도대체 어떤 것이었소."
　견오가 대답하기를
　"막고야산(藐姑射山)에 한 신인(神人)이 살았다오. 그 피부의 희기는 눈이나 얼음같고 그 몸의 나긋나긋함은 처녀와 같다 하오. 오곡(五穀)은 일체 먹지 않으며 바람을 흡입하고 이슬을 마신다 하며, 구름을 타고 용을 몰며 세상 밖에서도 노닌다 하오.
　그가 신통력을 한 곳에 모으면 만물이 병들지 않고 자라며, 곡물도 잘 결실한다는 것입니다. 나는 그 이야기가 너무 허황되므로 믿어지지 않소."하였다.
　다시 연숙이 말했다.
　"과연 그렇군. 장님에게는 비단의 아름다운 무늬가 보이지 않고, 귀머거리에게는 악기의 고운 소리가 들리지 않는 법이오. 어찌 형체에만 장님, 귀머거리가 있겠소. 대저 추상적인 지식도 마찬가지라 할 수 있소.
　이 말은 곧 그대에게도 적용되는 것으로 그 사람의 덕이란 바야흐로 모든 사물(事物)과 어울려 하나가 되는 것이오.
 세상 사람들은 이 사람이 어지러운 천하를 다스려줄 것을 원하지만 공명을 구하느라 날뛰는 이 세상을 위하여 무엇 때문에 수고하려 하겠소.
 어떤 것도 이 사람을 상하게 할 수 없으니, 하늘에 닿는 큰 홍수에도 그는 빠지지 않으며, 쇠와 돌이 녹고 들과 산이 타버리는 큰 가뭄이 와도 뜨거운 줄을 모르오. 그는 때나 먼지, 곡식의 쭉정이로도 요임금이나 순임금같은 자를 도야(陶冶)·주조(鑄造)할 수 있는데 무엇 때문에 천하를 위하여 일하려 하겠소."
 (이 말은 이것 저것 세상사에 마음을 두고 공(功)을 세우고자 하여도 결국에는 허물만 남게 될 어지러운 세태(世態)를 말한 것이다.)
 송(宋)나라의 한 민중이 장보(章甫)라는 관(冠)을 팔러 월(越)나라로 갔으나 월나라 사람들은 머리를 짧게 깎고 몸에 문신(文身)을 하고 지냈으므로 관이 아무데도 쓸모가 없었다.
 요임금은 세상 민중을 잘 다스리고 나라 안의 정치를 태평하게 했다. 그런데 막고야산 분수(汾水)의 북쪽에 가 네 명의 신인을 만나고는 망연하게 자기가 다스리는 세상을 잊고 말았다.
 ▨ 이 장은 허유(許由)이야기에 이어 유명한 막고야산(藐姑射山)의 신인(神人)이야기를 한 것이다.
 신인의 살갗은 얼음이나 눈과 같이 희고, 모습은 나긋나긋하기 처녀와 같이 청정무구(淸淨無垢)하다. 바람과 이슬을 생명의 양식으로 하면서, 천지 우주를 자유자재로 날아다닌다.
 이러한 막고야산의 신인은 온화한 모습 밑바닥에, 그 어떠한 천재지변 곧 하늘에 닿는 홍수에도 쇠와 돌이 녹아 흐르고 땅과 산이 타버리는 큰 가뭄에도 태연하게 자기를 지탱하는 강인한 생명력을 지니고 있다.
 또한 한번 정신을 응집하면 그 우주적인 정신 작용이 모든 생물의 재앙이나 질병을 없애고 굶주림 없는 편안한 환희의 세상을 만든다. 이 신인은 장자만이 그리는 이 세상을 초월한 자의 로맨

틱한 모습인 것과 동시에, 중국민족이 생각하는 하나의 가장 이상적인 인간상이다.

장자는 이 막고야산 신인의 온화하고 강인한 점과 우주적인 정신의 역할에서 절대자의 지고지대(至高至大)한 덕과 공을 생각하게 한다. 이와 같은 신인의 우주적인 위대한 공덕 앞에서는 인간적인 영위로 성립된 그 어떠한 공덕도 무(無)와 같다.

그러므로 장자는 세상 사람들이 지상(至上)으로 생각하는 요·순의 공덕과 신인의 그것과를 비교시켜 '시기진구비강 장유도주요순야(是其塵垢粃糠將猶陶鑄堯舜也)'라고 결론지었다.

肩吾[1]問於連叔[2]曰 吾聞言於接輿[3] 大而無當 往而不反 吾驚怖其言 猶河漢而無極也 大有逕庭 不近人情焉 連叔曰 其言謂何哉 曰藐姑射之山[4] 有神人居焉 肌膚若冰雪 淖約[5]若處子 不食五穀 吸風飮露 乘雲氣 御飛龍 而遊乎四海之外 其神凝 使物不疵癘而年穀熟 吾以是狂而不信也

連叔曰 然 瞽者無以與乎文章之觀 聾者無以與乎鍾鼓之聲 豈唯形骸有聾盲哉 夫知亦有之 是其言也 猶時女也 之人也 之德也 將旁礡[6]萬物以爲一 世蘄乎亂 孰弊弊焉以天下爲事 之人也 物莫之傷 大浸稽天而不溺大旱金石流土山焦而不熱 是其塵垢粃糠 將猶陶鑄堯舜者也 孰肯以物爲事

宋人資章甫[7]而適諸越 越人斷髮文身 無所用之 堯治天下之民平海內之政 往見四子[8]藐姑射之山 汾水[9]之陽 窅然喪其天下焉

1) 肩吾(견오): 이 책의 대종사에도 나온다. 또 논어·초사·전국책·회남자 등 많은 고전에 널리 그 이름이 보이며 공자와 같은 시대에 살았던 초나라의 은자로 알려져 있는 전설적인 인물이다. 『석문(釋文)』에는 현인(賢人) 또는 신의 이름(神名)으로 되어 있다.

2) 連叔(연숙): 전설적인 인물이며 문헌에 득도자로 기록되어 있다.

3) 接輿(접여): 공자와 같은 시대의 은자(隱者)로서 전설적인 인물이며 여러 고전에 많이 등장한다. 성은 육(陸)이고 이름은 통(通)이라 하는데 이 책 덕충부에도 나온다.

4) 藐姑射之山(막고야지산) : 북쪽 바다 가운데 있는 신선들이 산다는 산이름. 막(藐)은 멀다는 뜻이며 혼히 '묘'로도 읽는다. 고야산(姑射山)은 『회남자』 『산해경』 등에 많이 보이는 이름이다.
5) 淖約(작약) : 작약(婥約)이라고도 쓰는데 사마표(司馬彪)의 호모(好貌)와도 같은 뜻으로 여자의 아름답고 부드러운 모습을 나타내는 말이다.
6) 旁礴(방박) : '방독여방 여부쌍성(旁讀如滂與溥雙聲)'이라 한 바와 같이 방박(旁礴)은 '유혼동야(猶混同也)'로 크게 뒤섞임을 뜻한다.
7) 章甫(장보) : 은(殷)나라 유민들이 쓰는 관(冠).
8) 四子(사자) : 장자 외편 천지에서 나오는 네 사람의 신선을 말하는데 왕예(王倪)·설흠(齧欠)·피의(被衣)·허유(許由)를 가리킨다.
9) 汾水(분수) : 중국 산동성 영무현 부근의 산속에 있는 분수령을 시원으로 산서성으로 흐르는 큰 강.

견오가 연숙에게 물었다. "내가 접여의 말을 들었는데 크기만 하고 당연하지 않으며 가기만 하고 돌아올 줄 모르더라. 나는 그 말을 두렵게 생각했다. 마치 은하수와 같아 끝이 없고, 크게 경정이 있어서 인정과는 거리가 멀었다." 연숙왈 "그 말이 어떤 것이었소." "막고야산에 신인이 사는데 살갗은 얼음이나 눈같이 희고 부드럽기는 처녀와 같다. 오곡을 먹지 않으며 바람을 흡입하고 이슬을 마신다. 구름의 기운을 타고 비룡을 부리며 사해의 밖에서 노닌다. 그 정기가 뭉치면 만물로 하여금 병들지 않게 하여 그해 곡식을 잘 영글게 한다. 나는 이를 미치광이로 알고 믿지 않는다."
연숙왈 "그렇다. 장님은 문장을 보지 못하고 귀머거리는 종과 북소리를 듣지 못한다. 어찌 형체에만 장님과 귀머거리가 있겠는가? 대저 앎에도 이러한 것이 있다. 그 말은 지금 그대같은 사람을 두고 하는 말이다. 그 사람의 덕은 바야흐로 만물을 넓게 뒤섞어 하나로 만들고자 한 것이다. 세상은 그가 천하를 다스릴 것을 바라고 있으니, 그가 무엇 때문에 굳이 세상일을 위해 애쓰려 하겠는가? 이 사람은 만물도 해치지 못한다. 큰 홍수가 나 물이 하늘에 닿아도 그는 빠져 죽지 않으며, 크게 가물어 쇠와 돌이 녹아 흐르고 땅과 산이 불타도 그는 뜨겁지 않다. 그는 먼지와 때와 쭉정이로도 바야흐로 요순을 도야, 주조할 수 있는 사람인데 무엇 때문에 사물을 위하여 일하겠는가?"

송나라 사람이 장보를 밑천으로 월나라에 갔다. 월나라 사람은 머리를 깎고 문신을 했기 때문에 쓸모가 없었다. 요는 천하의 민중을 다스리고 해내의 정치를 평안하게 하고 네 사람의 신인을 만나러 갔다가 막고야산 분수의 북쪽에서 요연히 천하를 잊고 말았다.

4. 쪼개어 바가지를 만들자니
   평평하고 얕아서 아무짝에도 쓸모없어…

이름높은 논리학자(論理學者)이며 정치가인 혜자(惠子)가 철학자인 장자에게 말했다.

"위(魏)나라 임금이 나에게 큰 박씨를 보내 주었다. 그것을 심었더니 크게 자라 다섯 섬 들이 박이 열렸소. 속을 파내고 장을 담갔더니 무거워서 혼자 들 수 없었고, 두 쪽으로 쪼개 바가지를 만들었더니 너무 넓고 평평하며 얕아서 쓸모가 없었소.

텅 비어 횅하니 크기만 했지 아무 쓸모가 없어서 마침내 부수어 버렸소."

이에 대하여 장자가 답하였다.

"선생께서는 큰 것을 잘 쓸 줄 모르는 분이오.

송나라 사람으로 손 트는데 바르는 약을 잘 만드는 이가 있었소. 그런데도 그 사람은 겨우 대대로 솜(綿)을 물에 빠는 일로 생업을 삼고 있었다오. 그러던 어느날 한 나그네가 이 소문을 듣고 찾아와 그 약방문을 100금(百金)에 사겠다고 하였소.

그가 온 가족을 모아 놓고 의논하여 말하기를 '우리가 대대로 빨래질로 생업을 삼아왔지만 겨우 몇 푼 벌이에 지나지 않았다. 이제 이 약방문을 팔면 하루 아침에 100금을 얻게 될 것이니 이 기회에 팔아넘기기로 하자'고 하여 팔았소.

나그네는 그 약방문을 얻어서 오(吳)나라 임금을 찾아가 써 주기를 설득하였다오. 마침 월(越)나라에서 침범하여 전쟁의 어려움에 처하게 되었소. 오나라 임금은 그를 장수로 삼았고, 그는 손이 트기 쉬운 겨울을 택하여 월나라와 수전(水戰)을 벌여 이겼다오. 오왕은 그를 치하하여 땅을 떼어 주고 영주(領主)로 삼았소.

이와 같이 손 트는 것을 예방하는 똑같은 약으로 한 사람은 임금에게 땅도 받고 영주도 되었는데, 한편으로는 평생을 빨래로 생업을 면하지 못하였으니, 그 원인은 같은 것을 가지고 쓰는 법이 달랐을 뿐이오.

이제 당신은 다섯 섬 들이 박을 가졌는데 어째서 그것으로 커다란 배를 만들어 강이나 호수에 띄워볼 생각은 하지 못하고, 넓고 얕아 쓸 데가 없다고만 하는 것입니까? 역시 당신은 앞뒤가 막힌 옹졸한 생각을 가진 사람이오."

▨ 붕곤(鵬鯤)의 커다란 비상(飛翔)을 말하고 이어 그 크나큰 비상을 상징하는 신인(神人)의 높은 초월을 말했다. 또 왜소(矮小)한 것에 대한 위대(偉大)한 것의 대비로 인간의 지각으로 파악되는 작은 세계에 대한 활달자유한 큰 세계를 밝혔다.

이 소요유편은 마지막으로 큰(大) 세계에 대한 혜시(惠施)의 비판과 그것에 대한 장자의 반박을 내용으로 한 문답형식을 마지막 두 곳에 부록하였다.

혜시는 맹자(孟子)와의 문답으로 유명한 양혜왕(梁惠王 : 박씨를 혜시에게 주었다는 위나라 왕은 양나라 혜왕(惠王)이며, 위는 처음 산서성(山西省)의 안읍에 도읍, 뒤에 진(秦)의 억압으로 하남성(河南省)의 대량(大梁)으로 옮겼다.)을 섬긴 장자와 같은 시대의 논리학자이며 정치가였다.

장자와의 교제도 당시의 사상가 중 가장 밀접하였고 두 사람 사이에 행하여진 논의도『장자』전편에 걸쳐 십여 곳에서 볼 수 있다.

혜시의 장자에 대한 비판의 중점은 장자의 사상이 너무 초세속적(超世俗的)이어서 현실에 아무런 역할이 되지 않는다고 비난한 데 대하여, 장자는 '무용의 용(無用之用)'으로 답하고 있다.

장자에 따르면 참으로 위대한 인간이 세속의 왜소함에 얽매여 있는 일체의 것에서 비상(飛翔)하는 것과 같이 참으로 유용(有用)한 것 가운데는 참다운 유용함이 있는 것이다.

그러나 세속에 얽매인 인간들은 이 세속의 유용함에서 초월하는 무용(無用)한 것의 유용함을 모르고 있다. 그들의 시야는 고정되고 습관화된 기성의 가치체계에 못박혀 있어, 모든 존재하는 것의 자유스런 가치와 참다운 유용함을 놓치고 있다.

장자는 이러한 세속 인간들이 놓치고 만 자유스런 가치와 참다운 유용함을 그들이 무용으로 단정하는 것 가운데서 찾으려 했다. 또 세속 인간들이 무용이라고 한 것 속에서 참다운 유용함과 자유의 가치를 찾아나서는 장자의 행각(行脚)은 그야말로 세속을 초월하는 바로 그것이다.

惠子[1]謂莊子曰 魏王[2]貽我大瓠之種 我樹之成而實五石 以盛水漿 其堅不能自擧也 剖之以爲瓢 則瓠落[3]無所容 非不呺然大也 吾爲其無用而掊之

莊子曰 夫子固拙於用大矣 宋人有善爲不龜手之藥者 世世以洴澼絖爲事 客聞之 請買其方百金 聚族而謀曰 我世世爲洴澼絖 不過數金 今一朝而鬻技百金 請與之 客得之 以說吳王 越有難 吳王使之將 冬與越人水戰 大敗越人 裂地而封之 能不龜手一也 或以封 或不免於洴澼絖 則所用之異也 今子有五石之瓠 何不慮以爲大樽而浮乎江湖 而憂其瓠落無所容 則夫子猶有蓬之心也夫

1) 惠子(혜자): 전국시대 중기에 활약한 명가(名家)의 대표적인 사상가이며 정치가이다. 성은 혜(惠), 이름은 시(施). 송나라 사람으로 뒤에 위나라의 재상이 되었다.
2) 魏王(위왕): 춘추시대의 진(晋)나라가 서기전 403년에 한(韓)·조(趙)·위(魏)로 나누어지면서 생긴 나라. 수도는 산서성 안읍이었

으며 뒤에 하남성 대량으로 옮겼다. 위왕은 곧 혜왕(惠王)이다.
3) 瓠落(호락) : 평평하여 넓고 얕다는 뜻.

　혜자가 장자에게 일러 가로되 "위왕이 나에게 큰 박씨를 주기에 내 그것을 심어 잘 길렀더니 다섯 섬 들이 열매가 되었네. 이것에 장을 담았더니 무거워서 들 수가 없었고, 쪼개어 바가지를 만들었으나 평평하고 얕아 소용이 없었네. 확실히 크기는 하나 아무 쓸모가 없어 나는 그것을 부수어 버렸네." 장자왈 "선생은 본래 큰 것을 쓸 줄 모르오. 송나라 사람에 손이 트지 않는 약을 잘 만드는 자가 있었는데 대대로 솜빨래로 일을 삼고 있었소. 나그네가 이를 듣고 그 약방문을 100금(百金)에 사기를 청하였소. 그는 일족을 모아 의논하여 말하기를 '우리는 대대로 빨래하는 일을 했으나 벌이는 몇 푼 안되었다. 지금 하루 아침에 기술을 100금에 팔라고 하니 그렇게 하도록 하자.' 하였다. 나그네는 이를 얻어 오왕을 설득했소. 월나라와 어려울 때인지라 오왕은 장군으로 삼아 겨울에 월인과의 수전에서 월나라는 크게 패하였소. 땅을 떼어 주고 이를 제후로 봉하였소. 하나같이 손 튼데 쓰는 약인데도 혹은 제후에 봉하여지고, 혹은 솜빨래에서 면하지 못하는 것은 곧 활용방법이 다르기 때문이오. 이제 당신이 다섯 섬 들이 박을 가졌는데, 어째서 큰 배를 만들어 강호에 띄울 생각을 못하고 그 박이 크고 넓어 쓸모가 없음을 걱정하는 것이오. 이는 곧 선생에게 아직도 뒤엉킨 마음이 있기 때문이오."

5. 큰 일은 능히 할 수 있을지라도 한 마리의 쥐는 잡지 못한다.

　혜자가 장자에게 말하였다.
"내가 있는 곳에 큰 나무 한 그루가 있는데 사람들은 이것을 가죽나무라 부르네. 크고 굵은 줄기는 울퉁불퉁 흙투성이어서 먹줄을 칠 수도 없고, 그 잔가지는 비비꼬여 굽어서 자를 댈 수가 없네.

이 나무가 길가에 서 있지만 지나가는 목수는 아예 거들떠보지도 않네. 지금 그대의 말도 크고 엄청나지만 아무 쓸모가 없어 많은 사람들 중 누구 하나 거들떠보지 않고 가버릴 걸세."

장자가 이에 응하여 말했다.

"선생은 필경 살쾡이를 보았을 것이오. 몸을 낮게 움츠리고 땅에 엎드려 있다가 돌아다니는 작은 짐승을 노려 동서로 이리 저리 뛰어, 높고 낮음을 가리지 않다가 결국은 덫에 걸려 죽고 말지 않소.

그렇지만 지금 저 들소는 크기가 하늘에 드리운 구름과 같으오. 때문에 얼마든지 큰 일을 능히 할 수 있겠지만 작은 쥐는 잡을 수가 없소.

지금 그대는 그렇게 큰 나무가 있으면서도 아무 쓸모가 없다고 걱정하오. 어째서 그것을 아무것도 없는 곳, 존재자(存在者)의 근원이 되는 허무(虛無)의 고장인 끝없이 넓은 들판에 심어 놓고, 하는 일 없이 유유하게 그 곁에서 노닐거나 그 아래에 드러누워 낮잠을 자거나 하지 못하는가?

그 나무는 목수들에게 아무 쓸모가 없게 보였기 때문에 도끼에 찍혀 일찍 죽지도 않으며, 누구에게도 욕을 당하지 않을 것이오. 비록 그것이 아무 쓸모가 없다 하여 그 나무에게 어찌 괴로움이 된다는 말이오?"

▨ 위에서는 큰 박을 비유로 하여 '무용지용(無用之用)'을 설명하였는데, 이 장에서는 울퉁불퉁하고 굽어서 비비꼬인 아무 것에도 쓸모없는 아주 큰 가죽나무를 비유로 설명했다.

혜시는 박을 세상적인 가치기준으로만 생각했다. 그는 박(瓠)을 상식적인 유용(有用)의 관념에서 처리하고자 했기 때문에 장담그는 그릇으로 사용하려 했고, 둘로 쪼개어 표주박으로 쓰려 했던 것이다.

그러나 상식을 초월한 것은, 상식으로 처리될 수 없는 것이기 때문에 음식물을 넣으면 지나치게 무거워 옮길 수 없게 되고, 표주박으로 쓰기엔 밑이 얕고 평평하여 적당하지 않다.

여기에서 그는 일반 상식이 그렇듯이 자기의 무능은 덮어 두고 "이것은 쓸모가 없다"로 단정해 버린다.

그는 그 큰 박을 부대(浮袋)로 사용하여 저 넓은 강호에 띄우고, 파도를 타면서 마음이 가는 데로 따라 물과 하늘과 대자연을 벗삼고 유유자적 소요유하는 이치를 모르고 있었다.

가죽나무라고 불리는 울퉁불퉁 못생기고 굽어 비비꼬인 큰 나무의 경우도 위의 박과 마찬가지다.

잣대(規矩)나 먹줄(繩墨)은 세상적인 가치와 규범이다. 이 세상적이고 상식적인 가치와 규범에 들어맞지 않는 큰 나무는 상식적으로 살아가는 목수들에게는 아무 쓸모가 없다.

여기에도 역시 '무용(無用)'이라는 딱지가 붙게 된다. 그것은 상식의 세계로부터 매도(罵倒)되며, 조소(嘲笑)의 소리와 함께 추방되고 말살된다.

앞장의 문답형식에 인용된 병벽광(洴澼絖)의 이야기나 들소(斄牛)의 이야기는 사물(事物)의 가치는 고정적(固定的)이거나 절대적(絶對的)이지 않다는 것이다.

사용하는 방법에 따라 크게도 되고 작게도 되는 것이다. 따라서 세속적인 무가치가 오히려 참다운 가치로 비유된 것이다. 우리는 이러한 가치판단(價値判斷)을 받아들이면서 세상을 슬기롭게 살아가야겠다.

惠子謂莊子曰 吾有大樹 人謂之樗[1] 其大本擁腫而不中繩墨 其小枝卷曲而不中規矩 立之塗 匠者不顧 今子之言 大而無用 衆所同去也

莊子曰 子獨不見狸狌乎 卑身而伏 以候敖者 東西跳梁 不辟高下 中於機辟 死於罔罟 今夫斄牛[2] 其大若垂天之雲 此能爲大矣 而不能執鼠 今子有大樹 患其無用 何不樹之於無何有之鄉[3] 廣莫之

野 彷徨乎無爲其側 逍遙乎寢臥其下 不夭斤斧 物無害者 無所可用 安所困苦哉

1) 樗(저) : 큰 가죽나무. 혹은 개똥나무로도 풀이하며 이때는 '저'라고 읽음.
2) 犛牛(이우) : 들소. 티벳고원 지방에 서식하는 소의 일종으로 이우(氂牛)라고도 쓴다.
3) 無何有之鄕(무하유지향) : 있는 것이란 아무것도 없는 곳.

혜자가 장자에게 말하기를 "나에게 큰 나무가 있는데 사람들이 이를 가죽나무라 부르오. 그 큰 줄기는 울퉁불퉁하여 먹줄을 칠 수 없고, 그 작은 가지는 굽고 꼬여 자로 잴 수 없소. 길에 세워두어도 목수들이 돌아보지 않소. 지금 그대의 말은 크지만 쓸모가 없기에 뭇 사람들이 모두 떠나버리오." 장자왈 "당신은 너구리나 살쾡이를 보지 못하였소. 몸을 낮추어 엎드려서 놀러 나오는 자를 겨누며, 동서로 날뛰고 높고 낮은 것을 가리지 않는다오. 그러다 그물과 덫에 걸려 죽고 마오. 지금 저 들소(犛牛)는 그 크기가 하늘에 드리운 구름과 같소. 이것은 능히 큰 일은 할 수 있지만 쥐를 잡지는 못할 것이오. 지금 당신은 큰 나무를 가지고도 그 쓸모없음을 걱정하오. 어찌하여 무하유고의 광막한 들판에 심어, 그 옆에서 한가로이 무위(無爲)로 지내며 그 아래에 누워 잠자려 하지 않소. 도끼에 일찍 찍히지 않고, 만물의 해를 입지 않는 자에게 가히 쓰이는 바가 없다하여도 괴롭거나 곤란한 것이 있겠소?"

제 2 편 제물론(齊物論)

제물론(齊物論)이란 모든 사물(事物)을
하나로 가지런히 하는 것으로
만물이 하나라는 것을
논리적으로 밝힌다는 뜻이다.
인간이 절대자가 되기 위해서는
일체의 존재가 요컨대 궁극적으로는
하나라는 입장에 서지 않으면
안된다는 사실을 가르쳤다.
그 무엇에도 얽매이지 않는 것,
절대 자유로운 인간의 삶은
만물이 모두 여기서는
하나가 된다는 궁극적인
'하나(一)'의 세계에 설 때
처음으로 가능한 것이다.
이것은 그 만물이 모두 하나인
궁극적인 하나의 세계를
명확히 하는 데 있는 것이다.

제2편 제물론(齊物論)

1. 저것은 이것에서 나오고 이것은 저것에서 기인한 것이다.

남곽자기(南郭子綦)가 책상에 기대앉아 하늘을 우러르며 크게 한숨을 내쉬었다. 그 모습은 멍청하여 자기의 형체마저 잊은듯 하였다.

이런 모습을 보고 제자인 안성자유(顔成子游)가 앞에서 시중들고 있다가 이렇게 말했다.

"어찌된 일입니까? 육체는 마른 나무와 같이 만들 수 있고, 마음은 본시 불 꺼진 재처럼 될 수 있는 것입니까? 지금 책상에 기대어 계신 모습은 지난날 책상에 기대어 계신 모습과는 전혀 다릅니다."

이에 대하여 자기(子綦)가 말하였다.

"언(偃)아, 좋은 질문을 하였구나. 나는 지금 내 자신을 잊고 있었는데 너는 그것을 알았더냐? 너는 사람이 내는 소리는 들었겠지만 땅이 내는 소리는 듣지 못하였을 것이다. 네가 혹 땅의 소리를 들었다 하여도 하늘이 내는 소리는 아직 듣지 못하였을 것이다."

자유(子游)가 말했다.

"감히 그 도리를 여쭈어 보겠습니다."

자기가 대답하였다.

"대저 땅덩어리가 내뿜는 기운을 바람이라 이름한다. 이것이

일지 않으면 몰라도, 일단 이 바람이 일게 되면 모든 구멍이 성난 듯 울부짖게 된다. 너는 그 윙윙거리며 멀리서 불어오는 소리를 듣지 못하였느냐?

크게 산림이 흔들릴 때 높고 낮은 봉우리와 골짜기 사이에 서 있는 백 아름이나 되는 큰 나무에는, 코를 닮고, 입을 닮고, 귀를 닮고, 목이 긴 병을 닮고, 술잔 같고, 절구통 같고, 깊은 웅덩이 같고, 얕은 웅덩이 같은 구멍들이 나 있다.

바람이 불어 이들 구멍에 들어가면 온갖 음색(音色)으로 소리를 낸다. 물 흐르는 소리, 화살 날아가는 소리, 꾸짖는 듯한 날카로운 소리, 가냘프게 들이마시는 숨소리, 외치는 큰 소리, 흐느끼며 울부짖는 소리, 둔탁한 소리, 맑게 소곤거리는 듯한 소리들이 난다.

앞선 소리가 우우하고 울리면, 뒤따르는 소리가 오오하고 울린다. 산들바람에는 작은 소리로 화답하고, 회오리바람에는 큰 소리로 화답한다.

사나운 바람이 지나가고 나면 모든 구멍들이 텅 비게 된다. 그런데 너만 홀로 그 나뭇가지들이 크게 흔들리고 작게 흔들리는 것을 보지 못했느냐?"

자유가 말했다.

"땅에서 나는 소리는 땅의 여러 구멍들을 거쳐 저절로 나는 소리이고, 사람이 내는 소리는 인간이 숨을 불어 넣어 퉁소에서 나는 소리에 지나지 않는군요. 그렇다면 하늘에서 나는 소리는 어떤 것인지 가르쳐 주십시오."

자기가 대답했다.

"대저 바람이 불되 그 나는 소리는 만 가지로 다르고 제각기 나름대로의 소리를 가지고 있는 법이다. 그렇다면 그것들을 노하게 하여 소리를 내게 하는 것은 누구이겠느냐?"

사람이 주체적(主體的)인 것처럼 보이는 원인은 그들이 지혜(知)와 말(言)을 가지고 있기 때문이다. 인간의 사회관계 속에서 지혜와 말의 실태는 어떠한가?

큰 지혜를 가진 사람은 너그럽고 한가하지만, 작은 지혜를 가진 사람은 매사에 조바심이 많고 안절부절 못하며 작은 일에도 따지고 든다. 훌륭한 말은 담담하여 잡스럽지 않으나, 하찮은 말은 수다스럽고 답답하다.

그 뿌리는 모두 정신과 육체다. 인간이라는 존재는 잠이 들어도 영혼(靈魂)이 바깥 세계의 사물(事物)과 접촉하여 꿈을 꾸고, 깨어나도 육신(肉身)은 바깥 세계(外界)와 접촉한다. 이렇게 서로 외부와 더불어 관계를 맺고 있어 날마다 마음은 갈등을 일으키게 된다.

이러한 상황에서 인간들의 마음과 몸의 활동은 확실히 천차만별이다. 너그러운 사람도 있고, 우울하며 음험한 사람, 은밀하여 매사에 삼가는 사람이 있다.

그러나 결국은 관계와 갈등에서 온 것으로 인간들은 온전히 겁(恐怖)에 이르는 수밖에 없다. 작은 일에도 두려워하여 흠칫 흠칫 놀라거나 아니면 크게 두려워하여 망연자실 정신을 잃는 차이만 있을 뿐이다.

사람의 일생을 처음 시작하는 시기(時期)부터 삶을 마감하는 때까지 차례를 두어 생각한다면, 청년기는 마치 활을 쏘듯이 또는 말을 빨리 하는 것처럼 세상의 시비(是非)를 가리는데 민첩하다. 그러나 장년기(壯年期)에는 삶에서 얻은 것을 간직하기 위하여 신에게 맹세하는 것처럼 완고하게 자기 고집을 세워 남에게 이기려 한다. 노년기(老年期)를 맞아서는 나날이 쇠약해져가고 가을과 겨울에 초목이 시들듯 하며 그 축적의 결과는 벌써 다시는 돌이킬 수 없게 된다.

그들이 늙고 퇴락하게 되는 것은 욕망에 억눌리고 앞뒤가 꽉 막히게 되어 마음과 몸이 다함께 그 기능이 정지되기 때문이다. 죽음에 가까운 마음은 도저히 소생될 수 없는 것이다.

또한 인간의 자세를, 그들이 그때 그때 갖게 되는 감정이나 태도 등의 시각에서 바라보기로 하자.

기쁨과 슬픔, 성냄과 즐거움, 근심·걱정과 한탄, 변덕, 두려움, 그리고 경박함과 방탕, 자만, 허세 등의 여러 가지 양상(樣像)들.

악기의 텅 빈 공간에서 음악이 나오고, 땅의 기운이 응집하여 버섯이 되고, 밤과 낮이 번갈아가며 우리 앞에 나타나는 것은 알지만 인간의 끝없는 감정의 변전(變轉)이 어디로부터 나오는지, 그 원인(주재자)은 알지 못한다.

아아, 그만두자. 그것은 어제와 오늘이라는 짧은 시간으로는 짐작조차 할 수 없는 것이다. 그러나 아침 저녁으로 이를 경험하니 그것이 발생하는 까닭이 있지 않겠는가?

그것들이 없으면 나라는 자아(自我)도 없고 내가 없으면 그것들도 생겨나지 않았을 것이다. 즉, 나(自我)와 그 대상(對象)으로서의 세계는, 서로 규정적(規定的)으로 존재하고 발생하는 너무나 질서 정연한 것이다. 그래서 나만이 이런 저런 상태를 선택하는 주재자(主宰者)다라고 주장하는 '자아주재설(自我主宰說)'인 것이다.

이것도 과연 진리(眞理)에 가까운 것은 사실이다. 그러나 내가 그러한 상태 선택(狀態選擇)을 할 수 있도록 하는 보다 근원적인 주재자는 모르고 있다.

내가 탐구하고 있는 참 주재자는 존재하고 있는 것같으나 그 행적을 알 수 없고, 그가 작용(作用)하고 있는 것은 틀림없는데 그 형체를 볼 수 없다. 곧 그 존재와 작용이 있다는 것은 사실인데 그 모습은 파악되지 않는다.

이러한 참 주재자(眞宰)를 찾아보려고 육체 진재설(肉體眞宰說)을 검토하기에 이른다. 사람의 몸에는 백 개의 뼈마디와 아홉 개의 구멍, 여섯 개의 내장 등 온갖 기관이 갖추어져 있다.

그 가운데 나는 어느 것과 가장 가까워야 할까? 그대는 그것들을 모두 중요하게 여겨야 한다고 할 것이다. 그렇지 않으면 그 가운데 어느 하나를 좋아하는 사사로움이 있게 마련이다.

그것은 진재(眞宰)가 없다는 말과 같다. 하나의 행위에 하나만의 중요한 기관(器官)이 있다면 행위할 때마다 그를 주재하는 기관이 달라질 것이다.
 어떤 경우 그것들은 부림을 받는 머슴이나 계집종 같은 역할을 하는 것일까? 그리고 주재자가 되지 못한 그 머슴이나 종들은 서로를 다스릴 수 없는 것일까? 아니면 서로 번갈아 가며 주인이 됐다가 머슴이 되고 종이 됐다가도 주인이 되는 것일까? 그렇다고 하더라도 거기에는 참된 주인(眞宰)이 있는 법이다.
 그 주인(眞宰)의 실상을 지금 우리가 알거나 모르거나 그 존재에 대한 진실성에는 이롭게 하지도 손상하지도 못하는 것이다.
 이러한 시점에서 되돌아 볼 때 우리의 육체는 비애(悲哀)스러울 뿐 아니라 거기에는 참주인(眞宰) 따위도 있지 않다.
 사람이 한번 형체가 이루어지면 이를 손상시키지 않고 그것이 다 할 때까지 기다려야 한다. 그러한 가운데 외계의 온갖 사물과 맞서 서로 부딪치면서 인생은 황망중에 말 달리듯이 지나가 버리며, 그 아무도 발걸음을 멈추게 할 수는 없다. 이 어찌 슬픈 일이 아니겠는가?
 죽는 날까지 온갖 고생을 다하며 아둥바둥 살아도 그 성공을 보지 못하며, 고달프고 피곤하게 일하여도 그 돌아갈 바를 모른다면 이 어찌 가엾지 아니한가? 이러한 것이 현실인데 사람들이 그를 아직 죽지 않았다고 한들 무슨 소용이 있겠는가?
 더러는 미완(未完)이나 불사(不死)의 보편적인 형체인 물질세계의 자력운동(自力運動)만이 개개의 존재자로 하여금 여러 가지 형상으로 나타나게 하는 진재(眞宰)라고 주장하는 것이 유물론(唯物論)이지만 아무 도움도 되지 않는 말들이다.
 사람이란 그 육체가 변하면 마음도 따라서 그렇게 되는 것이다. 어찌 애처로운 일이 아니겠는가?
 사람의 삶이란 본래 이처럼 암담하고 어리석은 것일까? 아니면 나만 아둔하고 다른 사람들은 아둔하지 않은 것인가?
 여기에서 방향을 바꾸어 진재(眞宰)를 사람의 마음(精神)에서 찾아 보기로 했을 때 어떠한 현상이 나타날 것인가?
 대저 사람이 이미 이루어진 마음을 따라 그것을 스승으로 섬긴다면 그 누가 스승이 없겠는가? 그것은 이치를 깨달아 마음으로 얻은 사람에게만 있는 것이 아니오, 어리석은 사람에게도 스승은 있는 법이다.

그러나 이러한 마음이 제대로 확립되기도 전에 옳고 그름을 따지는 것은 마치 '오늘 월(越)나라로 떠나면서 어제 도착했다.'는 것과 다름이 없다.

이 말은 있지도 않은 것을 있다고 하는 것과 다름이 없다. 이것은 시간과 공간을 다 함께 무시하는 궤변이라 할 수밖에 없다. 이러한 논법은 있지도 않은 보편적 세계나 정신 따위를 있는 것처럼 보았기 때문이다.

있지도 않은 것을 있다고 하는 것은 우(禹)임금 같이 신통한 사람이라도 알 수 없거늘 내 홀로 어찌 알 것인가?

그러므로 나는 이러한 것 외에 존재할 진재(眞宰)를 마침내 세상이라는 곳의 도(道)에서 찾지 않으면 안되었다. 그러나 그것을 말로써 표현하기에 앞서 먼저 말(言語)이란 것을 생각해 볼 필요가 있다.

말이란 그저 인뢰(人籟: 사람이 입으로 부는 것들의 소리)와 지뢰(地籟: 땅 위에서 나는 갖가지 소리)가 뿜어내는 소리만은 아니다. 말이란 어떤 주체 아래 말이 존재하는 현상이지만 같은 말이라도 표현하는 대상과 말하는 주관에 따라 각기 다르므로 전혀 같을 수는 없다.

그렇다면 그 말이란 존재하는 것일까? 존재하지 않는 것일까? 그것이 새 울음소리와 다르다 하여도 도대체 거기에는 구별이 있는 것일까? 없는 것일까?

내가 탐구하려는 진재(道)와 그에 따른 말(言語)도 이러한 사태의 예외일 수는 없다.

지극한 도는 본래 진실이나 허위와는 관계없이 독립된 것이다. 그런데 무엇에 가리워져 진위(眞僞)의 대립과 그 가치에 대한 시비(是非)의 논쟁이 일어나는 것인가? 말은 또 무엇에 가리워져 옳고 그름이 있게 되는 것인가?

지극한 도는 어느 곳을 가도 없지 않으며 말 또한 어느 곳에서 받아들여지지 않을 것인가? 그런데도 지극한 도와 진실된 말은 어디에 가리워져 숨어버렸는가?

작은 성취에 도는 가려지고, 화려한 영예에 말은 숨겨졌다.

그러므로 유가(儒家)와 묵가(墨家)로 대표되는 시비의 논쟁이 있게 되어 상대방이 그르다고 하는 것을 옳다고 우기고, 상대방이 옳다고 하는 것을 그르다 한다. 이러한 것은 본연의 밝은 슬기로써 최상의 방법에 따라 판단하여야 한다.

지금 우리의 눈앞에는 가치없는 세계가 끝없이 펼쳐져 있다. 그러므로 가치없는 세계를 승인하고 있는 사상가들의 학설에 온갖 결함이 있다. 때문에 그들 명가(名家)를 중심으로 그 학설이 비판되지 않으면 안된다.

모든 사물은 저것 아닌 것이 없고, 마찬가지로 이쪽에서 보면 이것 아닌 것이 없다. 지금 저것이 있다고 가정 했을 때 그쪽에서 보면 보이지 않는 것도, 그 자신의 입장에서 보면 알게 되는 경우도 있다.

그러므로 양자의 관계는 '저것은 이것으로부터 나온다'는 것이며, 역으로 '이것 역시 저것에서 비롯된다'는 것이다. 저것이라는 사실 판단과 이것이라는 사실 판단의 존재와 발단이 상호규정적(相互規定的)이라는 피시방생지설(彼是方生之說)이다.

이 설은 삶이 있음과 동시에 죽음이 있고, 죽음이 있음과 동시에 삶이 있는 것이다. 또 긍정이 있으면 부정이 있고 부정이 있으면 긍정이 있게 마련이다. 옳은 것이 원인이 되어 그릇됨이 있고 그릇됨이 있으므로 옳은 것이 있다.

그러므로 성인(聖人)은 그런 것에 의거하지 않고 자연의 본성을 관조할 따름이니, 곧 하늘의 도리에 맡길 뿐이다.

그렇다면 말을 기초로 삼아 보다 차원을 높이한 또 하나의 학설(學說)을 이 하늘의 높은 경지에서 살펴 보자.

어떠한 하나의 물(物)이 있는데 인식주관의 입장에 따라 저것(彼)으로도, 이것(是)으로도 판단된다. 그 물(物) 자체의 입장에서 보면 이것은 동시에 저것이 되고 저것은 또 이것이 되어, 저것도 하나의 시비(是非)이고 이것도 또한 하나의 시비가 된다.

이러한 점에서 볼 때 저 유(儒)와 묵(墨)의 시비론이나, 여기서 말한 피시방생설도 한결같이 흔히 있는 시비의 가치판단(價値判斷)의 하나에 불과하다. 따라서 상호규정적인 관계로서의 저것과 이것의 판단은 존재하는 것같으나 실은 존재하지 않는다.

그렇다면 지금까지의 저것이라는 판단이나 이것이라는 판단은 함께 개별적(個別的)인 것이 아니면 안된다. 저것은 저것으로 이것은 이것으로서 존재하고 발생한다고 보는 새로운 학설을 도(道)의 지도리(樞)라 이름지어 본다.

그러나 이 학설을 파악하기 시작하면서 있는, 모든 것의 판단의 중추(中樞)가 되는 것은 원의 중심에 있어야 비로소 무궁한 변화에 대응할 수 있을 것이다.

저 엄청난 이것(是)도 그리고 이것과 아무런 관계가 없게 된 엄청난 저것(彼)도 무궁한 개별적 판단에서 볼 때는 겨우 한 부분에 지나지 않는다. 그러므로 유·묵(儒墨)의 시비를 전적(全的)으로 소멸시킨 방법을 상기(想起)하면서 오직 명석한 지혜로 본연의 사물을 비춰보는 것이 가장 좋다는 것이다.

그런데 여기 있는 한 물(物)을 '손가락(指)이다' '말(馬)이다'라고 개별적인 사실로 판단하는 도추학설(道樞學說)의 근거는 그 물(物)을 완전히 다른 물로부터 구별짓는 이론이다.

이 이론은 손가락을 손가락이 아니라고 하는 판단이 모순(矛盾)되고, 말을 말이 아니라고 하는 판단이 모순된다고 보는 모순률(矛盾律)이지만 이것이 깨어지지(破壞) 않으면 안된다. 천지도 하나의 손가락이요, 만물도 하나의 말인 것이다.

도(道)라는 것은 운행되므로써 이루어지는 것이고, 사물은 일컬어지기에 그렇게 이름이 생겨났다. 어찌하여 그렇게 되는 것인가? 그렇기 때문에 그러한 것이다. 어째서 그렇지 않다고 하는가? 그렇지 않다고 하니까 그렇지 않은 것이다.

사물(事物)에는 본래 그렇게 되는 까닭이 내재(內在)해 있으며, 그렇게 되는 가능성 역시 내재하여 있다. 그렇게 되지 않는 사물은 이 천지간에 존재하지 않으며, 그렇게 되는 가능성이 내재하여 있지 않은 사물 또한 존재하지 않는다.

위와 같으므로 세계의 제동성(齊同性)이 증명된다. 이것을 구체적으로 말하면 작은 풀줄기와 큰 기둥의 구별도, 문둥이처럼 추하게 못생긴 사람과 천하의 미인 서시(西施)의 구별도, 저 넓은 것이나 기이한 것이나, 변덕스런 것이나 괴상한 불가사의도 도(道)의 경지에서 보면 하나로 통하게 된다.

결론하면 곧 도에 달한 것만이 도가 세계(天下)를 제동(齊同)한다는 것을 알고 있다. 때문에 이 제동세계의 이론을 쓰지 않고, 이 이론을 세계의 있는 그대로에의 모습 안에 놓아버리고 싶은 것이다.

세계가 이 이론의 간섭에서 해방되어 그대로 있는 것만이 오히려 그 이론을 참답게 사용하는 것이 되고, 참답게 사용한다는 것은 이것을 내가 파악한다는 것이다.

이와 같이 제동세계를 파악하고 있으면 그것으로써 완전하다. 어쩌면 이 이론도 주관의 가치가 있다는 이것(是)의 판단에, 목적의식적으로 구축된 것에 지나지 않기 때문이다.

그러므로 위와 같이 무자각(無自覺)한 행동에서 파악된 제동세계만이 도(道)라고 할 수 있는 것이다.

이러한 이론으로 제동세계를 파악하려는 것이 잘못된 까닭은, 모든 사람들이 정신을 하나되게 애쓰지만, 그것이 본래부터 하나라는 것을 알지 못하고 있다.

이 말은 곧 정신을 작용시켜 세계의 제동성을 증명시키려고 애쓰는 일이 실제로는 제동성이 무엇인가를 모르는 것을 뜻하며, 이것을 이른바 조삼모사(朝三暮四)라고 한다.

조삼모사(朝三暮四)란 무엇인가? 하나의 우화(寓話)로 옛날 원숭이를 기르는 사람이 그 먹이로 도토리를 주면서 이렇게 말했다. "아침에는 세 개를 주고 저녁에는 네 개를 주면 어떠냐?"고 했는데 원숭이는 모두 성을 내면서 툴툴거렸다. 그래서 이번에는

"그러면 아침에 네 개를 주고 저녁에 세 개를 주마"라고 말하니 원숭이들이 모두 기뻐했다는 것이다.

원숭이 사육사의 약속 내용은 어느 것이나 같은 것이다. 아침에 세 개와 저녁의 네 개는 일곱 개로서, 주겠다는 표현도 같고 일곱 개라는 실질의 표현도 같은데 어찌하여 그 속에는 원숭이들의 희비(喜悲)의 감정이 작용하였을까?

그것은 하나의 술수로 눈속임에 불과한 꾀에 꼬여드는 것으로 조삼모사(朝三暮四)가 아니라 조사모삼(朝四暮三)이 옳다(是)는 눈 앞의 주관적 가치판단에 기인한 것에 불과하다.

그래서 성인(聖人)은 옳고(是) 그름(非)을 가리지 않고 조화(調和)시켜 자연의 균형(天鈞) 속에 머물도록 했다. 이것을 말하여 양행(兩行)이라고 한다. 양행이란 위의 이론을 부정·배제한 성인과, 그렇게 함으로써 오히려 그에게 파악된 제동세계와의 양자를 다함께 조화시켜 살려나가는 것을 말한다.

여기에서 지금까지 행한 일련의 작업을 반성적(反省的) 고찰(考察)로 살펴 본다면, 아주 옛날 사람들은 그 슬기가 높은 경지에 이르고 있었다. 그렇다면 얼마나 지극하였던가? 애당초에는 사물이 없었다고 생각하는 경지에 이르렀다. 그것은 지극하고 지극하여 다시 더할 수 없는 사고(思考)를 다한 경지다.

그 다음으로는 사물이 있으나 그 근거에 있어 시비 따위의 가치는 없다고 생각하는 슬기이다.

그 다음으로는 이것과 저것의 한계는 있어도 시비(是非)는 존재하지 않는다는 슬기이다. 때문에 옳고 그름이 나타남은 역으로 도가 이지러짐을 말한다. 도가 이지러졌다는 것은 애호(愛好)가 생겨났다는 것이다.

돌이켜 보면 애호(愛好)에의 비판에서 출발하여, 시비에의 비판, 사실에의 비판으로 위의 생각을 분별할 수 있다.

옛 사람의 지고(至高)한 슬기와 그것이 점점 쇠퇴하여진 네 단계의 슬기(知)를, 역순으로 한 걸음 한 걸음 걸어 오른다면 드디어는 제일의 슬기의 경지에 도달할 것이다.

여기에서 현상(現狀)을 '도(道)가 이지러지다' '애호의 감정이 형성되다'라고 분석하고, 그것을 뒤집어서 '도를 형성하고' '사랑(愛好)을 베푼다'는 것을 과제(課題)로 하였다.

그러나 과연 완성과 이지러짐은 존재하는 것일까? 아니면 존재하지 않는 것일까?

도가 이루어짐과 이지러짐이 있다는 것은 확실하다. 때문에 소씨(昭氏)는 거문고를 뜯었던 것이다. 만일 그가 거문고를 뜯지 않았다면, 무한한 음(音)들이 가능성 그 자체로 거문고 속에 그대로 남게 되어 완성과 이지러지는 것은 존재하지 않게 되는 것이다.

소문이 거문고를 탄 것과, 사광(師曠)이 북채를 들고 박자를 짚은 것과, 혜자(惠子)가 책상 머리에 기대어 앉아 변론하는 것 등은 이 세 사람의 슬기(知)가 완성되었다는 것과 함께 도를 회복하고 성취시켰다는 것이 된다. 때문에 그들의 슬기는 후세까지 기록으로 전하여 왔다.

그런데 그들이 그것을 좋아한 것은 다른 사람들도 그랬듯이, 남보다 특이하다고 스스로 생각하여 남에게 밝히려 한 것이다. 밝혀야 할 것이 아닌 것을 밝히려 하였기 때문에 그 참다운 도(道)와는 멀어져 버렸다.

그들은 그것을 애호하기에 지극한 것인 그것을 통하여 참다운 도를 남에게 밝히고자 욕심을 냈으나 그 도를 밝혀야 할 대상이 아닌데도 그렇게 하고자 했다. 그래서 그들은 마침내 우매한 '견백(堅白)의 궤변'에 빠져 일생을 마치게 되었고, 그네들의 후예들도 소문의 기예를 계승하는데 그쳤을 뿐 평생 아무것도 완성의 경지에는 이르지 못했다.

이러한 것을 완성의 경지에 이르렀다고 말할 수 있겠는가? 만약 그렇다면 우리 모두가 마찬가지로 완성의 경지에 이를 수 있을 것이다. 그러므로 이러한 것은 역시 성취하였다고는 할 수 없는 것이다. 만약 성취한 것이라고 한다면 모든 사물이나 우리 모두에게 성취라는 것은 존재하지 않게 된다.

따라서 지고(至高)의 슬기(知)를 이것(是)이라 하여 밝히는 철저한 부정(否定)과 배제(排除)로 어지럽게 흐트러진 속으로부터 나타나는 빛(光耀)만을 성인(聖人)들이 애타게 바라는 것이다.

그러므로 성인은 도를 성취하고자 하는 위의 세 사람의 견해를 채택하지 않고, 그 견해를 세계에 있는 그대로의 모습 속에 방치해 둔다. 이러한 방법만이 지금까지 말한 바 있는 본연의 밝음(以明)이라 한다.

다시 말해서 성인은 자신의 주관적인 판단을 사용하지 않고 각기 사물이 갖고 있는 본성에 맡긴다는 것이다.

이리하여 겨우 옛 사람의 지고한 슬기에로 비약하게 되었다. 그러나 그것도 결국은 말(言語)로써 표현하는 방법 외에는 없기 때문에 역시 말에 따르는 수 밖에 없다.

이제 여기에 하나의 말(言)이 있다고 할 때, 그 말이 그러한 명지(明智)와 같은 말인지 아닌지는 알 수 없지 않은가? 모든 것은 같거나 같지 않거나 서로 끼리 끼리 되는 것이니 그러한 궤변과 다를 바 없지만, 그러나 비록 그렇더라도 한번 말할 것을 시도해 보자.

처음(始源)이 있으면 그것이 시작되지 않았던 이전의 근원(根源)이라는 것이 있을 것이며, 또 그 '처음(始源)이 아직 없었던 그 이전의 근원'마저 없었던 이전의 근원이라는 것도 있다.

그리고 다시 유(有)가 있고 무(無)가 있으면 그에 앞서 유·무의 이전이 있었을 것이고, 또 그 앞에 유·무 이전의 이전이 있을 것이다.

이러한 악무한(惡無限 : 어디까지나 무한하게 접근하려고 하는 끝없는 진행) 속에서 홀연히 있음(有)과 없음(無)의 구분이 생긴 것인데 그럼에도 무엇이 유이고, 무엇이 무인지를 알 수 없게 되었다. 이와 같이 근원이라는 것은 그 자체가 무한하게 거슬러(遡及)가기를 요구하므로 무엇인가가 있다고 하는 근원소급(根源遡及)으로는 아무리 쌓아서 소급의 한계를 다하여도 참의 근원(道)에 이르지는 못한다.

이제 제동세계의 유(有)의 근원이 그 부정(否定)으로서의 무(無)는 아닌지를 생각하게 한다. 지금 우리가 이런 말들을 하기는 했어도 그것 역시 내가 과연 말을 한 것이라고 할 수 있는지 없는지 조차 알 수 없다.

이에 따라 저 참 세계(道)란 있는 그대로 그려지지 않으면 안 된다. 예컨대 궤변가(詭辯家)의 본을 따서 말한다면 이 세상에 가을 짐승의 터럭끝(秋毫)보다 큰 것은 없고, 태산(泰山)보다 더 작은 것은 없다고 생각해 볼 수 있다. 어려서 요절(夭折)한 자식보다 오래 산 사람은 없고 7, 8백년을 살았다는 팽조(彭祖)를 두고 요절했다고 할 수도 있을 것이다.

그러나 보다 적절한 말로는 천지 만물의 나름대로의 제동성(齊同性)은 여기에서도 그대로 살아 있음은 물론, 그 속에서 인식주체(認識主體)인 나(自我)와 함께 살아 있을 뿐 아니라 만물은 나와 함께 하나(齊同)가 된다. 이미 하나가 되었는데, 또 무슨 말이 필요하겠는가? 또 이미 하나라고 말을 했으니 말이 없다고 할 수 있겠는가?

이와 같이 '저 참(道)의 근원적인 무(無)의 세계는 확실하게 이미 제동되어 있다.'라고 한다면 그것을 그렇다고 표현(말)할 수 있을 것인가? 또 확실히 하나가 되었다(齊同)고 판단했다면 그렇다고 말하지 않을 수는 없지 않겠는가?

실재(實在)하는 제동세계는 표현(말)의 제동세계와 함께 더불어 둘이 되고, 이 둘이라는 것도 우리의 판단과 표현이므로 이것은 동시에 표현의 둘이 되어 실재하는 제동세계와 더불어 셋이 된다. 이렇게 굴러가다 보면 아무리 셈(數理)에 밝은 사람이라도 그것을 계산할 수 없겠거늘 하물며 보통 사람에게 있어서는 말할 수 없을 것이다.

이와 같이 없는 것(無)에서 있음(有)으로 뻗어 나가는 데도 셋이 되었으니, 하물며 있음(有)에서 있음으로 나가게 되면 어떻게 되겠는가? 나아감을 그치고 오직 스스로 그렇게 되는 도리(自然之道)에 맡겨야 할 뿐이다.

제동세계의 정립(定立)을 성취하기 위하여는 결국 이 없음(無)에 머물러, 그곳에서 있음(有)에로 가지 않으면 안될 것이다. 왜냐하면 앞서 확립한 참(道)의 근원적인 무(無)의 제동세계에 대한 이론도, 이것을 옳다고 생각하는 우리에게 내재(內在)하는 시(是)가, 목적의식에 따라 구축된 것에 지나지 않는다는 근본적 결함을 가지고 있기 때문이다.

이리하여 우리가 진작부터 추구해 온 저 진재(眞宰)로서의 도는, 나(自我)마저 내재하는 참으로 근원적인 무(無)의 제동세계를 정립하고 파악하여야 마침내 최후 궁극적으로 확립되고 파악되는 것이다.

▨ 제물론편(齊物論篇)은 먼저 남곽자기(南郭子綦)와 안성자유(顏成子游)와의 문답에서 시작된다.

소요유편은 절대자의 구애되지 않는 삶인 자유무애의 경지를 붕(鵬)과 곤(鯤)의 크나큰 비상(飛翔)으로 설명했다.

제물론편(齊物論篇)은 그러한 절대자의 삶을 성립시킨 논리와 인간이 어떻게 하면 절대자의 경지를 터득하느냐?의 실천적 근거를 밝히고 있다.

제물론(齊物論)이란 만물을 가지런히 하나로 조화시키는 것으로 만물이 하나라는 것을 논리적으로 밝힌 것을 뜻한다. 또한 물론(物論)인 세상의 논의(論議)를 가지런히 한다는 뜻도 된다.

장자는 인간이 절대자가 되기 위해서는 일체의 존재가 필요로 하는 궁극적인 하나의 입장에 서지 않으면 안된다고 가르쳤다.

그 무엇에도 속박되지 않는 절대 자유로운 인간의 삶은, 만물이 모두 여기서는 하나인 궁극적인 '하나(一)'의 세계에 서게 될 때 비로소 가능하게 된다.

제물론편은 앞에서도 말한 바와 같이 그 만물이 모두 하나인 궁극적인 '하나의 세계'를 밝히는 것이다.

이 장은 노장사상(老莊思想)의 근원이 된 철학으로 도가(道家)의 여러 문헌 가운데 가장 오래된 것(서기전 3세기 초에 성립)이다.

천지 만물의 세계는 나(自我)마저도 안으로 포함시킨 진실한 하나의 카오스(混沌)다. 다시 말하면 근본적으로는 하나의 비존재(非存在)인 없음(無)으로서 나(自我)마저 상실시켜 하나(一)로 없음(無)의 세계에 명합(冥合)하게 된다.
 이것만이 가장 주체적인 삶으로서의 도의 경지라고 설명했다.
 혜시(惠施)나 전병(田駢) 등은 명가적인 이론을 비판적으로 계승하면서 일어나 도가(道家)의 인생론, 지식론, 존재론 등의 기초로서 성행하였다. 그러나 얼마가지 않아 진(秦)나라에 의한 천하통일의 기운이 증대하는 가운데 그 중심이 변화되었고, 거기에서 여러 가지 사상이 나타나게 되었다.
 자기(子綦)와 자유(子游)의 대담에서 특히 우리의 주목을 끄는 몇 가지가 있다. 자기가 말하는 하늘(天)이란 무엇인가? 그것은 사람(人)과 땅(地)과 대립하는 혹은 사람과 땅을 초월하는 그 무엇이 아니라 사람은 사람이고 땅은 땅이라는 그 자체에 불과한 것이다.
 바꾸어 말하면 하늘이란 그저 그대로인 자연(自然)인 것이다.
 그래서 사람은 이 하늘의 경지에 섰을 때 비로소 인과적 사유(因果的思惟)인 분별을 초월할 수 있고, 일체를 있는 그대로 긍정하게 되는 것으로 보았다. 그는 일체 존재를 그대로 긍정하므로써 일체 존재와 하나가 된다고 본 것이다.
 여기에서 장자는 다시 말(認識)과 도(實在)와의 관계에 대하여 날카로운 인식론적 반성(認識論的反省)을 더한다.
 우선 인간세계의 가장 큰 소리(籟)인 옳고(是) 그름(非)의 논쟁이 인간의 편견과 허구, 독선과 자의(恣意)를 낳는다고 말했다. 이 소리를 '중규위허(衆竅爲虛)'인 본래의 정적(靜寂)으로 돌아오게 하기 위해서는 일체의 상대적 편견이나 인간적 분별을 초극(超克)하는 크나큰 슬기(知慧)로 밝음(明)에 의거하지 않으면 안된다고 가르쳤다.
 그러나 속세의 인간들은 본래 하나인 만물을 옳고(可), 그름(不可)으로 분별짓고, 그 옳음을 가(可)로 그 그름을 불가(不可)로 끝까지 고집한다. 본래 구별이 없는 것인데 인간의 습관적인 생각(思考)과 가치적인 편견(偏見)으로 그렇게 된 것이다.

길(道路)은 본래 아무것도 없었던 들판으로 사람이 왕래함으로써 생겨 난 것이고, 본래 아무런 이름도 갖지 않았던 사물(事物)이 인간 생활의 편의에 따라 이것 저것으로 이름 붙여지게 된 것과 같다.

그러나 일단 시비의 가치판단이 가하여지면 거기에서 도(道)의 생멸은 인간으로 하여금 구제불능의 시궁창으로 빠져들게 한다. 도는 본래 이룸(成就)도 없고 이지러짐(毁虧)도 없는 것이다.

다시 장자는 일응 판단 이전의 도라는 실재(實在)로부터 판단의 순수형식으로서의 유·무의 범주를 전개해 보이면서, 이 순수형식으로서의 범주만으로는 아무것도 말로 표현할 수 없는 것이라고 했다.

거기에서 그는 일전하여 지금까지 전개하여 온 유·무의 범주에서 섭취할 수 있는 내용으로 되돌아 오고 말았다.

그 섭취할 만한 내용이란 말할 나위도 없이 실재(實在) 그 자체인 도뿐이었다.

그리고 본문 가운데 '기기위일의…인시이(旣己爲一矣…因是已)'까지는 『노자』 제42장과 얼핏 보아 비슷한 것같다. 그러나 노자는 단지 도(道)가 분화되어 발전하는 과정을 유출론적(流出論的)으로 설명한 데 대하여 장자는 그것을 정교하고 치밀한 인식론(認識論)으로 조직하여 설명하였다.

노자는 도(道)란 일체 만물을 낳는 형이상학적인 실체의 성격을 다분히 가지며, 그 실체에서 음양(陰陽) 이기(二氣)가 생기고 천지와 인간이 생긴다고 생각하였다.

장자는 이러한 도의 형이상학적 전개를 인식론적인 관계로 해석하고, 판단의 형식으로서의 순수개념(純粹槪念)이라는 말(言)을 연역(演繹)하는 동시에, 일종의 변증법적(辨證法的) 논리에 의거하여 말(言)로서의 수 개념(數槪念)을 전개하고 있다.

장자의 사상과 노자의 사상이 다르다는 점은 이미 앞의 소요유편에서도 말한 바 있다. 장자에서 보이는 이와 같은 정밀한 인식론적 고찰은 장자를 노자로부터 구별짓는 하나의 커다란 특징이라 할 수 있다.

　　南郭子綦[1]隱几而坐 仰天而噓 嗒焉似喪其耦 顏成子游[2]立侍乎前 曰 何居乎 形固可使如槁木 而心固可使如死灰乎 今之隱几者非昔之隱几者也 子綦曰 偃 不亦善乎 而問之也 今者吾喪我 汝知之乎 汝聞人籟[3]而未聞地籟 汝聞地籟而未聞天籟夫 子游曰 敢問其方 子綦曰 夫大塊[4]噫氣 其名爲風 是唯無作 作則萬竅怒呺 而獨不聞之翏翏乎 山林之畏佳 大木百圍之竅穴 似鼻 似口 似耳 似枅[5] 似圈[6] 似臼 似洼者 似汚者 激者 謞者 叱者 吸者 叫者 譹者 宎[7]者 咬[8]者 前者唱于 而隨者唱喁 冷風則小和 飄風則大和 厲風濟 則衆竅爲虛 而獨不見之調調 之刁刁乎

　　子游曰 地籟則衆竅是已 人籟則比竹[9]是已 敢問天籟 子綦曰 夫吹萬不同 而使其自己也 咸其自取 怒者其誰邪 大知閑閑 小知閒閒 大言炎炎 小言詹詹 其寐也魂交[10] 其覺也形開 與接爲構[11] 日以心鬪 縵[12]者 窖[13]者 密者 小恐惴惴[14] 大恐縵縵 其發若機栝 其司是非之謂也 其留如詛盟 其守勝之謂也 其殺如秋冬 以言其日消也 其溺之所爲之 不可使復之也 其厭也如緘 以言其老洫也 近死之心 莫使復陽也 喜怒哀樂 慮歎變慹 姚佚啓態 樂出虛 蒸成菌[15] 日夜相代乎前 而莫知其所萌 已乎已乎 旦暮得此其所由以生乎 非彼無我 非我無所取 是亦近矣 而不知其所爲使 若有眞宰 而特不得其眹 可行已信 而不見其形 有情而無形 百骸 九竅[16] 六藏 賅而存焉 吾誰與爲親 汝皆說之乎 其有私焉 如是皆有爲臣妾[17]乎 其臣妾不足以相治乎 其遞相爲君臣乎 其有眞君存焉 如求得其情與不得 無益損乎其眞 一受其成形 不亡以待盡 與物相刃相靡 其行盡如馳 而莫之能止 不亦悲乎 終身役役 而不見其成功 苶然疲役 而不知其所歸 可不哀邪 人謂之不死 奚益 其形化 其心與之然 可謂大哀乎 人之生也 固若是芒乎 其我獨芒 而人亦有不芒者乎 夫隨其成心[18]而師之 誰獨且無師乎 奚必知代而心自取者有之 愚者與有焉 未成乎心而有是非 是今日適越而昔至也 是以無有爲有

無有爲有 雖有神禹[19] 且不能知 吾獨且奈何哉 夫言非吹也 言者有言 其所言者 特未定也 果有言邪 其未嘗有言邪 其以爲異於鷇音 亦有辯乎 其無辯乎 道惡乎隱而有眞僞 言惡乎隱而有是非 道惡乎往而不存 言惡乎存而不可 道隱於小成 言隱於榮華 故有儒墨[20]之是非 以是其所非 而非其所是 欲是其所非而非其所是 則莫若以明[21] 物無非彼 物無非是 自彼則不見 自知則知之 故曰 彼出於是 是亦因彼 彼是方生之說[22]也 雖然 方生方死 方死方生 方可方不可 方不可方可 因是因非 因非因是 是以聖人不由 而照之于天 亦因是也 是亦彼也 彼亦是也 彼亦一是非 此亦一是非 果且有彼是乎哉 果且無彼是乎哉 彼是莫得其偶 謂之道樞[23] 樞始得其環中 以應無窮 是亦一無窮 非亦一無窮也 故曰 莫若以明 以指喩指之非指 不若以非指喩指之非指也 以馬喩馬之非馬 不若以非馬喩馬之非馬也 天地一指也[24] 萬物一馬也 可乎可 不可乎不可 道行之而成 物謂之而然 惡乎然 然於然 惡乎不然 不然於不然 物固有所然 物固有所可 無物不然 無物不可 故爲是擧莛與楹 厲與西施[25] 恢恑憰怪 道通爲一 其分也 成也 其成也 毀也 凡物無成與毀 復通爲一 唯達者知通爲一 爲是不用而寓諸庸 庸也者 用也 用也者 通也 通也者 得也 適得而幾矣 因是已[26] 已而不知其然 謂之道

勞神明爲一而不知其同也 謂之朝三 何謂朝三 曰 狙公[27]賦芧[28] 曰 朝三而暮四 衆狙皆怒 曰 然則朝四而暮三 衆狙皆悅 名實未虧 而喜怒爲用 亦因是也 是以聖人和之以是非 而休乎天鈞 是之謂兩行[29]

古之人 其知有所至矣 惡乎至 有以爲未始有物者 至矣 盡矣 不可以加矣 其次以爲有物矣 而未始有封也 其次以爲有封焉 而未始有是非也 是非之彰也 道之所以虧也 道之所以虧 愛之所以成 果且有成與虧乎哉 果且無成與虧乎哉 有成與虧 故昭氏[30]之鼓琴也 無成與虧 故昭氏之不鼓琴也 昭文之鼓琴也 師曠[31]之枝策也 惠子之據梧也 三子之知幾[32]乎 皆其盛者也 故載之末年 唯其好之也 以異於彼 其好之也 欲以明之 彼非所明而明之 故以堅白之昧[33]終 而其子又以文之綸終[34] 終身無成 若是而可謂成乎 雖我亦成也 若

是而不可謂成乎 物與我無成也 是故滑疑之耀 聖人之所圖也 爲是
不用 而寓諸庸 此之謂以明 今且有言於此 不知其與是類乎 其與
是不類乎 類與不類 相與爲類 則與彼無以異矣
　雖然 請嘗言之 有始也者 有未始有始也者 有未始有夫未始有始
也者 有有也者 有無也者 有未始有無也者 有未始有夫未始有無也
者 俄而有無矣 而未知有無之果孰有孰無也 今我則已有謂矣 而未
知吾所謂之其果有謂乎 其果無謂乎 天下莫大於秋毫之末 而大山
爲小 莫壽乎殤子³⁵⁾ 而彭祖爲夭 天地與我並生 而萬物與我爲一
　旣已爲一矣 且得有言乎 旣已謂之一矣 且得無言乎 一與言爲二
二與一爲三 自此以往 巧歷不能得 而況其凡乎 故自無適有 以至
於三 而況自有適有乎 無適焉 因是已

1) 南郭子綦(남곽자기) : 남쪽 성곽 밖에 살고 있어 그 호를 '남곽'이
   라 불렀으며, 자(字)를 '자기'라 했다. 글쓴이가 만들어낸 사람이
   지만 초나라 장왕 때의 사람으로 전하여지며 장자는 이 사람을 항
   상 존경하고 있었다. 인간세편(人間世篇)의 남백자기(南伯子綦),
   대종사편(大宗師篇)의 남백자규(南伯子葵)와 동일 인물이라고 일컬
   어진다.
2) 顔成子游(안성자유) : 남곽자기의 문제(門弟)로 전하며 안성은 성
   (姓)이고 자유는 자이며 이름은 언(偃).
3) 人籟(인뢰) : 사람이 부는 통소같은 음악 소리. 소리를 뜻함.
4) 大塊(대괴) : 땅덩어리. 땅을 뜻함.
5) 似枅(사계) : 계와 같은 것. 계는 기둥 위에 설치된 네모꼴의 나무
   로 옥로(屋櫨)라 한다.
6) 似圈(사권) : 권과 같은 것. 곧 잔 또는 쟁반같은 것.
7) 宎(요) : 굴 속에서 들리듯 아득히 먼 소리.
8) 咬(교) : 새 우는 소리와 같은 가냘픈 소리.
9) 比竹(비죽) : 대를 나란히 묶은 것으로 피리의 일종. 인뢰는 비죽
   뿐만은 아니지만 대표적인 것을 하나 예시한 것임.
10) 其寐也魂交(기매야혼교) : 잠을 자며 꿈꾸는 것. '혼교'는 꿈꾸다
    의 뜻.

11) 與接爲構(여접위구) : 교접을 맺는다. '구'는 합한다는 뜻.
12) 縵(만) : 과단성이 없고 우유부단함.
13) 窖(교) : 땅굴처럼 깊은 것인데 기본 뜻이 변화되어 음흉하다는 뜻으로 쓰임.
14) 小恐惴惴(소공췌췌) : 매우 무서워하여 벌벌 떠는 것.
15) 蒸成菌(증성균) : 지상의 습기로 버섯이 생김.
16) 九竅(구규) : 아홉 개의 구멍. 이목구비의 일곱 구멍과 두 개의 누(漏)를 말한다.
17) 臣妾(신첩) : 신은 남종. 첩은 여종.
18) 成心(성심) : 천성의 마음. 자연히 갖추어지는 마음의 활동. '장자'에서 성심이란 말은 두 가지 의미로 쓰이는데 다른 하나는 기성(旣成)의 마음, 선입된 편견이다. 인간세편(人間世篇)의 사심(師心) 곧 마음을 스승으로 한다는 말은 후자의 예로써 일반적으로 후자 쪽으로 많이 쓰인다.
19) 神禹(신우) : 신같은 지혜를 가진 우임금이라도. 우(禹)임금은 하(夏)나라의 시조로 고대의 성왕임.
20) 儒墨(유묵) : 유가와 묵가의 파.
21) 則莫若以明(즉막약이명) : 명(明)으로써 이를 비추니만 못하다. 여기서 '명'은 신비의 대립을 초월한 절대적 지혜임.
22) 方生之說(방생지설) : 모든 대립자는 서로 의존함으로써 존재할 수 있다. 곧 독단의 절대적 존재가 아니라는 설. 본래 장자의 친구인 혜시가 주장한 궤변의 하나며 방생방사(方生方死)라는 말도 외편 천하에는 혜시의 말로 나온다. 방(方)은 상대적이라는 뜻.
23) 道樞(도추) : 도(道)의 요체(要諦). 추(樞)는 문짝을 열고 닫는데 중요한 역할을 하는 지도리.
24) 天地一指也(천지일지야) : 사물에 얽매이지 않는 도추의 입장에서 보면 천지는 손가락과 마찬가지다. 곧 명칭에 얽매이므로 '구별'이 생긴다는 뜻.
25) 厲與西施(여여서시) : 여와 서시. '여'는 문둥이, '서시'는 춘추전국시대의 절세 미인. '서시'는 오나라와의 싸움에서 패한 월나라

임금인 구천이 오왕에게 공물로 바쳐 정치를 소홀하게 만든 미인계의 장본인.
26) 因是已(인시이) : 자연 그대로의 도에 의지하여 좇다. 여기서 '시(是)'는 시비의 뜻이 아니고 시비의 대립을 초월한 높은 차원에 있는 '시'이다.
27) 狙公(저공) : 원숭이 주인. '저(狙)'는 '원(猿)'과 통함.
28) 賦芧(부서) : 도토리를 주다.
29) 兩行(양행) : 옳고 그름이 함께 통하는 경지.
30) 昭氏(소씨) : 이름이 문(文)으로 옛날 거문고를 잘 탄 악성(樂聖)으로 이름이 전한다.
31) 師曠(사광) : 진(晋)나라 평공(平公)의 악사로 음률을 잘 아는 악성으로 전한다.
32) 三子之知幾(삼자지지기) : 세 사람의 앎이 절묘한 경지에 가깝다는 뜻으로 세 사람이란 소문(소씨), 사광, 혜자를 말함.
33) 堅白之昧(견백지매) : 단단하고 흰 돌은 시각에 의하여 희게 인식되고 촉각에 의하여 단단하게 인식된 두 감각의 복합에 지나지 않는다는 '견백의 궤변'으로 전하는 논리. 전국시대 중기의 조나라 사상가 공손룡이 펴낸 『공손룡자(견백론편)』에 자세히 적혀 있다.
34) 文之綸終(문지윤종) : '문'은 소문(昭文)을 가리키며 '윤'은 실마리인데 선인(先人)이 남긴 업적을 말함.
35) 莫壽乎殤子(막수호상자) : 일찍 죽은 아이보다 오래 산 것은 없다. '수(壽)'는 동사로 오래 살다의 뜻이며, '상자(殤子)'는 『예기』에서는 16~19세를 장상(長殤), 12~15세를 중상(中殤), 8~11세를 하상(下殤)이라 했는데 여기서는 그저 일찍 죽은 아이의 뜻.

남곽자기(南郭子綦)가 책상에 기대앉아 하늘을 우러러 길게 숨을 내쉬니, 멍청하여 일체의 다른 존재를 잊은 것같았다. 안성자유(顔成子游)가 그 앞에 서서 모시고 있다가 물었다. "어찌된 일입니까? 몸은 가히 고목과 같이 될 수 있고 마음은 가히 식은 재와 같이 될 수 있습니까? 지금 책상에 기대고 있는 분은 이전에 보던 책상에 기대어 있던 분이 아닙니다." 자기가 왈 "언(偃)아 기특하구나. 그렇게 묻는 것을 보니. 지금 나는 나 자신을 잊고 있었는데 너는 그것을 알았느냐? 너는 인뢰(人籟)는 들었으되 지뢰(地籟)는 듣지 못하였고, 네가 지뢰를 들었을 지라도 아직 천뢰(天籟)는 듣지 못했을 것이다."

자유가 왈 "감히 그 방법을 묻겠습니다." 자기가 대답하기를 "대저 땅덩이가 내뿜는 기운을 바람이라 부른다. 이것이 일지 않으면 몰라도 일기만 하면 온갖 구멍들이 성내어 울부짖는다. 너는 그 윙윙거리는 소리를 듣지 못하였느냐? 산림이 흔들리면 백 아름의 큰 나무의 구멍에는 코 같고, 입 같고, 귀 같고, 쪼구미 같고, 고리 같고, 절구 같고, 연못 같고, 웅덩이 같은 것들이 있다. 거친 소리, 화살 같은 소리, 꾸짖는 듯한 소리, 숨쉬듯 가냘픈 소리, 절규하는 듯한 소리, 울부짖는 듯한 소리, 아득히 들리는 듯한 소리, 재잘거리는 듯한 소리가 있다. 앞에서 우우하면 뒤 따르는 것도 우우한다. 산들 부는 바람에는 작게 화답하고, 거친 바람에는 크게 답한다. 여풍이 그치면 곧 모든 구멍이 텅 비게 된다. 너는 저 나무들이 휘청휘청 흔들리기도 하고 한들한들 흔들리기도 하는 모습을 보지 않았는가?"

자유가 가로되 "지뢰(地籟)는 곧 모든 구멍이 그것이고, 인뢰(人籟)는 곧 통소가 그것이군요. 그러면 천뢰(天籟)는 무엇입니까?" 자기가 왈 "대저 만 가지의 것에 바람이 불어 각기 같지 않은 소리를 내게 하므로 저마다 스스로가 소리를 내는 것이다. 모두 스스로 그 소리를 내는 것이지 성난 소리를 내게 하는 자 그 누구이겠는가?"

큰 슬기는 한가하고, 작은 슬기는 소심하다. 훌륭한 말은 담담하고, 보잘것없는 말은 수다스럽다. 잠잘 때는 혼백이 교류하고 깨어 있을 때는 육체가 활동한다. 더불어 접촉하고 어울려 날마다 마음으로써 다툰다. 너그러운 자, 음험한 자, 은밀한 자가 있다. 조그만 두려움에 근심하고 큰 두려움에 여유가 있다. 그 발함이 활 쏘듯 빠른 것은 시비(是非) 가리는 것을 말한다. 그 잠

아뗌이 맹세하듯 하면 자신이 가진 것을 지키려 함을 말한다. 그 쇠잔해짐이 추동(秋冬)과 같다함은 나날이 소멸하는 것을 말한다. 그 물욕에 빠지는 바 되고 돌이킬 수 없게 된다. 그 갇혀 있는 듯하다는 것은 늙는 것이 심한 것을 말한다. 이미 죽음에 가까운 마음을 다시 회복시킬 수 없는 것이다. 희노애락, 여탄변접, 요일계태가 있다. 음악이 허(虛)에서 나오고, 습한 곳에서 버섯이 이루어지듯, 밤낮으로 앞의 것과 서로 번갈아 나타나 그 비롯되는 바 알지 못한다. 그만둘까? 그만둘까? 조석으로 이를 얻음은 그 말미암아 생긴 곳이 있지 않겠는가? 그것이 아니면 내(自我)가 없고, 내가 아니면 취하는 바 없다. 이 또한 가깝지만 무엇이 그렇게 하게 하는지 모른다. 꼭 참 주인(眞宰)이 있는 듯한데 그 모습을 볼 수 없다. 행함을 믿지만 그 형체를 볼 수 없다. 실정(實情)은 있으나 형상(形象)이 없다.

　백 개의 뼈, 아홉 구멍, 여섯 개의 장기(臟器)가 다 갖추어져 있는데 나는 그 어느 것과 더불어 친해야 하는가? 그대는 모두 좋아하겠는가? 사사로움이 있도다. 모두 하나같이 종으로 여길 수 있을까? 그 종은 서로 다스림에 부족하지 않을까? 서로 번갈아 가며 군신(君臣)이 되는 것일까? 참 주인(眞宰)이 있는 것이다. 사실을 찾아 얻느냐 얻지 못하느냐는 그 참됨에 아무런 더함도 손상도 입히지 못한다. 한번 그 이루어진 형체를 받으면 손상시키지 않고 다하기를 기다린다. 사물과 더불어 서로 거슬리고 서로 마찰하면, 그 다함이 달리는 말과 같아 능히 그치지 못한다. 이 또한 슬프지 아니한가? 종신토록 수고하여도 그 성공을 보지 못하고, 고달프고 피로하게 일해도 그 돌아갈 바를 모르니 또한 애처롭지 아니한가? 사람이 아직 죽지 않았다고 한들 무슨 이익이 있는가? 그 형체가 바뀌면 더불어 마음도 그러하다. 어찌 큰 슬픔이라 이르지 않겠는가? 사람의 생이란 본래 이렇게 어리석은 것인가? 나 홀로만이 어리석고 어리석지 않은 사람이 있는 것인가?

　대저 있는 그대로의 마음(道心)을 따라 이를 스승으로 삼는다면 어느 누가 스승이 없겠는가? 어찌 반드시 고칠 것을 알아 스스로 마음에 취하는 바 있는 자에게만 있으리오. 어리석은 자에게도 더불어 있다. 마음에 이루지 않고 시비를 가리려는 것은, 오늘 월나라로 떠나면서 어제 도착했다는 것이니 아무것도 없는 것을 있다고 하는 것과 같다. 있을 수 없는 것을 있다고 한다면, 비록 신령스러운 우(禹)임금이라도 알 수 없겠거늘 내 홀로 어찌 알겠는가?

대저 말이란 입 밖으로 소리를 낸다고 되는 것이 아니다. 말에는 말하고자 하는 바가 있다. 그 말하고자 하는 바가 아직 정해지지 않았다면 과연 말을 한 것인가, 아직 안한 것과 마찬가지인가. 그것이 새 소리와 다르다면 또한 구별이 있는 것인가. 그 구별이 없는 것인가.

도는 무엇에 가려져 있기에 참(眞)과 거짓(僞)이 있으며, 말은 무엇에 가려져 있기에 옳고(是) 그름(非)이 있는가. 도는 어디엔들 존재하지 않을 것이며, 말은 어디에 있은들 옳지 않겠는가? 도는 작은 성취에 가려지고 말은 영화(榮華)에 가려진다. 그러므로 유가(儒家)와 묵가(墨家)의 시비가 있다. 그 그른 바를 옳다 하고 옳은 바를 그르다 한다. 그른 것을 옳다 하고 옳은 것을 그르다 함은 곧 밝음(明知)만 같지 못하다.

사물은 저것 아닌 것 없고, 이것 아닌 것 없다. 저것에서 보면 보이지 않으나 자신이 보면 보인다. 그러므로 말하기를 저것은 이것에서 나오고, 이것 또한 저것이 원인이다 라고 한다. 저것과 이것을 방생의 설이라 한다. 태어난 것은 죽고, 죽으면 또한 태어난다. 가능한 것은 불가능하고 불가능한 것은 가능하다. 옳은 것으로 인하여 그른 것이 있고 그른 것으로 인하여 옳은 것이 있다. 이로써 성인은 이에 말미암지 않고 하늘의 도리에 비추어 본다. 또한 이것이 원인이 되면 이것 또한 저것이요, 저것 또한 이것이다. 저것 또한 하나의 시비요, 이것 또한 하나의 시비이다. 과연 저것과 이것은 있는 것인가? 과연 저것과 이것은 없는 것인가? 저것과 이것을 갈라놓을 수 없는 그곳을 도의 지도리(道樞)

라 한다. 지도리는 고리(環)의 중앙에서 무한히 돌아가게 된다.
 옳은 것 또한 하나의 무궁이요, 그른 것 또한 하나의 무궁이기 때문에, 밝음(明知)만 같지 못하다 라고 한다. 손가락으로써 손가락이 손가락 아님을 깨우치는 것은, 손가락 아닌 것으로써 손가락이 손가락 아님을 깨우치는 것만 같지 못하다. 말로써 말이 말 아님을 깨우치는 것은 말이 아닌 것으로써 말이 말 아님을 깨우치는 것만 같지 못하다. 천지는 하나의 손가락이며 만물은 하나의 말이다. 가능한 것은 가하다 하고 불가능한 것은 불가하다 한다. 길은 지나 다녀서 이루어지고 물(物)은 그렇게 불려져서 그렇다 한다. 무엇을 그렇다 하는가. 그러한 것이 그러한 것이다. 무엇을 그렇지 않다 하는가. 그렇지 않은 것이 그렇지 않은 것이다. 사물은 본래 그러한 바가 있으며 사물에는 본래 가한 바가 있다. 그렇지 않은 사물은 없으며, 가하지 않은 사물도 없다. 그러므로 이를 위하여 작은 풀줄기와 큰 기둥, 문둥이와 서시(西施), 진귀한 것과 괴상한 것 등을 거론하지만 도는 하나로 통한다. 그 분리는 성립이 되고 그 성립은 파괴가 된다. 무릇 만물은 성립과 파괴가 없으며 다시 하나로 통한다. 오직 달관한 사람만이 하나로 통함을 안다. 이리하여 사용하지 않고 모든 것을 용(庸:自然)에 맡긴다. 용이란 사용한다는 것이다. 사용한다는 것은 통한다는 것이며, 통한다는 것은 얻는(得) 것이다. 적당한 얻음은 도에 가깝다. 이것으로 말미암을 뿐이다. 이미 그러한 것을 알지 못한다. 이를 도라 이른다.
 신명을 수고롭게 하여 하나로 하려 하지만 같다는 것을 알지 못함을 조삼(朝三)이라 한다. 무엇을 조삼이라 일컫는가? 사육사(飼育師)가 도토리를 주며 "아침에는 세 개, 저녁에는 네 개를 주겠다"고 말하니 모든 원숭이가 화를 냈다. "그러면 아침에 네 개, 저녁에 세 개를 주겠다"고 말하였더니 원숭이가 모두 기뻐했다. 명(名)과 실(實)에 있어 달라진 것이 없는데 기뻐하고 화를 내는 것 역시 여기에 기인한 것이다. 이로써 성인(聖人)은 시비를 조화(調和)시키고 천균(天鈞)에 안주한다. 이를 일러 양행(兩

行)이라 한다.
　옛사람은 그 지혜에 지극한 바가 있었다. 어디까지 이르렀는가? 처음부터 사물이란 존재하지 않는다고 한 사람이 있었으니 지극하고 극진하여 덧붙일 것이 없다. 그 다음은 사물이 존재하기는 하나 처음부터 구별이 없다고 하며, 그 다음은 사물에 구별이 있기는 하나 처음부터 시비가 없다 한다. 시비(是非)가 드러나는 것은 도가 무너진 까닭이며 도가 무너지므로써 편애(偏愛)가 생겨났다. 과연 이루어짐과 무너짐은 있는 것일까? 과연 이루어짐과 무너짐은 없는 것일까? 이루어짐과 무너짐이 있다 함은, 소씨(昭氏)가 거문고를 타는 경우요, 이루어짐과 무너짐이 없다 함은 소씨가 거문고를 타지 않는 경우이다.
　소문이 거문고를 타는 것, 사광(師曠)이 지팡이로 장단을 맞추는 것, 혜자(惠子)가 안석에 기대고 있었던 것, 이 세 사람은 재능을 다하여 극치에 이름으로써 기록에 남게 되었다. 오직 그 좋아하는 것으로 남과 달랐고, 그 좋아하는 것으로 남을 밝히려 하였다. 밝힐 바가 아닌 것을 밝히려 했기에 '견백(堅白)의 궤변'으로 그쳤을 뿐이다. 그 아들은 소문을 계승하였을 뿐 종신토록 이루지 못했다. 이와 같이 하여 가히 이루어진다 하면 나 또한 이룰 수 있다. 이와 같이 하여 이룰 수 없다면 사물이나 나 역시 이룰 수 없다. 그러므로 골의지요는 성인(聖人)이 도모하는 바다. 이리하여 사용하지 않고 자연의 뜻에 맡기는 이를 일러 밝음이라 한다.
　지금 여기에 말이 있다. 그것이 이것과 같은 것인지 같지 않은 것인지 알 수 없다. 같거나 같지 않거나, 서로 더불어 비슷하다. 곧 저것과 다름이 없다. 비록 그러하지만 말해 보도록 하자. 시작이 있고 시작 이전의 시작이 있다. 그리고 시작의 시작 이전의 시작이 있다. 있음이 있고, 없음이 있다. 시작 이전의 없음이 있고 시작의 시작 이전의 없음이 있다. 있다 없다 하면서도 과연 어느 것이 있는 것이고 어느 것이 없는 것인지 알지 못한다. 지금 내가 이미 말했지만, 과연 말한 것인지 말하지 않은 것인지 알 수 없다.
 천하는 추호의 끝보다 더 큰 것이 없고, 태산이 작다고도 한다. 일찍 죽은 아이보다 장수한 자는 없는가 하면, 팽조를 요절했다고 여길 수 있다. 천지는 나와 더불어 존재하고, 만물은 나와 더불어 하나다. 이미 하나가 되었는데 또 말이 있을 수 있겠는가. 이미 하나라고 말한 이상 또한 말이 없을 수 있겠는가. 하나가 말과 더불어 둘이 되고, 둘이 하나와 더불어 셋이 된다. 이로부터 써 나아간다면, 셈을 잘하는 사람도 얻지 못하거늘 하물며 범인에 있어서랴? 그러므로 무에서 유로 나갈 때 셋에 이른다. 하물며 유에서 유로 나감에 있어서랴? 나아가지 않고 여기에 말미암을 따름이다.

2. 위대한 도(道)는 표현할 수 없으며 위대한 이론은 말로써 나타낼 수 없다.

 대저 도(道)라는 것은 분별되는 사실이 존재하지 않는 세계이므로 말 따위로는 표현할 수가 없다.
 또한 말(言)도 항상 불변의 대상이 있을 수 없기 때문에 무엇으로도 나타낼 수 없다.
 인간은 실제 생활의 편의상 사물을 구별하여 놓았을 뿐이다. 그 구분을 몇 가지 들어 보자.
 공간적 구별을 말하여 오른쪽과 왼쪽이 있으며, 입론(立論)이 있고 논의(論議)가 있으며, 친소(親疏)의 관계와 귀천(貴賤)의 구별이 있음은 물론, 사회 안에서 각각의 신분과 지위의 차별이 있다.
 때문에 사물에 대한 분석이 있게 되고 분별이 있으며, 경쟁이 있고 다툼이 있다. 이러한 것을 인간의 여덟 가지 능력(八德)이라 한다.

그렇기 때문에 천지사방(六合) 밖에 있는 형이상(形而上)의 세계에 대한 일을 성인(聖人)은 그대로 바라만 볼(觀照) 뿐 말(立論)하지 않는다. 따라서 성인은 천지사방 안의 일에 대하여도 입론만 할 뿐 논의(論議)하지 않는다. 곧 시비(是非)하지 않는다.

『춘추(春秋)』에는 역대 제후의 정치나 요·순·우임금 등의 선왕에 대한 여러 가지 기록이 담겨져 있는데, 그에 대하여 성인은 시비 논의만 했지 공과(功過)를 분별하지는 않는다. 그러므로 구별하여도 구별되지 않는 것이 있고, 차별하지만 차별되지 않는 것이 있게 된 것이다.

왜 그러한가? 위에서 말한 세 가지 대상을 성인은 그것을 마음 속에 품고 있지만 범인(凡人)은 그것을 구별하고 차별하여 공적을 취하고 남에게 나타내어 경쟁하려는 것이다. 때문에 "인간의 구별하는 능력으로서는 참다운 도를 볼 수 없다"고 말한다.

대저 위대한 도(道)는 이름을 붙이지만 그것은 말로써 표현되지 않으며, 위대한 변론(雄辯)은 실제로는 묵묵하여 말로 나타낼 수 없는 것이다.

아주 큰 사랑(仁愛)은 사랑하지 않는 듯하여 아기자기하지 않고, 참으로 청렴(淸廉)한 것은 그 모습을 세상에 드러내지 않고, 큰 용맹은 함부로 힘을 휘둘러 남을 해치지 않는다.

이와는 반대로 도가 말로써 표현되면 도가 아닌 것이며, 말(言)이 분별로 나타나면 사물을 파악하지 못하는 부분이 생긴다.

사랑(仁)을 한 쪽으로 항상 하면 편애가 되어 완전하게 이루지 못하며, 청렴한 것이 그 모습을 나타내게 되면 위선(僞善)으로 보여 남이 믿지 않게 되고, 용기가 남을 해치게 되면 폭력적인 파괴로 그친다.

이 다섯 가지를 둥근 원을 그리듯이 하면서 네모꼴로 만드는 정성으로 소홀히 여기지 않는다면 거의 도에 가까워진 것이나 다름없다.

그러므로 지혜라는 것은 인간의 능력으로서는 그 이상 알지 못하는 곳에 머물러 있게 될 때, 지극한 경지에 이르렀다고 할 수 있겠다.

　누가 말로 표현되지 않는 이론이나, 말로 표현되지 않는 도를 알 수 있겠는가? 만일 그러한 것을 알 수 있다면 그 경지를 자연의 보고(寶庫)인 천부(天府)라 말할 수 있다.

　거기에는 아무리 물을 부어도 가득차는 일이 없고, 거기에서 아무리 퍼내어도 마르는 일이 없다. 그러나 그렇게 되는 원인을 알 수 없으니 이것을 두고 '감추어져 있는 빛(葆光)'이라 한다.

　때문에 그 옛날 요임금(堯帝)이 덕이 높은 순(舜)에게 물었다.
　"나는 종(宗)나라와 회(膾)나라와 서오(胥敖)의 세 나라를 정벌하고자 하오. 천자(帝王)의 자리에 있으면서도 어쩐지 이 세 나라가 마음에 걸려 편안하지 않으니 그 까닭이 무엇일까요?"

　순은 이 물음에 대답하여 말하기를
　"그 세 나라의 임금은 쑥대가 우거진 미개국에 사는 야만인과 같습니다. 천자께서 개운하지 않으시다니 어째서입니까?

　옛날에는 열 개의 해(太陽)가 한꺼번에 나와서 만물을 모두 비추었습니다. 하물며 덕이 해보다 더 뛰어나신 천자라면 온 천하를 다시 더 밝게 비출 수 있지 않겠습니까? 그러니 정벌 따위는 그만두고 더 넓고 깊은 덕으로 빛내는 것이 좋을 것입니다."라고 하였다.

　▨ 이 곳의 첫머리에서도 조금 언급하였지만 성인(聖人)이라는 절대자는 심지(心知)의 분별을 버리고 절대의 하나에 소요(逍遙)하는 존재이므로 이 세계(宇宙)를 초월하는 신비한 세계에 대하여는, 설령 그 신비가 존재하더라도 그 신비에 맡겨 버린다. 그리고 이 우주(六合) 안에서 일어나는 일에 있어서는 보편적인 문제는 논의하지만 세세한 문제는 간여하지 않는다.

　이러함에도 세속의 범인(凡人)은 자기의 분별만이 절대적인 것으로 착각하여, 무엇이라고 하기만 하면 곧바로 쉽게 가치 비판을 하고 만다. 그들의 분석이 과연 참답겠는가?

　그래서 장자는 이 장을 결론짓는다. 최상(最上)의 지혜란 어떤 형태인가? 마치 직선으로는 끊을 수 없는 둥근 원주(圓周)와 같이 시비의 편견에 의해서는 헤쳐지지 않을 자연의 지혜, 또는 인식의 한계를 알고 그 한계의 밖에 머물 수 있는 지혜만이 참다운 지혜(道)일 수 밖에 없다. 즉 절대의 진리란 이것을 알고자 할 때는 이미 절대의 진리(道)는 아니며, 이것을 알 수 없을 때 오히려 절대진리라는 역설적 존재인 것이다.

막상 제물론의 처음부터 이 요순문답에 이르기까지는 먼저 남곽자기의 천뢰문답을 빌려 장자적 절대자의 나(自我)를 버린 해탈(解脫)을 그렸고, 다음으로는 해탈을 성취시키기 위한 만물제동(齊同)의 논리, 인간의 만뢰(蔓籟)를 천뢰(天籟)로 비유하여 듣는 지혜를 밝혔다.

장자는 여기서 도(道)와 말(言)로서 실재와 인식과의 관계에 대하여 정미(精微)한 성찰과 음미(吟味)를 더하여 인식의 파탄성(破綻性)과 분열성(分裂性)을 밝혀 두었다.

바꾸어 말하면 실제(實際)에 대한 인식의 말살성이라고도 할 수 있는 논리를 명확히 하였다.

이 인식의 말살성에서 빠져나와 살아 있는 혼돈(混沌)으로서의 도를 살아 있는 도로서, 살려 나가게 하기 위하여는 '처음부터 한계가 있지 않은(未始有封)' 판단 이전의 경지와 '시작부터 사물이 있지 않은(未始有物)' 체험, 그곳에 머무는 것을 강조하려고 했다.

다시 장자는 인간의 개념적 인식과 실재(實在)와의 관계, 언지(言知)의 도에 대한 한계를 날카롭게 성찰시키면서 마지막으로 절대 지혜로서의 보광(葆光)의 위대함을 찬미했다.

夫道未始有封 言未始有常 爲是而有畛也 請言其畛 有左有右 有倫有義 有分有辯 有競有爭 此之謂八德 六合[1]之外 聖人存而不論 六合之內 聖人論而不議 春秋[2]經世 先王之志 聖人議而不辯 故分也者 有不分也 辯也者 有不辯也 曰 何也 聖人懷之 衆人辯之 以相示也 故曰 辯也者 有不見也 夫大道不稱 大辯不言 大仁不仁 大廉不嗛 大勇不忮 道昭而不道 言辯而不及 仁常而不成 廉

淸而不信 勇忮而不成 五者园而幾向方矣 故知止其所不知 至矣 孰知不言之辯 不道之道 若有能知 此之謂天府[3] 注焉而不滿 酌焉而不竭 而不知其所由來 此之謂葆光[4] 故昔者堯問於舜曰 我欲伐宗膾胥敖[5] 南面而不釋然[6] 其故何也 舜曰 夫三子者 猶存乎蓬艾之間[7] 若不釋然何哉 昔者十日竝出 萬物皆照 而況德之進乎日者乎

1) 六合(육합) : '방미육합(放彌六合)'이라 하여 흔히 도가에서 쓰는 말인데 육합이란 천지와 사방(四方)을 말하고, 전체 우주를 뜻한다. '위천지사방야(謂天地四方也).'
2) 春秋(춘추) : 공자가 편찬했다는 노(魯)나라 연대기. 상고시대 일반의 역사서로서 공자의 『춘추(春秋)』와는 다르다.
3) 天府(천부) : 덕충부편에는 영부(靈府)라는 말로 나와 있다. 하늘의 보고(寶庫)라 하여 성인(聖人)의 마음을 일컫는다.
4) 葆光(보광) : 보(葆)는 『성소(成疏)』에 '패야(蔽也)'라 하여 감싼다는 뜻이 있으므로 빛을 싸서 감추다. 『노자』 4장의 '화기광 동기진(和其光 同其塵)'과 거의 뜻이 같다.
5) 宗膾胥敖(종회서오) : 종과 회와 서오. 모두 나라 이름이다.
6) 釋然(석연) : 『석(釋)』은 '설문'에 '해야(解也)'라고 푼다 하였고, 『성소』에서는 '기뻐하는 모습(怡悅貌也)'으로 적고 있다.
7) 蓬艾之間(봉애지간) : 쑥밭사이로 풀이나 잡초가 우거진 황무지(미개척지)를 말한다.

무릇 도에는 처음부터 한계가 있지 않고 말에는 처음부터 항상됨이 있지 않다. 때문에 구별이 있다. 그 구별을 말해 보자. 좌가 있고 우가 있으며, 입론이 있고 논의가 있다. 구분이 있고 분별이 있으며, 대립이 있고 다툼이 있다. 이것을 팔덕(八德)이라 이른다.

육합의 밖을 성인은 그 존재를 인정하지만 논하지는 않는다. 육합의 안을 성인이 논하지만 논의하지는 않는다. 춘추는 세상을 다스리려는 선왕의 뜻을 적은 책인데, 성인은 논의는 하여도 구별하지는 않는다. 그러므로 구분하는 자 구분하지 않고 분별하는 자 분별하지 않는다. 무엇을 말함인가? 성인은 품고 있으나 속인들은 분별하여 서로 나타낸다. 그러므로 구별에는 나타내지 못함이 있다고 한다. 대저 대도에는 칭함이 없고, 대변은 말하지 않는다. 대인은 어질지 않으며 대렴은 겸손하지 않고 대용은 해치지 않는다. 도가 드러나면 도가 아니며, 말이 많으면 이르지 못한다. 인이 고정되면 이루지 못하고, 염이 깨끗하면 믿음이 없으며 용이 해치면 이루지 못한다. 이 다섯 가지는 둥글게 되려는 것에서 네모와 가까워진다. 그러므로 지혜는 그 알지 못하는 곳에 머무르면 지극하다. 누가 말하지 않는 변과 도 아닌 도를 알겠는가? 만약 능히 이를 안다면 이것을 천부라 이른다. 이것은 부어도 넘치지 않고 퍼내어도 마르지 않는다. 그러나 그 유래하는 바를 알지 못하는데 이것을 보광이라 이른다. 그러므로 옛날에 요가 순에게 물어 말하기를 "내 종과 회와 서오를 토벌하고자 하오. 천자의 자리에 있으면서 석연치 않음은 그 무슨 까닭인가?" 순이 말하기를 "그 셋은 오직 쑥대밭 사이에 살고 있습니다. 석연치 않다니 어째서입니까? 옛날에 열 개의 해가 한꺼번에 떠서 만물이 모두 비추어졌는데 하물며 해보다도 뛰어난 덕을 갖춘 임금께서이겠습니까." 하였다.

3. 모장(毛嬙)·여희(麗姬)같은 미인이라도 물고기는 이것을 보면 깊이 숨어버린다.

설결(齧缺)이라는 사람이 어느 때, 아는 것이 많기로 유명한 왕예(王倪)에게 물었다.

"선생님은 모든 사물이 공통적으로 일치하여 표준이 있다는 것을 알고 계십니까?"

왕예가 이에 대답하여 말하기를

"내가 어찌 그것을 알겠는가?"

"그렇다면 선생님께서는 선생님이 알지 못하고 있다는 것을 알고 계셨습니까?"

"내가 그것을 어떻게 알겠는가?"

"선생님께서는 그렇다면 모든 존재에 대해 오히려 알고 계시는 것이 없다는 말씀이십니까?"

"내가 어찌 그것을 알겠는가? 하지만 시험 삼아 말해 보겠네. 처음부터 내가 알고 있다는 것이, 사실상 모르고 있었던 것인지도 모르거니와, 내가 모른다고 한 것이 실상은 알고 있는 것인지도 모르지 않겠나?

내 또한 시험 삼아 자네에게 물어보겠네.

사람은 습한 곳에서 자게 되면 허리병이 생겨서 반신 불수가 되어 죽게 되지만, 습지에 사는 미꾸라지는 그렇지 않다. 나무 위에 사람이 오르면 무서워서 몸이 떨리고 가슴이 두근거리지만 원숭이도 그러하겠는가? 이 셋 중에 누가 올바른 거처를 알고 있는가?

사람들은 소나 돼지나 양고기를 먹고, 고라니나 사슴은 풀을 뜯어 먹으며, 지네는 뱀을 잘 먹고, 솔개와 까마귀는 쥐를 좋아한다네. 이 네 가지 중에서 누가 가장 올바른 맛을 알고 있는가?

원숭이의 암컷은 긴팔원숭이(猵狙)의 수컷을 쫓아 다니고, 고라니는 사슴과 짝짓기를 하며, 미꾸라지는 물고기와 어울려 논다. 한편으로 사람들은 모장(毛嬙)과 여희(麗姬)를 아름답다고 하지만 고기는 그들을 보면 깊은 물 속으로 숨어 버리네. 뿐만 아니라 새는 높이 날아가 버리고 고라니나 사슴은 죽기 살기로 달아난다네. 이 넷 가운데 누가 아름다움을 제대로 아는 것일까?

내가 보기에는 공통된 일치의 바른 표준을 표방하는 사상가들에게는 인의(仁義)의 실마리와 시비(是非)의 갈림이 어지럽게 뒤섞여 있거늘, 내 어찌 그것을 분별해 낼 수 있겠는가?"

설결이 다시 물었다.

"그렇다면 선생님은 이익과 손해를 모른다고 하셨는데, 지인(至人)은 원래부터 이해를 돌보지 않았습니까?"

왕예가 이에 대답하여 말했다.

"지인은 영묘한 능력을 가진 존재이다. 예컨대 큰 연못을 말릴 만큼 뜨거운 불도 이 지인을 뜨겁게 할 수 없고, 황하나 한수같은 큰 강물을 얼게 하는 추위도 그를 춥게 할 수 없다. 사나운 천둥과 벽력이 산을 무너뜨리고, 큰 바람이 바다를 뒤흔든다 해도 그를 놀라게 할 수는 없는 일이네.

이와 같은 사람은 구름의 기운을 타고, 해와 달에 올라 앉아, 존재하는 사물(萬物)의 형상세계를 초월하여 그 밖에서 유유히 자적할 수 있는 것일세.

삶과 죽음이라는 중대한 일도 자신에게 변화를 가져다 줄 수 없거늘, 하물며 이해가 생기는 단서 따위가 마음을 가리겠는가?"

▨ 보광(葆光)의 위대함을 찬미한 장자는 앞의 두 장을 제물론 편의 중요한 내용으로 다루었다.

그리고 그 뒤를 이어 길고 짧은 네 가지 설화를 붙여 본론의 주장을 한층 구체적으로 보충 설명하였다.

이 장에서는 왕예와 설결이란 두 사람의 가상적인 인물을 내세우고, 인간의 가치적 편견과 주관적 독선을 깨부수면서 절대자의 고매한 초월과 무엇으로도 빼앗을 수 없는 자유를 밝혀 놓았다.

가상된 인물의 이름인 왕예는 '위대한 하나'라는 뜻이고 설결이란 '지적 천착(知的穿鑿)'을 뜻한다.

齧缺[1]問乎王倪[2]曰 子知物之所同是乎 曰 吾惡乎知之 子知子之所不知邪 曰 吾惡乎知之 然則物無知邪 曰 吾惡乎知之 雖然 嘗試言之 庸詎[3]知吾所謂知之非不知邪 庸詎知吾所謂不知之非知邪 且吾嘗試問乎女 民濕寢則腰疾偏死 鰌然乎哉 木處則惴慄恂懼 猨猴然乎哉 三者孰知正處 民食芻豢[4] 麋鹿食薦 蝍蛆甘帶 鴟鴉耆鼠 四者孰知正味 猨 猵狙[5]以爲雌 麋與鹿交 鰌與魚游 毛嬙[6]麗姬[7] 人之所美也 魚見之深入 鳥見之高飛 麋鹿見之決驟[8] 四者孰知天下之正色哉 自我觀之 仁義之端 是非之塗 樊然[9]殽亂 吾惡能知其辯 齧缺曰 子不知利害 則至人固不知利害乎 王倪曰 至人神矣 大

澤焚 而不能熱 河漢 冱而不能寒 疾雷破山風振海 而不能驚 若然者 乘雲氣 騎日月 而遊乎四海之外 死生無變於己 而況利害之端乎

1) 齧缺(설결) : 설은 성이고 결은 이름임을 『회남자』도응편에 주석했다. 흔히 전해 오기로는 요임금 때의 현인이며 허유의 스승이고 왕예의 제자로 알려져 있다.
2) 王倪(왕예) : 설결의 스승으로 알려져 있으나 둘 다 우화에서 만들어진 가공된 현인(賢人)이다.
3) 庸詎(용거) : 어찌(猶何也)로 반문의 말로 쓰인다.
4) 芻豢(추환) : 풀을 꼴로 먹는 짐승으로 소와 양은 추이고, 개와 돼지는 환이다.
5) 猵狙(편저) : 원숭이의 일종으로 머리가 개같이 생겼으며 긴팔원숭이로도 불린다.
6) 毛嬙(모장) : 월나라 임금의 애첩으로 『석문(釋文)』에는 옛 미인이라 적고 있다.
7) 麗姬(여희) : 진(晋)나라 헌공이 총애하던 여자로 서시(西施)와 같은 사람이라는 설도 있다.
8) 決驟(결취) : 달려 간다는 뜻.
9) 樊然(번연) : 어수선한 모양.

설결이 왕예에게 "선생께서는 만물이 한 가지로 옳다는 것을 아십니까?" 하니 대답하기를 "내 어찌 그것을 알겠소" 하였다. "선생께서는 자신이 모르는 바를 아십니까?" "내 어찌 그것을 알겠소." "그러면 곧 만물을 알지 못한다는 것입니까?" "내 어찌 그것을 알겠소. 비록 그러하나 시험 삼아 그에 대하여 말하겠소. 내가 말한 바 앎이 알지 못하는 것인지도 모르고, 내가 말한 바 모른다는 것이 알고 있는 것인지도 모르오. 내 또한 시험 삼아 자네에게 묻겠는데 민중이 습하게 자면 곧 허리병이 생겨 반신불수로 죽게 되오. 그렇다면 미꾸라지도 그러한가? 나무에 거처하면 겁이 나서 떨리고 무서운데, 원숭이도 그러하겠는가? 셋 중에 누가 올바른 거처인지 아는가. 민중은 추환을 먹고, 사슴은 꼴을 뜯고, 지네는 뱀을 달다 하고, 치아는 쥐를 즐겨 먹는다. 넷 가운데 누가 바른 맛을 아는가. 원숭이는 편저로 암컷(짝)을 삼고, 고라니는 사슴과 더불어 교미하고 미꾸라지는 물고기와 노닌다. 모장과 여희는 사람들이 아름답다고 하는 바다. 물고기는 이를 보고 깊이 들어가고, 새는 이를 보고 높이 날며, 고라니나 사슴은 이를 보고 급히 달아난다. 넷 가운데 누가 천하의 올바른 색을 아는가. 내 이를 보건대, 인의의 단이나 시비의 갈림이 어수선하고 어지럽기만 하다. 내 어찌 능히 그 분별을 알겠는가." 설결이 왈 "선생은 이해를 알지 못한다고 하셨는데 지인은 본시 이해를 알지 못합니까?" 왕예왈 "지인은 신령하다. 큰 못이 불타도 능히 뜨겁게 하지 못하고, 황하와 한수가 얼어도 능히 춥게 하지 못한다. 격렬한 우뢰가 산을 깨고, 바람이 바다를 진동하여도 능히 놀라게 하지 못한다. 그와 같은 사람은 구름을 타고, 일월에 올라 앉아 사해의 밖에서 노닌다. 죽음과 삶도 그 마음을 바꾸지 못하는데 하물며 이해의 단 따위야."

4. 꿈속의 현실에서 헤맬 때는
   그것이 꿈인 줄을 알지 못한다.

구작자(瞿鵲子)라는 사람이 장오자(長梧子)에게 물었다.
"내가 다른 스승에게서 들은 말인데 '성인은 세상 일에 힘쓰지 않고 무위(無爲)로 지냄은 물론 이익을 바라지도 않거니와 손해를 피하지도 않으면서 모든 일에 초월한다.
도는 본래 인간에게는 충분히 포착되지 않는다는 것을 안다. 때문에 무엇을 추구하지도 않고, 도를 따르지도 않으며, 말하지 않아도 무엇인가를 말하고 말을 하면서도 아무 것도 말하지 않으면서 속세를 떠나 그 밖에서 소요의 노님을 즐긴다.' 는 말이었네.

스승께서는 이것을 두고 허무맹랑한 말이라고 하셨지만 내가 생각하기에는 이것이야말로 현묘한 도의 실행으로 여겨지더군. 자네는 어떻게 생각하는가?"
장오자는 이에 대답하였다.
"그 말은 황제같은 이가 들었어도 잘 알아 듣지 못했을 것이네. 어찌 당신의 선생이 알아 들었겠나?
그리고 자네도 너무 서둘러 생각한 것같네. 그것은 마치 달걀을 보자마자 곧 새벽 닭소리를 떠올리고, 활 쏘는 것을 보고 곧바로 올빼미구이 먹기를 바라는 격이지.
내 자네를 위하여 허튼 소리 한 마디 해 볼테니 한 귀로 듣고 한 귀로 흘리게. 어떠한가?
성인은 만물을 비추는 해와 달같이 밝으며, 우주를 품에 안고 만물과 일체가 되어, 광대 무변의 우주를 옆에 끼고, 모든 것을 혼돈된 상태 그대로 놓아둔다. 그 안에서 편안하게 살면서, 귀하고 천함마저 구별하지 않는다.
범인(凡人)들은 아등바등 살지만, 그와 반대로 성인은 우둔하게 과거에서 미래에로 가는 영겁(永劫)에 자신을 맡겨 놓고 멍청한듯 지내면서 오직 세계를 순수하게만 지켜나간다네.
결국 만물은 궁극적으로 모두 같은 것이기에 제동화(齊同化)되고, 그것을 바탕으로 그 어느 하나도 버리는 것 없이 그대로 포용하는 것이다.
내 어찌 삶을 좋아함이 미혹된 것이 아닌 줄 알겠는가? 또한 내 어찌 죽음을 싫어하는 것이 마치 어려서 고향을 떠났다가 돌아가는 것을 잊은 것과 같지 않다는 것을 알겠는가?
여희는 애(艾)라는 땅의 국경을 지키는 사람의 딸이었다. 진(晋)나라에서 처음 그녀를 데려갈 때는 너무 울어서 눈물, 콧물을 흘렸네. 하지만 한번 진왕의 처소에 발을 들여 놓고, 왕과 더불어 화려한 잠자리와 맛있는 음식을 먹어 보고는, 처음에 울고 불고 한 것을 후회했다고 하네.
마찬가지로 죽은 사람이 그가 죽기 전에 오로지 살기만을 바라던 자신의 어리석음을 뉘우치지 않는다는 것을 내가 또한 어찌 알겠는가?

꿈속에서 즐겁게 술을 마신 사람이 새는 날 아침에 깨어나 슬피 우는 경우도 있고, 꿈속에서 울던 사람이 아침에 깨어나 사냥을 나가 즐거울 수도 있네.

흔히 있는 일이지만 한창 꿈을 꾸고 있을 때는 그것이 꿈인 줄 모르고, 꿈속에서 또 그 꿈에 대한 점을 치다가 잠을 깬 뒤에야 비로소 그것이 꿈이었다는 것을 알게 되네.

또한 큰 깨달음이 있은 뒤에야 비로소 인생이 길고 긴 꿈이었음을 알게 된다네. 그런데도 어리석은 사람은 스스로 깨어있다고 생각하네. 그래서 뭐든지 다 아는 체하며 임금이다, 소 치는 종이다 하며 귀천을 가리고 분별을 하려 드네. 참으로 딱한 일이라 할 수 있네.

자네의 선생이나 자네는 다같이 꿈을 꾸고 있네. 그리고 내가 자네에게 꿈을 이야기하는 것 역시 꿈이네.

이 말은 아주 기이하게 들릴지 모르겠지만, 이것을 설명할 수 있는 큰 성인을 오랜 세월이 지나 수 십만년만에 한 번이라도 만나 그 뜻을 알게 된다면, 아침 저녁으로 만났던 것이나 다름이 없을 것일세.

만약 나와 자네가 위에서 말한 성인에 대한 문제에 대하여 논쟁을 했다고 하세.

자네가 나에게 이겼고 내가 자네에게 졌다고 했을 경우, 과연 자네는 옳고 나는 그른 것이 될까? 또 내가 자네에게 이기고 자네가 내게 졌다면, 과연 나는 옳고 자네는 그른 것이 되는가? 혹은 어느 한 쪽이 옳고 다른 한 쪽은 그른 것인가? 또 다 옳고 다 그른 것이 되는가?

당사자인 나나 자네가 서로 이것을 모른다면 남도 또한 어느 쪽을 따를지 모를 테니, 그러면 우리는 누구를 시켜 옳고 그름을 가리게 할 것인가?

자네와 같은 의견을 가진 이를 시켜 가리게 한다면 이미 자네와 같으니 그가 어떻게 올바로 판단할 수 있겠는가? 또 나와 같은 의견을 가진 이에게 판단해 보라 하면, 이미 나와 같으니 그가 어떻게 올바로 판단할 수 있겠는가?

아예 나나 자네와도 다른 의견을 가진 이를 시켜 판단하게 한다면, 이미 나나 자네와도 다르니 그가 어떻게 판단할 수 있겠는가. 또 나나 자네와도 의견이 같은 이를 시킨다면 이미 나나 자네와 같으니 그가 어떻게 판단할지는 뻔하지 않은가?

나나 자네나 혹은 남이 다같이 알 수 없는 것인데, 그래도 판단하여 줄 그 누구를 기다려야 하는가?

아니지, 그처럼 변화하는 소리들이란 서로에게 의지하여 이루어진 것이네. 때문에 만약 그것들을 서로에게 의지하지 않게 하고 자연의 도리로 조화를 시킨다면 나의 타고난 목숨을 편안히 마치게 하는 까닭이 되네.

무엇을 일러 자연의 도리로 모든 시비를 조화시킨다는 것인가? 그것은 옳은 것과 옳지 않는 것 그러한 것과 그렇지 않은 것은 모두 상대적이라는 것 뿐이지.

옳은 것이 만약 정말 옳은 것이라면, 옳은 것이 옳지 않은 것과 다르다는 것 또한 두말할 필요가 없는 것이네. 그러한 것 역시 진실로 그러한 것이라면, 그러한 것이 그렇지 않은 것과 다르다는 것 또한 두말할 필요가 없는 것이라네.

나이도 잊고 의리도 잊고 무한한 경지에서 노닌다면, 모든 것이 무한한 경지에 맡겨지는 것이 되네."

▨ 둘째 이야기에서는 구작자와 장오자의 문답을 빌려 장자적 절대자가, 죽음과 삶의 변화와 시비의 대립을 하나로 하고, 시간과 공간을 초월한 절대의 세계에서 끝없는 삶의 자유를 소요하는 우주적 인격임을 밝히고 있다.

여기에서 장자는 장오자의 설명을 빌려 시비의 대립은 그것이 의론에 따라 결정하고자 하는 한, 모든 사람이 납득할 수 있는 결론을 찾아내기란 쓸데없는 헛수고라고 말했다.

인간의 언지(言知)의 첫째 역할은 옳고(是) 그름(非)을 분별하는 것이다. 그렇지만 인간의 말(言知)로 말 자체를 반성할 때 반성된 말이 찾아내는 것은 허공에 겉도는 정신의 어지러움 뿐이다. 장자는 이 어지러운 텅빈 정신을 고요한 정기(正氣)로 되돌려서 가라앉히려 한다.

덧붙여서 장자의 이 부분에 대한 논증으로 아리스토텔레스가 말한 다음 구절을 뜻깊게 대조하여 볼 필요가 있겠다.

"…'모든 것은 진리이다'라고 확언할 수 있는 것은, 그 반대의 확언인 '모든 것은 허위이다'라는 확언도 진리라고 확언하는 것이 된다. 따라서 우리들의 명제(命題) 자체가 허위라는 것을 확언하는 것이 된다.

왜냐하면 반대의 확언은 우리들의 명제가 진실이 아니라는 것은 용납할 수 없기 때문이다.

또한 '모든 것은 허위이다'라고 확언하면 이 확언의 그 자체마저 허위가 되는 것이다. 만약 '우리들의 확언에 반대하는 확언만이 허위이다' 혹은 '우리들의 확언 만이 허위가 아니다'라고 하여도 그것 역시 사실 또는 허위의 무한한 판단을 허용한다는 것을 알게 된다.

왜냐하면 어떤 진실의 확언을 말하는 사람은 동시에 그 확언이 진실하다는 것을 표명하고 있다는 것이며, 이렇게 하여 끝없이 계속되기 때문이다."

위와 같이 시비의 논의는 모름지기 상대적인 것으로, 그것이 상대적인 한 그 대립은 처음부터 존재하지 않았다는 것과 같은 것이 된다.

때문에 절대자는 처음부터 같은 경지에 있었던 본래의 하나에 의하여 그 대립을 조화(天倪)하는 것이다.

瞿鵲子[1]問乎長梧子[2]曰 吾聞諸夫子 聖人不從事於務 不就利 不違害 不喜求 不緣道 無謂有謂 有謂無謂 而遊乎塵垢之外 夫子以爲孟浪之言 而我以爲妙道之行也 吾子以爲奚若 長梧子曰 是黃帝之所聽熒也 而丘也何足以知之 且汝亦大早計 見卵而求時夜[3] 見

彈而求鴞炙 予嘗爲汝妄言之 汝以妄聽之 奚 旁日月 挾宇宙 爲其
脗合 置其滑涽 以隷相尊 衆人役役 聖人愚芚 參萬歲而一成純 萬
物盡然 而以是相蘊 予惡乎知說生之非惑邪 予惡乎知惡死之非弱
喪而不知歸者邪

　麗之姬[4] 艾封人之子也 晉國之始得之也 涕泣沾襟 及其至於王
所 與王同筐牀[5] 食芻豢 而後悔其泣也 予惡乎知夫死者 不悔其始
之蘄生乎 夢飲酒者 旦而哭泣 夢哭泣者 旦而田獵 方其夢也 不知
其夢也 夢之中又占其夢焉 覺而後知其夢也 且有大覺 而後知此其
大夢也 而愚者自以爲覺 竊竊然知之 君乎 牧乎 固哉 丘也與女
皆夢也 予謂女夢 亦夢也 是其言也 其名爲弔詭[6] 萬世之後 而一
遇大聖知其解者 是旦暮遇之也

　旣使我與若辯矣 若勝我 我不若勝 若果是也 我果非也邪 我勝
若 若不吾勝 我果是也 而果非也邪 其或是也 其或非也邪 其俱是
也 其俱非也邪 我與若不能相知也 則人固受其黮闇 吾誰使正之
使同乎若者正之 旣與若同矣 惡能正之 使同乎我者正之 旣同乎我
矣 惡能正之 使異乎我與若者正之 旣異乎我與若矣 惡能正之 使
同乎我與若者正之 旣同乎我與若矣 惡能正之 然則我與若與人 俱
不能相知也 而待彼也邪

　化聲之相待 若其不相待 和之以天倪[7] 因之以曼衍 所以窮年也
何謂 和之以天倪 曰 是不是 然不然 是若果是也 則是之異乎不是
也 亦無辯 然若果然也 則然之異乎不然也 亦無辯 忘年忘義 振於
無竟 故寓諸無竟

 1) 瞿鵲子(구작자) : 장오자와 함께 장자가 만들어낸 가공 인물이라는
　　설이 유력하다.
 2) 長梧子(장오자) : 도를 깨우친 달인으로 오하 선생(梧下先生)이란
　　별칭도 있다.
 3) 時夜(시야) : 『석문』에 '최운사야 위계야(崔云司夜謂鷄也)'라 했으
　　니 밤에 때 맞추어 우는 닭소리를 뜻한다.
 4) 麗之姬(여지희) : 춘추시대 여(麗)라는 부족인 이민족 출신의 미녀
　　로서 진(晉)나라에 공물로 바쳐진 여자. 여희(麗姬).

5) 筐牀(광상) : 네모난 침대. 편안한 평상을 뜻함(安牀).
6) 弔詭(조궤) : 조(弔)는 지(至)와 같은 뜻으로 조궤는 매우 기괴한 것. 첫번째 이야기에 나오는 회궤(恢恑)와도 같은 뜻이다.
7) 天倪(천예) : 천예의 예(倪)는 한계, 분별, 경계의 뜻이 있으나 『석문』에는 '분야(分也)' '제야(際也)'로 되어 있어 적당하지 않고 '반고(班固)'가 말한 천연(天研)이 알맞다.

구작자가 장오자에게 물었다. "내 다른 선생에게서 들었는데 '성인은 세상 일에 힘쓰지 않고, 이를 취하지 않고, 해를 피하지 않고, 구함을 기뻐하지 않고, 도를 따르지도 않는다. 말하지 않으면서 말함이 있고 말하면서도 말함이 없이, 속세 밖에서 노닌다.'고 하더군. 선생은 이를 맹랑한 말이라고 하셨지만 나는 신묘한 도의 실행으로 여겼네. 자네는 어떻게 여기는가?"
장오자왈 "그것은 황제가 들어도 알아듣지 못했을 것인데, 구가 어찌 알 수 있었겠는가? 자네 또한 너무 서두른 것같네. 달걀을 보고 닭 울음을 구하고, 화살을 보고 새구이를 구하는 것이지! 내 자네를 위해 허튼말을 하겠으니 자네도 이를 듣고 한 귀로 흘려 주게. 일월과 벗하고, 우주를 끼고 그와 한 덩어리 되어 혼돈 속에 두고 귀천을 구별하지 않는다. 민중은 고달프고 성인은 우둔하다. 수 만년을 한결같이 순수한 것을 이룬다. 만물은 다할 때까지 그대로 있으므로써 서로 포용한다. 내 어찌 삶을 좋아하는 것이 미혹이 아니라는 것을 알겠으며, 내 어찌 죽음을 싫어하는 것이 고향을 떠났다 돌아갈 줄을 모르는 것이 아니라는 것을 알겠는가? 여희는 애의 봉인의 딸인데, 진나라로 처음 데려갈 때는 눈물 콧물로 옷깃을 적셨다. 그러나 그 왕의 궁전에 이르러 왕과 더불어 잠자리를 하고 추환을 먹기에 이르자 전날 울었던 것을 후회하였네. 내 어찌 죽은 이가 생전에 살기만을 바라던 어리석음을 뉘우치지 않는다는 것을 알겠는가? 꿈에 술마신 자 아침에 울고, 꿈에 운 자가 아침에 전렵한다. 그 꿈을 꾸고 있을 때는 그것이 꿈인 줄 모르고 꿈속에서 또 그 꿈을 점치다

깬 뒤에야 그것이 꿈인 줄 안다. 또 크게 깨달은 뒤에야 그것이 큰 꿈이었음을 안다. 그러나 우자는 스스로 깨어있다고 생각하여, 똑똑한 체 아는 척하면서 임금이다, 신하다 고집한다. 구도 자네와 더불어 모두 꿈을 꾸고 있네. 내가 자네에게 꿈 꾼다고 말하는 것 또한 꿈이네. 이러한 말을 조궤라 명한다. 만세의 후에라도 이 대성인을 만나 그 해답을 알면 조석으로 만나는 것과 같을 것이네.

이미 나는 자네와 더불어 논하였네. 자네가 나를 이기고, 내가 자네를 이기지 못했다면 과연 자네는 옳고, 나는 그른 것인가. 내가 자네를 이기고, 자네가 나를 이기지 못했다면 과연 나는 옳고 자네는 그른 것인가. 혹 그 한 쪽은 옳고, 혹 다른 한 쪽은 그른 것인가. 그 모두가 옳고 그 모두가 그른 것인가. 나나 자네나 서로 알 수 없는 것일세. 모든 사람은 나름대로의 고집이 있다. 내 누구에게 이것을 바로잡게 하겠는가? 자네와 같은 자로 하여금 바로잡게 하면 이미 자네와 같은데 어찌 능히 바로 하겠는가. 나와 같은 자로 하여금 바로잡게 한다면 이미 나와 같은데 어찌 능히 바로 하겠는가. 나나 자네와는 다른 자로 하여금 바로잡게 한다면 이미 나나 자네와 다르니 어찌 능히 바로 하겠는가. 나나 자네와 같은 자로 하여금 바로잡게 하면 이미 나나 자네와도 같으니 어찌 능히 바로 하겠는가. 그러니 나나 자네 그리고 다른 사람들 모두가 알 수 없는 것이네. 그런데 누구를 기다리겠는가? 변하는 소리를 기다리는 것은 기다리지 않음이다. 천예로써 조화시키고, 만연에 맡겨 둠이 천수를 다하는 것이다.

무엇을 일러 '천예로써 조화한다' 하는가? 옳고 옳지 않음과, 그렇고 그렇지 않음이 있다. 그 옳음이 과연 옳음이라면 그 옳음은 옳지 않음과 다르다는 것은 두말할 나위가 없다. 그러한 것이 과연 그러한 것이라면 그러한 것은 그렇지 않은 것과 다르다는 것 또한 두말할 필요가 없다. 나이도 잊고, 의도 잊고, 무경에 들어간다. 그러므로 무경에 맡겨지는 것이다.

5. 나에게는 의지하는 것이 있다.
뱀 껍질이나 매미 날개를 의지하는가?

망량(罔兩)이 그림자를 보고 물었다.

"그대는 조금 전에는 걸어 가다가 지금은 멈춰 서 있고, 또 아까는 앉았더니 지금은 일어섰구나. 그대의 몸짓에는 왜 그토록 절도가 없는가?"

그림자가 대답하였다.

"나에게 의지하고 있는 그대여! 나에게도 의지하는 그 무엇이 있어서 그렇게 되는 것같네. 그러나 내가 의지하고 있는 것 역시 의지하는 것이 있어 그렇게 되는 것같군.

내가 의지하고 있는 것은 뱀의 배비늘이나, 매미 날개 같은 것에 불과하다고 할 수 있다. 그러니 나를 주체성 없게 휘젓는 근원이 무엇인지 알 수가 있겠는가? 또한 주체적으로 살기 위하여 필요한 그것이 무엇인지 역시 알 수 없구려!"

▨ 이 장은 세 번째 설화이다. 여기서는 그림자를 따라 다니는 엷은 그림자인 망량과 그림자와의 문답을 빌려 상식적인 습관으로 배어 있는, 사물의 인과적인 견해를 털어 버렸다.

앞 장에서는 인간의 가치적 편견으로 인한 시비의 대립을 천예(天倪)인 절대의 하나로 조화시켰다. 그리고 죽음과 삶의 변화를 무경(無竟)을 통한 시간을 초월하는 세계에로 초극하는 것을 설파했다.

장자는 이와 관련하여 인간의 인과적 사유로 인한 일체의 존재를 그 모순과 대립을 그대로 둔 채 절대의 하나로써 긍정하는 것이 아니라, 그것을 원인과 결과의 관계로 맺어서 분별·해부하는 알음알이(心知)의 살륙행위를 여기에서 깨뜨려 버린다.

세속 인간은 형체는 그림자를 낳고 그림자는 형체에 의존한다고 생각한다. 또 형체는 조물주가 만들고 조물주는 모든 존재의 궁극적 원인으로 생각한다.

말하자면 모든 형체를 형체로 성립시키는 것인 특수한 것을 특수하게 하는 것은, 그 자신이 형체를 가진 것이 아니기 때문에 조물주라는 형체 없는 것이나 인간의 형상개념으로는 포착되지 않는 자연이 아니면 안된다는 것이다.

자연이란 스스로 그렇게 되는 것이며 인간의 인식을 초월한 것을 의미한다. 때문에 일체 만물이 조물주에 의하여 창조되었다는 것은 실은 일체 만물이 자연으로서 존재하는 것이다.

즉 인과적 파악을 초월하여 있다고 말할 수 밖에 없다. 만물은 인간의 인과적 파악을 초월하여 단지 자생·자화할 뿐이다.

도(道)란 실재(實在)이며 이 자생·자화하는 일체 만상의 생멸 변화의 흐름에 불과한 것이다. 때문에 일체 존재가 자생 자화하는 실재의 세계에서는, 형체도 그림자도 망량도 단지 자연으로서 존재하고 자연으로써 변화할 뿐이다.

거기에는 아무런 인과관계도 없고, 서로 남에게 의존하는 바도 없다. 장자는 이 만상(萬象)의 자생·자화를 상식적으로 가장 밀접한 상관관계에 있다고 생각하는 그림자와 망량의 문답을 빌려 설명했다.

罔兩[1]問景曰 曩[2]子行 今子止 曩子坐 今子起 何其無特操[3]與 景曰 吾有待而然者邪 吾所待又有待而然者邪 吾待蛇蚹蜩翼邪 惡識所以然 惡識所以不然

1) 罔兩(망량) : 그림자 가장자리에 생기는 엷은 그림자. 『석문』에는 망랑(罔浪)으로 쓰여 있다.
2) 曩(낭) : 낭은 '앞서', '지난번'으로 풀이한다.
3) 特操(특조) : 주체성, 자주성.

망량이 경에게 묻기를 "아까는 그대가 걷더니 지금은 멈추었고, 아까는 앉더니 지금은 섰다. 어찌하여 그토록 절도가 없는가?" 경이 왈 "내게 의지하는 것이 있기에 그러한 것일까? 내가 의지하고 있는 것 또한 의지하는 것이 있기에 그러한 것일까? 나는 뱀의 배비늘이나, 매미의 날개에 불과한 것에 의지하는 것일까? 어째서 그러한 가를 알겠으며, 어찌하여 그러하지 않은 가를 알겠는가?"

6. 장주(莊周)가 나비냐 나비가 장주(莊周) 냐

 옛날에 장주(莊周)가 꿈에 나비가 되었다. 너풀너풀 춤을 추는 나비였다. 스스로 즐거워서 자신이 장주라는 것도 깨닫지 못했다. 그러나 문득 잠에서 깨어 보니 자신은 엄연한 장주였다.
 대체 장주가 꿈속에서 나비가 된 것인지 아니면 나비가 꿈에 장주가 된 것인지를 모른다. 그러나 장주와 나비에는 분명하게 구별이 있을 것이다. 이것을 일러 변화라 한다.
 ▨ 이 장은 제물론편의 마지막 글로 그 유명한 '장자가 꿈에 나비가 되었다'는 이야기이다.
 장자는 지금까지 나비였던 꿈이 현실인지 아니면 인간인 지금의 현실이 꿈인지 도대체 알 수가 없었다. 그러나 그것이 대체 자신에게 있어 어떻다는 말인가?
 세상의 상식으로는 꿈과 현실은 구별되고 현실은 꿈과 다르다. 나비는 어디까지나 나비로서 인간은 아니며, 인간은 어디까지나 인간이지 나비는 아니다. 그러나 그 꿈이 현실이 아니고, 그 현실이 꿈이 아님을 그 누가 보증하겠는가?
 실재의 세계에서는 꿈도 현실이며, 현실 또한 꿈인 것이다. 장자도 나비이며, 나비 또한 장자일 수 있다. 일체 존재가 상식적인 분별에서 벗어나 자유 자재로 변화하는 세계, 즉 이른바 조화하는 세계만이 실재의 진상(眞相)인 것이다.

인간은 단지 그 조화하는 만물의 끝없는 유전(流轉) 속에서 주어진 현재를 주어진 현재로 받아들여 즐겁게 소요하면 그만인 것이다.

깨면 장자로서 살고, 꿈을 꾸면 나비가 되어 너울너울 춤추며, 말이 되었을 때는 높이 소리치며 뛰놀고, 고기가 되면 물 속 깊이 헤엄쳐 노닐면 되는 것이다. 죽음이 닥치면 조용히 무덤으로 들어가 편안히 쉬면 되는 것이 아닌가?

어떠한 경우라도 자기에게 주어진 현실을 경건하게 긍정하는 곳에 참다운 자유와 인간 생활이 있는 것이다. 절대자란 이 일체 긍정을 자기 생활로 받아들이는 인간이라는 것 밖에는 별로 다른 것이 없다.

덧붙여 말하면 장자는 꿈과 현실의 혼돈 속에서 살아 있는 혼돈으로서의 도(道)를 살아 있는 혼돈으로 즐기라는 것이다.

살아 숨쉬는 혼돈 속에는 옳고 그름, 그렇다는 것과 그렇지 않은 것, 아름다운 것과 추잡한 것, 큰 것과 작은 것, 길고 짧은 것 등 모든 가치적 대립이 하나라는 것이다. 뿐만 아니라 거기에는 꿈도 있고 현실도 있는 것이다.

때문에 인간도 또한 나비(自然物)인 것이다.

장자는 그 살아 있는 혼돈 속에서 주어진 자기 현실을 현실 그대로 소요한다. 거기에는 아름다운 것, 추한 것도, 미운 것도, 반가운 것도, 삶도, 죽음도, 꿈도, 현실도 다 좋으며, 인간인 것도 좋고, 나비가 된 것도 좋을 뿐이다.

일체의 경우를 좋게 받아들이는 장자는 이 제물론편의 첫머리에서 남곽자기와 더불어 만뢰의 부르짖음을 천뢰(天籟)로 받아들였다.

昔者莊周夢爲胡蝶 栩栩然胡蝶也 自喩適志與 不知周也 俄然覺則蘧蘧然周也 不知周之夢爲胡蝶與 胡蝶之夢爲周與 周與胡蝶 則必有分矣 此之謂物化

옛날에 장주가 꿈에 나비가 되었다. 훨훨 나는 나비가 되어 스스로 즐거워져 뜻이 흡족하여 주임을 알지 못하였다. 문득 깨어 보니 거거연한 주였다. 주가 꿈에 나비가 된 것인지, 나비가 꿈에 주가 된 것인지 알지 못했다. 주와 나비는 반드시 구분이 있을 것이다. 이를 물화라 일컫는다.

제 3 편 양생주(養生主)

양생주(養生主)는 높디 높은 초월의 세계에서 현실의 세속 세계로 내려온 것을 말한다. 절대자의 초월이 참다운 초월이 되기 위해서는 세속적 삶을 살아가지 않으면 안된다는 뜻에서 그 세속적 삶에 있어서 초월자의 삶의 지혜를 밝혔다. '양생주'란 삶을 기르는 근본의 도라는 것으로 인간이 이 현실 세계에서 자기의 삶을 온전하게 하기 위해서는 어떻게 할 것인가의 근본 원리를 말하는 것이다. 그러므로 인간의 정신보다는 육신(肉身)을 마음보다는 형체를 보다 확실히 중요하게 여긴다. 인간을 포함한 세계의 존재나 작용을 질료인(質料人)으로서의 '기(氣)'만으로 설명하는 존재론적 유물론(唯物論)에 접근했을 때 양생설의 의미는 결정적으로 성립된다. 또 '양생'은 신선(神仙)이나 도교(道敎)의 '불사불로(不死不老)'나 '영생'과는 완전히 구별된다.

제3편 양생주(養生主)

1. 우리의 삶에는 끝이 있으나 앎(知)에는 끝이 없다.

우리의 삶(人生)에는 끝이 있으나 우리가 알고자 하는 앎에는 끝이 없다. 끝이 있는 삶을 소모하여 끝이 없는 것을 뒤쫓으면 위태로울 뿐이다. 위태로움을 알면서도 자꾸 욕심을 낸다는 것은 더욱 위태로운 일이다.

우리의 삶을 위협하는 것은 앎(知) 뿐 아니라 명예나 형벌 또한 마찬가지다. 때문에 그것들의 원인이 되는 선(善)이나 악(惡)과는 될 수 있으면 상관짓고 싶지 않다.

만일 부득이한 경우에 선을 행하는데 있어서는 공명심을 가까이하지 말고 악을 행하는데 있어서도 형벌을 가까이하지 말아야 할 것이다.

선·악을 행함에 오직 그 중간 길을 지키는 것을 법도로 삼는다면 몸을 온전하게 지킬 수 있을 것이다. 우리의 일생을 무사히 보낼 수 있으며, 어버이를 봉양할 수 있고, 자기의 목숨을 천수대로 누릴 수 있을 것이다.

▨ 장자는 이 장에서 처음으로 지(知)와 욕(欲)의 방자함 속에서 자기를 안(內)으로 지키는 것을 설명하고 있다.

여기에서 다시 세속 세계에서 사는 초월자의 모습을 설명한 것이다. 초월자는 무엇보다도 자기의 삶을 온전하게 하는 것을 첫째로 한다.

그러나 인간은 끝이 있는 현실을 살지 않으면 안된다. 현실이 란 명예와 공리의 와중이다. 거기에는 선과 악이 구분되고, 영예 와 오욕이 대립하며, 부와 빈이 반목한다.

세속적(世俗的)인 가치가 인간의 생활을 속박하고, 규범과 형 벌이 인간의 행동을 위협한다. 명성을 얻어 기뻐하던 사람이 그 것을 잃어 실의와 비통 앞에 서며, 오늘의 영예로 환영 받는 사 람이 내일의 형벌에 전율하지 않으면 안된다.

거기에는 환희와 비애가 표리를 이루고 영예는 뒤집어 놓은 오 욕에 불과하다.

그래서 인간이 한 번 이 세속의 와중에 자기를 매몰 시켰을 때, 그의 자기상실이 이 매몰에서 끊임없이 내리막으로 치닫게 되는 것이다.

때문에 장자는, 자기의 삶을 온전하게 하는 것을 인생의 첫째 로 삼는 사람은 선·악의 피안에 서서 그 질곡(桎梏)에서 멀리 떠나갈 것을 가르쳤다.

즉 자기와 세속의 갈등을 최소한으로 좁히고, 홀로 자기의 자 유로운 생활을 즐기는 일로서의 소요유를 마음껏 누리는 것이 양 생(養生)의 비결인 것을 밝혔다.

吾生也有涯[1] 而知也無涯 以有涯隨無涯 殆已 已而爲知者 殆而 已矣 爲善無近名 爲惡無近刑 緣督[2]以爲經 可以保身 可以全生 可以養親 可以盡年

1) 有涯(유애): 애(涯)는 『설문』에 물가(水邊)로 되어 있다. 일반적으 로 '다하다' '끝' '한정'으로 푼다.
2) 督(독): 중정(中正), 바르다, 가운데, 중간 등으로 풀이한다.

나의 삶에는 끝이 있으나 앎에는 끝이 없다. 끝이 있는 것으로 써 끝이 없는 것을 좇으면 위태롭다. 그런데도 앎을 위한다면 더 욱 위태로울 뿐이다. 선을 함에 명성을 가까이 말고, 악을 함에 형벌을 가까이 말라. 독에 따라서 떳떳하면 이로써 몸을 보존하고, 이로써 생을 온전히 하고, 이로써 어버이를 봉양하고, 이로써 천수를 다한다.

2. 백정의 말을 듣고 삶을 기르는 도를 깨닫게 되었다.

한 백정이 문혜왕을 위하여 소를 잡은 일이 있었다. 그의 손이 닿는 곳이나, 어깨를 기대는 곳이나, 발로 밟는 곳이나, 무릎으로 누르는 곳은 슥삭슥삭하는 소리와 함께 칼이 움직이는 대로 살이 떨어져 나가는 소리가 나는데 모두가 음률에 맞지 않는 것이 없었다.

이에 감탄한 문혜왕이 물었다.

"오오, 훌륭하도다. 그 재주가 어떻게 그와 같은 경지에 이르렀는가?"

백정은 칼을 놓고 다음과 같이 대답하였다.

"제가 좋아하는 것은 도(道)로서 재주보다 앞서는 것입니다.

제가 처음 소를 잡았을 때는 눈에 보이는 것이 모두 소였습니다. 3년이 지난 뒤에는 완전한 소가 보이는 일이 없었습니다. 지금에 이르러서 저는 정신으로 소를 대하지 눈으로는 보지 않습니다. 뿐만 아니라 일체의 감각과 지각이 온전히 정지되어 저도 모르는 영묘한 정신의 자연스러운 작용만 있게 되었습니다.

천연의 조리를 따라 큰 틈새를 쪼개고, 큰 구멍을 따라 칼을 놀리고 움직여 소 본래의 구조 그대로를 따라 갈 뿐입니다.

이런 까닭으로 그 기술이 미묘하여서 아직 한 번도 힘줄이나 질긴 근육에 부딪친 일이 없었습니다. 하물며 큰 뼈에야 부딪치겠습니까?

솜씨 좋은 백정은 1년마다 한 번씩 칼을 바꾸는데 그것은 살을 베기 때문입니다. 보통 백정들은 달마다 칼을 바꾸는데 그것은 뼈를 자르기 때문입니다.

　지금 제가 쓰는 칼은 19년이 되었으며, 수 천 마리의 소를 잡았으나, 칼날은 방금 숫돌에서 새로 갈아 놓은 것같습니다.

　소의 뼈마디에는 틈이 있는데 칼날에는 두께가 없습니다. 두께가 없는 것을 틈이 있는 곳에 넣기 때문에 칼을 휘저어도 항상 여유가 있습니다.

　그래서 19년이 지났어도 칼날은 새로 숫돌에 갈아 놓은 것같은 것입니다.

　뼈와 힘줄이 한 데 얽혀 있는 곳을 만나면 저는 그것이 다루기 힘들다는 것을 알고 두려워하며 조심합니다. 눈길을 그곳에 멈추고 경계하면서 동작을 늦추며, 칼을 매우 미묘하게 움직입니다. 그러면 살이 뼈에서 발려져 후두둑 땅위에 떨어져 쌓입니다.

　그렇게 하고 나면 칼을 들고 서서 사방을 둘러보며 만족스러운 기분으로 느긋하게, 흐뭇한 마음으로 칼을 닦아 챙겨 넣습니다.”

　문혜왕이 듣고 다시 말하였다.

　“훌륭하구나, 나는 백정의 말을 듣고 삶을 기르는 도를 깨닫게 되었도다.”

　▨ 이미 앞에서 양생의 근본 원리를 말한 장자가, 백정과 문혜왕을 등장시켜 소 잡는 이야기를 문답식으로 빌려, 양생의 비결은 천리(天理)의 자연에 따르는 곳에 있다고 다시 구체적인 비유로 설명했다.

　　庖丁爲文惠君[1]解牛 手之所觸 肩之所倚 足之所履 膝之所踦 砉然嚮然 奏刀騞然 莫不中音 合於桑林之舞[2] 乃中經首之會
　　文惠君曰譆 善哉 技蓋至此乎 庖丁釋刀 對曰 臣之所好者 道也 進乎技矣 始臣之解牛之時 所見無非牛者 三年之後 未嘗見全牛也 方今之時 臣以神遇 而不以目視 官知止而神欲行 依乎天理 批大郤 導大窾 因其固然 技經肯綮之未嘗 而況大軱乎 良庖歲更刀 割也 族庖[3]月更刀 折也 今臣之刀 十九年矣 所解 數千牛矣 而刀刃若新發於硎 彼節者有間 而刀刃者無厚 以無厚入有間 恢恢乎其於

遊刃 必有餘地矣 是以十九年 而刀刃若新發於硎 雖然 每至於族 吾見其難爲 怵然爲戒 視爲止 行爲遲 動刀甚微 謋然已解 如土委地 提刀而立 爲之四顧 爲之躊躇 滿志 善刀而藏之 文惠君曰 善哉 吾聞庖丁之言 得養生焉

1) 文惠君(문혜군) : 전국시대의 양나라 혜왕과 같은 인물이라는 설이 유력하다. 혹은 혜문왕(惠文王)이라는 설도 있다.
2) 桑林之舞(상림지무) : 은나라 탕임금이 가뭄이 계속된 나라를 구하려고 뽕나무 숲(桑林)에서 하느님에게 기우제를 지내면서 바쳤다는 무곡(舞曲).
3) 族庖(족포) : 보통의 백정이라는 뜻으로 족(族)은 잡(雜)이나 중(衆)으로 보통이라는 뜻.

포정이 문혜군을 위하여 소를 잡았다. 손을 대고 어깨를 기대고 발로 밟고 무릎을 굽히는 움직임에 따라 칼 움직이는 소리가 들렸다. 칼 움직임이 음률에 맞지 않음이란 없었다. 상림의 춤과 같고, 경수의 음절과 같았다.

문혜군이 말했다. "오 훌륭하도다. 재주가 어찌 여기에 이르렀는가?" 포정이 칼을 놓고 대답하였다. "신이 즐기는 것은 도로써 기술에 앞섭니다. 처음에 신이 소를 잡았을 때는 보이는 바 소 아닌 것이 없었습니다. 3년 뒤에는 일찍이 소의 본 모습이 보이지 않았고 지금에 와서는 정신으로써 할 뿐 눈으로써 보지는 않습니다. 지각의 작용은 멎고 정신만 작용합니다. 천리에 의해 큰 틈을 젖히고 큰 구멍을 이끌 때는 생긴 그대로를 좇습니다. 기술은 아직 궁경을 건드린 일이 없는데, 하물며 큰 뼈에 있어서이겠습니까. 훌륭한 백정이 해마다 칼을 바꾸는 것은 베기 때문입니다. 보통의 백정이 달마다 칼을 바꾸는 것은 자르기 때문입니다. 지금 신의 칼은 19년이나 되었으며 수 천 마리의 소를 잡았습니다. 그런데도 칼날은 숫돌에서 새로 간 것같습니다. 소에는 마디 사이가 있으나 칼날에는 두께가 없습니다. 두께가 없는 것으로써 틈이 있는 곳에 넣으니 넓고 넓어서 칼날이 놀기에 여유가 있습니다. 이로써 19년이나 되었어도 칼날은 새로 숫돌에 간 것과 같습니다. 비록 그러하나 엉긴 곳에 이를 때마다 저는 그 어려움을 알고 경계하여 조심합니다. 눈은 멈추고, 행동은 느리게 하여 칼질은 아주 미묘해집니다. 살코기가 분해되어 땅에 흙이 쌓이듯 합니다. 그러면 칼을 들고 일어서서 사방을 돌아보고, 머뭇거리다 흐뭇해져 칼을 닦아 이를 간직합니다."

문혜군이 왈 "훌륭하구나. 나는 포정의 말을 듣고 양생을 터득하였도다."

3. 새장에 갇혀 있는 새는 왜 항상 마음이 즐겁지 않은가?

송나라 사람 공문헌(公文軒)이 우사(右師)를 보고는 놀라서 물었다.

"이건 어떻게 된 사람인가? 어째서 외발이 되는 형벌을 받게 되었는가? 하늘이 이렇게 만들었는가? 아니면 사람의 짓인가?"

우사가 대답하여 말했다.

"하늘이 이렇게 하신 것이지 사람이 그런 것은 아니오. 하늘이 나를 낳을 때 외발로 태어나게 한 것입니다. 사람들은 모두 두 발인데 나만 이렇게 된 것을 보면, 하늘이 시킨 일이지 사람의 짓이 아님을 알 수 있소.

늪에 사는 꿩은 열 걸음에 한 번 모이를 쪼아 먹고, 백 걸음은 걸어야 한 모금의 물을 마시면서도, 새장 속에 갇혀서 길러지기를 바라지 않습니다. 그것은 울 속에 갇혀서 비록 왕과 같은 권세를 잡고 원기는 왕성할 지라도 마음의 즐거움이나 자유는 없기 때문이오."

▨ 앞 장에서 백정의 소잡는 묘기와 함께 양생의 비결이 천리의 자연에 따르는 것이라고 밝힌 장자가, 이 장에서 다시 현실

생활의 모든 화복(禍福)마저 자연으로 받아들이고 천리로서 편안히 지내라고 가르쳤다.

그러나 현실에는 복(福)보다는 화(禍)가 많다. 이 때 장자는 무엇이라고 말하는가? 인간이 진실로 자기에게 주어진 삶을 온전히 하고자 한다면, 그 모든 것을 자기 운명으로 받아들여 사랑하지 않으면 안된다고 했다.

일체의 필연을 자기의 운명으로 사랑하는 곳에 그 무엇으로도 빼앗을 수 없는 절대 자유가 있다.

인간의 참 자유란 반드시 자기의 모든 바램(希求)을 그대로 현실에 옮겨 놓는 힘이 아니라, 오히려 현실의 일체를 자기의 필연으로 긍정하여 나가는 마음에 있지 않겠는가?

일체의 필연을 필연으로서 그대로 받아들여, 자기에게 주어진 일체의 것을 자기의 것으로 사랑하는 곳에 그 아무 것에도 빼앗기지 않는 자유로운 삶을 얻을 수 있다고 장자는 가르쳤다.

때문에 그는 세상 사람이 가장 싫어하는 외다리 수형자(受刑者)로 우사(右師)라는 사람을 내세워 그에게 자기 삶의 자유와 행복을 이야기하도록 했다.

외다리 불구자에게도 자유와 행복의 삶이 얻어질 수 있다고 말한 장자는 모든 인간의 참된 자유와 행복에 대하여 생각하고 있는 것이다.

 公文軒[1] 見右師[2] 而驚曰 是何人也 惡乎介也[3] 天與 其人與 曰 天也 非人也 天之生是使獨也 人之貌有與也 以是知其天也 非人也 澤雉十步一啄 百步一飮 不蘄[4] 畜乎樊中[5] 神雖王[6] 不善也

1) 公文軒(공문헌) : 『석문』에는 성은 공(公)이고 이름은 헌이라 하여 송나라 사람으로 적었다.
2) 右師(우사) : 벼슬 이름으로 『주례(周禮)』의 사도(司徒)에 해당하며, 민중을 교육시키는 직책. 송나라에는 좌사(左師)·우사가 있었다.
3) 惡乎介也(오호개야) : 오(惡)는 '어찌'의 뜻이고 개(介)는 올(兀)과 통하는 말로서 형벌을 받은 자를 이른다.

4) 不蘄(불기) : 기(蘄)는 '바란다'는 뜻이므로 '불기'는 바라지 않는다는 것.
5) 樊中(번중) : 새장(鳥籠) 속을 뜻한다.
6) 神雖王(신수왕) : 왕(王)은 '왕성하다'는 왕(旺)과 같은 뜻으로 풀어서 원기는 비록 왕성하지만.

공문헌이 우사를 보고 놀라며 말했다. "이게 누구인가? 어째서 한 발을 잘렸는가? 천명인가. 사람이 그랬는가?" 이에 대답하기를 "천명이지 사람 탓은 아니오. 하늘이 나를 내면서 외발로 만든 것이요, 사람의 모습은 더불어 있는 것이다. 이로써 하늘의 탓이지 사람이 한 짓이 아님을 알지 않겠는가. 못의 꿩은 열 발자국에 한 번 쪼으며 백 걸음에 한 모금 마시면서도, 울 속에서 길러지기를 바라지 않는다. 먹이는 비록 왕성하나 정신은 즐겁지 않기 때문이다."

4. 편안한 때일수록 순리를 따르면 슬픔이나 즐거움이 끼어들 수 없다.

철학자로 유명한 노담(老聃)이 죽었다.
그의 친구인 진실(秦失)이 문상을 가 그저 형식적으로 세 번 곡하고는 나와 버렸다.
노담의 제자가 이것을 보고 있다가 물었다.
"그 분은 선생님의 친구가 아니십니까?"
대답하여 말하기를
"그렇다네"
"그러시다면 문상을 그와 같이 하셔도 괜찮습니까?"
진실이 대답하여 말하기를
"그렇다 마다. 나는 처음 그를 훌륭한 인물이라 보았네. 그러나 지금 생각하니 그렇지가 않네.
 조금 전에 내가 안에 들어가 문상하면서 보니, 늙은이들은 자기 자식을 잃은 듯이 곡을 하고 젊은이들은 제 어버이를 여읜 듯 울부짖고 있었네.
 그들이 여기에 모인 까닭은 그가 꼭 그렇게 해달라고 부탁하지는 않았다 하더라도, 그들에게 칭찬하는 말을 하게 했고, 그들을 울도록 하였기 때문이네.
 이것은 자연의 도리에서 벗어나 진실된 모습을 거역하고, 인간이 그 자신의 분수를 잊은 탓이지. 옛날에는 그러한 것을 천지의 자연인 진실(天)을 거역하는 죄악이라고 말하였네.
 대저 그가 이 세상에 태어난 것은 어쩌다 태어날 때를 만났기 때문이며, 또한 그가 죽은 것도 죽을 운명에 따른 것 뿐이네. 태어나고 죽는 것은, 그때 그때마다 편안하게 여겨 주어진 운명에 맡겨두면, 슬픔과 즐거움이 마음을 뒤흔들지 못하는 것이네.
 옛날에는 이 경지에 도달하는 것을 하늘(上帝)이 인간에게 내린 형벌(苦刑)로부터의 참다운 해방(縣解)이라 불렀다네. 과연 노담은 이 경지에 왔었던가?
 예컨대 장작에 불을 붙이면 그것이 다 타버리는 것을 볼 수는 있지만, 불이 붙어 전해지는 그 자체는 다른 장작이 있는 한 다함이 없이 타오른다는 것을 터득할 정도로 편안한 경지에는 이르지 않았을 것이다."
 ▨ 장자는 앞에서 공문헌과 우사를 내세워, 인생의 모든 화복(禍福)을 자연으로 받아들여 천리(天理)로서 긍정하여야 한다는 것을 가르쳤다.
 마지막으로 인간의 가장 큰 두려움과 슬픔인 죽음(死)마저도 천리의 자연으로서 그 변화에 따라 편안하게 받아들이는 것이 양생(養生)의 가장 큰 비결인 것을 말했다.
 이미 언급한 바 있지만 장자적 절대자에 있어서는 주어진 자기의 삶을 온전하게 하는 것이 인생의 첫째였다.
 그가 삶을 기르는 것(養生)을 설파한 것도 그것과 다름이 없다. 그러나 양생의, 주어진 자기의 삶을 보다 깊게 보다 넉넉하게 살아간다는 뜻은, 결코 자기의 삶에 집착한다는 뜻은 아니다.

그가 양생을 말하고 삶을 온전히 한다는 것은 주어진 자기의 현실(現在)을 그것이 현실이기 때문에 온전히 살아 간다는 것이지, 주어진 것이 삶(生)이기 때문은 아니다.

그에게 있어서 화와 복은 그 어느것이나 자기에게 주어진 것으로서는 다같은 것인 것과 같이, 죽음도 삶도 또한 그것이 자기에게 주어진 사실에 있어서는 같다고 할 수 있다.

절대자는 주어진 모든 것에서 죽음마저도 자기의 것으로 긍정한다. 삶도 나의 것이며, 죽음 또한 나의 죽음인 것이다.

모든 경지를 자기의 경지로서 편안히 받아들이는 태도만이 모든 경지에서의 초월과 해방을 가능하게 한다. 주어진 죽음을 죽음으로 편안하게 사는 삶은 동시에 주어진 삶을 삶으로 편안하게 살아가는 생활이기도 하다.

그래서 이와 같은 삶의 편안과 죽음의 편안한 경지, 삶에 집착하지 않고 죽음을 두려워하지 않는 경지만이 양생의 궁극적인 비결인 것을 여기에서 장자는 설명하였다.

老聃[1]死 秦失[2]弔之 三號而出 弟子曰 非夫子之友邪 曰 然 然則弔焉若此 可乎 曰 然 始也吾以爲其人也 而今非也 向吾入而弔焉 有老者哭之 如哭其子 少者哭之 如哭其母 彼其所以會之 必有不蘄言而言 不蘄哭而哭者 是遁天倍情 忘其所受 古者謂之遁天之刑 適來 夫子時也 適去 夫子順也 安時而處順 哀樂不能入也 古者謂是帝之縣解[3] 指窮於爲薪 火傳也 不知其盡也

1) 老聃(노담) : 노자를 말한다. 성은 이(李), 이름은 이(耳), 담(聃)은 자다.
2) 秦失(진실) : 장자가 만들어낸 인물인 듯하다. 노자의 문인으로 성은 진이고 이름은 실(失)이라 전한다.
3) 帝之縣解(제지현해) : 제는 상제(上帝) 즉 하늘, 현해(縣解)는 속박에서 해탈하는 것.

노담이 죽자 진실이 조상하여 세 번 곡하고 나와 버렸다. 제자 왈 "그분은 선생의 벗이 아니십니까?" 말하기를 "그렇다네" "그렇다면 조상함이 이와 같아도 괜찮습니까?" 왈 "그렇다네. 처음에 나는 그 사람됨으로써 하였는데 지금은 아니네. 앞서 내가 조상하러 들어가 보니 늙은이는 곡하기를 그 자식을 곡하는 것같고, 젊은이는 곡하기를 그 어머니를 곡하는 것같았다. 그가 이렇게 모이도록 한 것에는 반드시 말로 바라지는 않았겠지만 곡을 하도록 만든 것이 있으리라. 이것은 천리를 어기고 정을 배반한 것이며, 그가 받은 바를 잊은 것이다. 옛날에는 이것을 일컬어 천리를 어긴 죄라 하였다. 이 세상에 오게 된 것은 그의 때이며 이 세상을 떠남은 그의 순응이다. 그 때에 안주하고 순응에 처하면 슬픔과 즐거움이 스며들지 못한다. 옛날에는 이를 제의 현해라고 말했네. 손이 장작 지피는 일을 다하면 불의 번짐은 끝날 줄 모르느니라."

제 4 편 인간세 (人間世)

정치의 세계란 권력의 싸움으로 피비린내를 풍기는
어둡고 험한 세계 그 자체인 것이다.
거기에서는 권력이 인간들을,
임금(君)과 신하(臣)로 구별하고,
군주의 자의(뜻)가 민중의 생명을 마음대로 희롱하며,
영예와 형벌이 인간의 운명을 사정없이 농락했다.
장자적 절대자는
이 중국적 현실의 암담하고 험악한 것을
현실로서 살아가지 않으면 안되었다.
현실에 살면서 현실에 다치지 않는 것,
인간세에 섞여 살면서 자기를 상실하지 않는 지혜,
그 지혜를 구체적으로 밝혔다.
장자의 두 다리는 중국역사와 풍토에
굳건하게 지탱하여 서 있다는 것을 엿볼 수 있으며,
표정과 자세가 무엇보다
중국적인 점에 주의할 필요가 있다.

제4편 인간세(人間世)

1. 귀와 눈을 안으로 통하게 하고
마음의 지혜는 밖으로 향하게 한다.

　공자의 제자인 안회(顔回)가 그의 스승인 중니(仲尼)를 뵙고, 길 떠나는 하직 인사를 드렸다.
　"어디로 갈 것인가?"
　"위(衛)나라로 가렵니다."
　"무엇을 하려는가?"
　"제가 들은 바에 따르면, 위나라 임금은 혈기 방장한 젊은 나이인데다가 그 행동은 뉘우침이 없이 제멋대로라고 합니다.
　그 나라를 다스리는 것이 경솔한데도 잘못을 깨닫지 못하고, 민중들을 마음 내키는대로 부려 죽은 이가 나라에 가득하며 연못 속의 이끼처럼 덮여 있다 합니다. 그로 인하여 나라의 민중들은 어찌할 바를 모른다고 합니다.
　저는 일찍이 선생님으로부터 '잘 다스려지는 나라는 떠나고, 어지러운 나라로 가야 한다. 이것은 마치 의사 집에 병자가 많이 모이는 것과 같은 이치다'라고 말씀하신 것을 들었습니다.
　제가 선생님께서 하신 말씀을 되살려 방법을 모색하면, 혹시 그 나라의 병폐도 고쳐지지 않겠습니까?"
　이에 공자가 말했다.
　"음. 네가 지금 가 보아야 형벌이나 받게 되겠지. 무릇 도(道)라는 것은 이것 저것 섞이지 않아 잡스럽지 않아야 한다.

섞이면 많고, 많아지면 어지럽고, 어지러우면 걱정이 생기는 것이다. 걱정이 생기는 데에까지 이르면 다시는 구해낼 수 없게 된다.
　옛날의 지인(至人)은 먼저 자기 자신을 살펴 보고, 과연 이 순수한 도를 내 자신 가운데 확립시켰는가를 확인한 뒤에야 남의 일을 돌보았다.
　자기 자신을 살핌에 있어 아직도 그 준비가 불안정한데, 어찌 난폭한 군주가 하는 짓을 돌보아 줄 겨를이 있겠느냐?
　뿐만 아니라 너는 또 무릇 덕(德)이 흔들리고 지식이 나오게 되는 까닭을 알고 있을 것이다.
　덕이라는 것은 명예를 추구하는 데서 혼탁해지며, 지혜라는 것은 서로의 다툼에서 나오는 것이다.
　명예와 공명 따위는 서로 헐뜯고 해치는 원인이 되고, 지식과 지혜는 서로 다투는 도구가 되는 것이다. 이 두 가지 모두는 흉기이므로 지나치게 사용해서는 안된다.
　한 사람의 덕이 두텁고 믿음이 꿋꿋하더라도, 다른 사람의 마음에는 이르지 못한다.
　명예를 얻기 위하여 드러내놓고 다투지는 않아도 남의 마음에 통하지 못하면, 인의(仁義)로 사람들을 바르게 하고자 하는 논의를 펼친다 하더라도 저 난폭자는 네가 고의로 다른 사람의 잘못을 들추어, 자신의 미덕을 드러내고자 하는 것이라 여길 것이다.
　너를 남에게 해를 입히는 사람으로 생각하겠지? 남에게 해를 끼치는 사람이라면, 남도 반드시 네게 해를 끼칠 것이며 너는 남에게 해를 입게 될 것이다.
　또 진실로 위나라의 군주가 현인(賢人)을 좋아하고 어리석은 사람을 싫어한다면 이미 그 주위에 어진 사람이 많을 것이다. 어찌 너를 등용하여 특이한 일을 해주기 바라겠는가?
　너는 그에게 따지지 않는 것이 좋겠다. 네가 만일 따지면 그는 군주의 권위로써 너를 이기려 할 것이다. 그렇게 되면 너의 눈은 깜깜해지고, 낯빛은 그를 위해 평정을 잃은 채 새파랗게 질릴 것이다. 입은 자기를 변명하기에 바쁘고, 몸가짐은 비굴해지며, 마침내 너의 마음을 그의 마음에 맞추려 할 것이다.
 이것은 마치 불로써 불을 끄고, 물로써 물을 막는 것과 같은 것이므로 이것을 일러 '많은 데에 더 보탠다(益多)'라고 하는 것이다.
 처음부터 그의 독선을 다루다 보면 끝없이 그대로 계속될 것이다. 너는 아마 신임도 얻지 못한 상태에서 너무 두드러지게 말하다 반드시 저 난폭한 사람 앞에서 죽음을 당할 것이다.
 옛날 걸왕(桀王)은 하(夏)나라의 현신(賢臣)인 관룡봉을 죽였고, 은(殷)나라의 충신 왕자 비간(比干)은 폭군 주(紂)에게 죽음을 당하였다.
 이들은 모두 스스로 덕을 닦고 민중들을 위하며 잘 다스렸지만, 아랫사람으로서 윗사람의 성정을 파악하지 못했으므로 그 뜻을 어긴 사람들이었다.
 그래서 그들의 임금들은 이들이 쌓은 덕 때문에 제거하여 버렸던 셈이다. 그들이 바로 공명과 명예를 좋아했던 사람들이었다.
 또 옛날 요임금은 총과 지와 서오를 침공하였고, 우임금은 유호를 쳤다. 이 나라들은 그로 인하여 폐허가 되었고 민중들은 형을 받고 죽었다.
 그들이야말로 쉴새없이 군대를 동원하여 다른 나라를 쳐서 끝없이 실리를 추구하였다. 이들은 모두 명성과 실리에 눈이 어두워 자신을 망친 자들이다. 너도 잘 들었을 것이다. 비록 성인(聖人)일지라도 명예와 실리를 얻으려는 욕심에는 이기지 못하는 법이다. 그러한데 하물며 네가 어찌하려느냐?
 그러나 네가 떠나려 하는 뜻에는 반드시 무슨 까닭이 있을 것인데, 어디 내게 말해 보아라."
 안회가 말하였다.
 "몸을 단정히 하고 마음은 비워 겸허하게 하며, 항상 일에 부지런하고 덕은 한결같도록 하면 되겠습니까?"
 이를 듣고 공자가 말했다.

"아니된다. 어찌 된다고 할 수 있겠느냐? 위왕은 원래 강하게 타고난 기운으로 언제나 교만하여 잘난 체하고, 얼굴빛도 일정하지 않아 붉었다가 푸르다가 하여 보통 사람으로서는 그의 뜻을 어기지 못한다.

그렇게 다른 사람이 자기에게 충고하지 못하도록 억누르는 것으로써 자기 마음속의 쾌락을 추구한다. 이런 자를 일러 날마다 작은 덕으로 조금씩 감화시켜도 이루지 못한다고 할 것이어늘 하물며 큰 덕이야 말할 것이 있겠느냐?

그는 언제나 고집을 부려 조금도 감화되지 않을 것이다. 또 겉으로는 타협하는 체 하겠지만 속으로는 생각도 해보지 않을 텐데 어찌 될 수가 있겠느냐?"

안회가 답답한 마음으로 다시 말하였다.

"그러면 저는 마음은 곧게 하되 겉으로는 유화(柔和)로써 대하고, 말을 내세우더라도 옛 법도에 비유하려 합니다.

마음이 곧은 사람은 하늘과 벗이 된다고 합니다. 하늘과 동류가 되면 천자(天子)나 자신이 다같이 하늘이 자식으로 삼고 있음을 알게 될 것입니다.

그렇게 되면 내 스스로 한 말에 대하여 다른 사람이 옳다고 하거나 옳지 않다고 하거나 무슨 상관이 있겠습니까? 그러한 사람을 일러, '천진한 아이(童子)'라고 하는데 이를 두고 하늘과 벗(同類)이 된 사람이라고 합니다.

겉모습을 부드럽게 하는 사람은 다른 사람과 벗이 된다고 합니다. 손에 홀(笏)을 들고 두 무릎을 꿇어 절하는 것은 신하로서의 예절로 누구나 다 그렇게 하는 것입니다. 어찌 저 혼자만 하지 않겠습니까?

남들이 하는대로 하면 남도 저를 흉보지 않을 것입니다. 이것이 사람들과 동류(벗)가 되는 것입니다.

그리고 또 말을 내세우더라도 그것을 옛사람에 비유하여 말하면, 옛사람(聖人)과 벗이 되는 것입니다. 그 말이 비록 군주의 잘못을 꾸짖고 교훈이 되는 것이라 할지라도, 그것은 옛부터 있어 온 것이지 제 것이 아닙니다.
 그렇게 하면 아무리 듣기 싫은 대담솔직한 말을 하여도 남이 비방하지 못할 것이므로 화를 입지 않을 것입니다. 이를 두고 옛 사람과 벗(동류)이 된 것이라고 합니다."
 이 말을 듣고 공자가 말했다.
 "아. 어찌 될 수 있겠느냐? 사람들을 바르게 하기 위한 말이 너무 많아 마땅치 않다. 상대의 일을 제대로 생각하지 않았다.
 그 방법이 고루하다고 해서 벌 받을 리는 없겠지만 더 나아가지 못하고 거기에서 그치고 말 뿐이다. 어떻게 남을 감화시킬 수 있겠느냐? 너는 아직도 자기의 생각에만 치우쳐 유위(有爲)의 마음에 얽매여 있구나."
 안회는 다시 아뢰었다.
 "저로서는 이제 더 이상 어찌할 바를 모르겠습니다. 감히 여쭙건대 다른 방도가 있겠습니까?"
 공자가 대답하였다.
 "우선 재계(齋戒)하고 오너라. 마음과 몸을 깨끗이 한 다음에 내가 너에게 덧붙여 이르겠다. 그러나 하겠다는 마음을 가지고 하려 든다면 그것이 쉬운 일이 되지는 않을 것이다. 그것이 잘 된다고 여기는 사람은 하늘이 그를 마땅치 않게 여길 것이니라."
 안회가 다시 여쭈었다.
 "저는 집이 가난하여 술을 마시지 않고, 냄새나는 푸성귀인 미나리나 마늘같은 양념을 먹은 지 여러 달이 됩니다. 이만하면 재계했다고 할 수 있지 않겠습니까?"
 공자가 다시 말하기를
 "그것은 제사를 지낼 때의 재계는 될지언정 마음의 재계는 될 수 없다."
 안회가 여쭈었다.
 "그 마음의 재계란 어떤 것입니까?"
 공자가 대답하여 말했다.
 "마음의 움직임을 하나로 모아 잡념을 털어버려라. 그리하여 모든 것을 귀로 듣지 말고 마음으로 듣도록 할 것이며, 또한 마음으로도 듣지 말고 기운(氣)으로써 들어야 할 것이다.
　기란 마음이 일어나는 뿌리로서 세계의 물질적 원소인 것이다. 무릇 귀는 소리를 들을 뿐이고 마음은 밖에서 들어온 것에 맞추어 깨달을 뿐이나, 기(氣)는 텅 빈 채로 공허하여 사물을 다 그대로 맞아들인다.
　그러므로 도(道)는 오직 공허한 가운데에 모이는 것이며, 바로 이 공허가 마음의 재계인 것이다."
　안회가 말했다.
　"저는 처음부터 그렇게 하지 못했기 때문에 실로 자기에게 얽매여 있었습니다. 이제는 선생님의 말씀을 듣고 보니 처음부터 내가 존재하지 않는다는 것을 알게 되었습니다. 이제는 '텅 비었다'고 할 수 있겠습니까?"
　공자가 말하였다.
　"이제 다 되었다. 극진하구나. 내 너에게 말해 주지. 네가 이제 새장과 같은 궁핍한 정치세계인 그 나라에 들어가 활동하더라도 명성을 떨치는 공명심 따위에 흔들리지 않아야 할 것이다. 들어주면 이야기하고 들어주지 않으면 그만두어라.
　자기를 내세우지 말고 자기 생각을 앞세우지 말 것이다. 오직 한결같이 스스로를 지키다가, 마지못할 때에만 응한다면 거의 도에 가깝다고 할 것이다.
　인간이란 깊은 산 속에 발길을 끊기란 쉽지만 넓은 땅 위를 걷지 않을 수는 없다. 때문에 우리는 땅 위의 현실에서 도피할 수 없다.
　그러므로 걷지 않기란 쉽지만 걸을 때 땅을 밟지 않기란 쉽지 않다. 사람에게 부림을 당할 때에 그를 속이기는 쉽지만, 하늘에 의해 부림을 당할 때에는 하늘을 속이기가 쉽지 않은 법이다.
　날개를 가지고 나는 자가 있다는 말은 들었어도, 날개없이 나는 자가 있다는 말은 듣지 못하였다.
　알음알이(지각)를 가지고 무엇을 안다는 말은 들었어도, 지각

(知覺)없이 아는 사람이 있다는 말은 듣지 못했다. 저 공허한 곳을 바라보노라면 텅 빈 마음이 밝아질 것이다.
 행복이나 좋은 일은 이러한 곳에 머물게 된다. 행복이나 좋은 일이 머물지 않는 것을 '이 곳에 앉아 있어도 정신은 다른 곳으로 달리는 것(坐馳)'이라고 말한다.
 귀와 눈을 속마음으로 통하게 하고 마음과 지각을 밖으로 내보내면, 귀신이라 하더라도 찾아와 그에게 머물게 될 것이다. 하물며 사람이야 말할 것이 있겠느냐?
 이것이야말로 만물(萬物)의 변화에 호응하는 것으로 우임금이나 순임금도 처세의 법도로 삼았던 것이며, 복희나 궤거가 평생토록 시행한 준칙이었다. 하물며 보통 사람들이야 말할 나위가 있겠느냐?"
 ▨ 장자의 허(虛)의 철학(哲學)으로 여기에서 우리들은 이러한 처세의 지혜를 성립시킨 장자의 인간 이해에 대한 날카로움과 현실 파악의 깊이에 주목할 필요가 있다.
 고전적인 견해이기는 하지만 이미 한대(漢代)에 노장사상의 성립을 중국 고대의 역사학 속에서 그 기원을 찾으려는 시도가 존재하였다. 이와 같이 노장사상은 처음부터 단순한 인간의 형이상학적 욕구와 철학적 관념의 소산이 아니고, 가혹한 중국 사회의 역사적 현실 안에서 생겨난 것이었다.
 오늘의 영예가 내일의 오욕으로 바뀌고 오늘의 삶이 내일의 죽음으로 바뀌며 오늘의 있음(有)이 내일의 없음(無)에로 바뀌는 세계, 다스려진 뒤에는 흐트러지고 번영한 다음에는 쇠퇴하며 이루어진 뒤에는 무너지고 흥하는 것이 있으면 패망하는 것이 있는 세계, 속이고 빠지며 중상하고 수탈하며 비분과 공포의 싸움이 있는 중국 사회의 역사적 세계 안에서 산출(産出)된 중국 민족의 생활의 지혜가 노장사상(老莊思想)이었다.
 말하자면 중국의 역사와 사회의 '어두운 골짜기'를 토양으로 하여 성장하여 왔던 것이 중국 민족의 지혜로 노장사상과 다를 바 없다고 하겠다.

그것은 처음부터 인간성의 선(善)과 미(美) 따위를 찬미하는 희망과 신뢰의 철학이라기 보다는, 인간성의 구원이라 할 수 있는 험준하고 어두운 것을 통곡하는 절망과 불안의 철학이었다.

그것은 또한 권력에 의지하여 부귀를 누리는 지배자의 철학이기 보다는, 빈천(貧賤)과 오욕(汚辱)과 형벌(刑罰)에 시달리는 피지배자의 철학이기도 하다.

거기에는 처음에 조용한 명상(瞑想)이 있었던 것이 아니라 처음부터 변화하고 유전(流轉)하는 현실이 있었고, 처음부터 자유스러운 초월이 있었던 것이 아니라 몸둘 바를 모르는 현실 뿐이었다.

노장사상은 운신(運身)할 수 없는 현실을 밖(外)으로 혹은 위(上)에로 인간을 도피시키는 것이 아니라, 인간 그 자체 안에서, 곧 현실에서 밑으로 밑(底)으로 빠져나가는 지혜를 가르친 것이다. 현실을 철저하게 처해있는 상태로 살아가는 곳에 노장(老莊)의 초월과 자유 무애(無碍)가 있다.

노장의 초월은 모든 부자유의 그 밑바닥을 꿰뚫는 자유에의 비상(飛翔)에 지나지 않는다.

노장사상의 성립 기반이 위와 같은 것이므로, 그 초월이 현실의 도피가 아니라 모든 부자유의 그 밑바닥을 관통하는 자유에의 비상이라고 했을 때, 장자의 소요유(逍遙遊)를 기반으로한 초월이 그의 현실에 대한 철저한 파악이며 인간에 대한 치밀한 이해라는 것은 말할 나위도 없다.

인간의 취약한 점과 추악하고 비굴한 것 등을 그처럼 날카롭게 꿰뚫어 본 사상가도 드물 것이다. 또한 인간 사회의 이(裏)와 표(表), 권력의 본질과 권력자의 생태를 그처럼 깊숙히 파악한 철학자도 드물다.

장자는 하나의 위대한 인간학자인 동시에 탁월한 사회학자이기도 하다.

우리들은 이 인간세편을 일관하고 있는 그의 인간이해의 날카로움과 넉넉함 그리고 장자의 사상 전체를 지탱하고 있는 그의 현실파악의 용의주도한 치밀함에 무엇보다도 주목하지 않을 수 없다.
 장자적 초월자는 장자의 이러한 인간과 인간 사회에 대한 철저한 통찰(洞察)로써 그 모멸(侮蔑)과 연민(憐憫)과 자애(慈愛)의 감정 속에서 생겨났다.

 顔回¹⁾見仲尼²⁾ 請行 曰 奚之 曰 將之衛 曰 奚爲焉 曰 回聞 衛君其年壯 其行獨 輕用其國 而不見其過 輕用民死 死者以國量 乎澤若蕉 民其無如矣 回嘗聞之夫子曰 治國去之 亂國就之 醫門多疾 願以所聞思其則 庶幾其國有瘳乎 仲尼曰 譆 若殆往而刑耳 夫道不欲雜 雜則多 多則擾 擾則憂 憂而不救 古之至人 先存諸己而後存諸人 所存於己者未定 何暇至於暴人之所行 且若亦知夫德之所蕩 而知之所爲出乎哉 德蕩乎名 知出乎爭 名也者 相軋也 知也者 爭之器也 二者凶器 非所以盡行也 且德厚信矼 未達人氣 名聞不爭 未達人心 而彊以仁義繩墨之言 術暴人之前者 是以人惡有其美也 命之曰 菑人³⁾ 菑人者 人必反菑之 若殆爲人菑夫 且苟爲悅賢而惡不肖 惡用而求有以異 若唯無詔 王公必將乘人而鬪其捷 而目將熒之 而色將平之 口將營之 容將形之 心且成之 是以火救火 以水救水 名之曰 益多 順始無窮 若殆以不信厚言 必死於暴人之前矣 且昔者 桀⁴⁾殺關龍逢 紂⁵⁾殺王子比干 是皆脩其身 以下傴拊人之民 以下拂其上者也 故其君 因其脩以擠之 是好名者也
 昔者 堯攻叢枝胥敖⁶⁾ 禹攻有扈⁷⁾ 國爲虛厲 身爲刑戮 其用兵不止 其求實無已 是皆求名實者也 而獨不聞之乎 名實者 聖人之所不能勝也 而況若乎 雖然 若必有以也 嘗以語我來 顔回曰 端而虛 勉而一 則可乎 曰 惡 惡可 夫以陽爲充孔揚 采色不定 常人之所不違 因案人之所感 以求容與其心 名之曰 日漸之德不成 而況大德乎 將執而不化 外合而內不訾 其庸詎可乎
 然則我內直而外曲 成而上比 內直者 與天爲徒 與天爲徒者 知天子之與己皆天之所子 而獨以己言蘄乎而人善之 蘄乎而人不善之邪 若然者 人謂之童子 是之謂與天爲徒 外曲者 與人之爲徒也 擎

跽曲拳[8] 人臣之禮也 人皆爲之 吾敢不爲邪 爲人之所爲者 人亦無疵焉 是之謂與人爲徒 成而上比者 與古爲徒 其言雖教諲[9]之實也 古之有也 非吾有也 若然者 雖直不爲病 是之謂與古爲徒 若是則可乎 仲尼曰 惡 惡可 大多政法而不諜 雖固亦無罪 雖然 止是耳矣 夫胡可以及化 猶師心者也 顏回曰 吾無以進矣 敢問其方 仲尼曰 齋 吾將語若 有而爲之 其易邪 易之者 皥天不宜 顏回曰 回之家貧 唯不飲酒 不茹葷[10]者 數月矣 若此 則可以爲齋乎 曰 是祭祀之齋 非心齋也 回曰 敢問心齋 仲尼曰 若一志 無聽之以耳 而聽之以心 無聽之以心 而聽之以氣 聽止於耳 心止於符 氣也者 虛而待物者也 唯道集虛 虛者 心齋也 顏回曰 回之未始得使 實自回也 得使之也 未始有回也 可謂虛乎 夫子曰 盡矣 吾語若 若能入遊其樊[11] 而無感其名 入則鳴 不入則止 無門無毒[12] 一宅而寓於不得已 則幾矣 絶迹易 無行地難 爲人使易以僞 爲天使難以僞 聞以有翼飛者矣 未聞以無翼飛者也 聞以有知知者矣 未聞以無知知者也 瞻彼闋者[13] 虛室生白 吉祥止止 夫且不止 是之謂坐馳[14] 夫徇耳目內通[15] 而外於心知 鬼神將來舍 而況人乎 是萬物之化也 禹舜之所紐也 伏戲几蘧[16]之所行終 而況散焉者乎

1) 顏回(안회) : 성은 안(顏), 이름은 회(回)이며, 자는 자연(子淵)으로 공자보다 30세 아래인 제자이다. 공자가 가장 아끼던 제자로 30세 젊은 나이에 요절했을 때 스승인 공자가 통곡했다.

2) 仲尼(중니) : 공자의 자(字). 성은 공(孔), 이름은 구(丘). 노나라 사람이며 춘추시대 말기(서기전 551~479)의 대학자로 유가(儒家)를 일으킨 성인이다.

3) 菑人(재인) : 다른 사람에게 해를 끼치는 사람. 재(菑)는 재(災) 또는 해(害)와 뜻이 같다.

4) 桀(걸) : 걸왕. 하(夏)나라 왕조의 마지막 임금으로 은(殷)나라 주왕과 함께 폭군의 대표적 인물이다. 은나라 탕(湯)왕에게 토벌당하였다.

5) 紂(주) : 주왕. 은왕조의 마지막 군주로 주(周)나라 무왕에게 멸망당하였다.

6) 叢枝胥敖(총지서오) : 총·지·서오. 다 같이 나라 이름이며 제물론 편에 이미 나왔었다.
7) 禹攻有扈(우공유호) : 우임금이 유호를 공격하다. 우(禹)는 우왕, 유호는 나라 이름으로 지금의 협서성 호현에 있었던 나라.
8) 擎跽曲拳(경기곡권) : 손을 높이 들고 무릎을 꿇고 몸을 굽혀 절하는 태도. 한편 경(擎)은 '집홀(執笏)' 기(跽)는 '장기(長跽)'로 씀.『성소(成疏)』에는 곡궁(曲躬)이라 했다.
9) 敎讁(교적) : 적(讁)은 적(謫)과 같은 것으로 '책망하다' '나무라다'의 뜻이므로 교적은 '가르쳐 책망하다'로 풀이 한다.
10) 不茹葷(불여훈) : 훈은 푸성귀인 부추, 파 같은 냄새나는 야채. 여(茹)는 '먹다'. 불여훈은 냄새나는 야채를 먹지 않는다는 뜻.
11) 入遊其樊(입유기번) : 번(樊)은 양생주편에 이미 나온 말로서 위나라 임금의 궁정을 칭한다. 보통 풀이로는 '새장'을 말하고 '구속됨이 많은 현실세계'를 비유한다.
12) 無門無毒(무문무독) : 독(毒)에 대하여는 여러 가지 설이 있으나 당(唐)나라 이정(二程)의 설에 따라 도(壔)의 뜻으로 풀이한다. 즉 도(壔)는 제방(堤防) 또는 성채(흙으로 쌓은 둑)로 자기의 마음을 여닫는 문과 높이 쌓은 성채를 없앤다는 뜻이다.
13) 瞻彼闋者(첨피결자) : 첨(瞻)은 『성소』에서 본다(觀照也)는 뜻으로 풀었고, 결(闋)은 『설문』에서 사이폐문야(事已閉門也)라 하여 '헛되다'란 뜻이다.
14) 坐馳(좌치) : 몸은 앉아 있어도 마음은 달린다.
15) 徇耳目內通(순이목내통) : 순(徇)은 '거느린다(率也)' 또는 '부린다(使也)'는 뜻.
16) 伏戱几蘧(복희궤거) : 복희, 궤거. 순임금이나 우임금보다 더 태고의 신화·전설에 나오는 제왕으로 삼황(三皇) 가운데 첫째의 문화신(文化神)을 복희라 하였고, 궤거는 그 이전의 제왕이라 한다.

안회가 중니를 뵙고 길 떠날 것을 청했다. 중니가 "어디로 가려 하느냐"고 말하니, "장차 위나라로 가려 합니다" 하였다. "무엇을 하려 하느냐" "회가 들으니 위나라의 임금은 젊은데 그 행동이 독선적이라 합니다. 경솔하게 그 나라를 운용하면서도 그 허물을 깨닫지 못합니다. 경솔하게 백성을 죽도록 부려 죽은 자가 못의 풀처럼 나라에 가득하다 합니다. 백성들은 그를 어찌하지도 못합니다. 회가 일찍이 들었는데 선생님께서 말씀하시기를 치국에서는 떠나고 난국에는 가라. 의사 집에는 환자가 많다고 하셨습니다. 들은 바로 생각하면 그 나라를 고칠 수 있겠지요?"

중니왈 "허허, 너는 가서 형벌만 받을 것이다. 무릇 도는 섞임을 원하지 않는다. 섞이면 많아지고, 많아지면 어지러워지고, 어지러워지면 근심되고, 근심되면 구할 수 없다. 옛날 지인은 먼저 지닌 후에 남에게 지니도록 했다. 자기의 것도 아직 정하여지지 않았는데 어찌 난폭한 자의 행함에 이를 수 있겠는가. 또한 덕의 허물어짐과 지식의 생겨남을 아느냐? 덕은 명성 때문에 허물어지고 지식은 다툼에서 생긴다. 명성은 서로 해치고 지식은 서로 다투는 기구다. 이 두 가지는 흉기로서 행동을 극진히 할 수 없다. 또 덕이 두텁고 믿음이 돈독해도 남의 기분에 통달하지 못하고는 명문을 다투지 않는다. 남의 마음에 통하지 못하고 인의 승묵의 말을 폭인의 앞에서 한다면 이로써 사람들이 오히려 그 미덕이 있음을 미워할 것이다. 이런 자를 재인이라 이른다. 재인에게는 반드시 재앙이 돌아온다. 너는 다른 사람으로 인해 재앙에 빠질 것이다. 또한 애당초 어짐을 좋아하고 불초를 싫어한다면, 어찌 등용하여 다른 것을 구하겠는가? 너는 아무런 말도 못하고 왕공은 반드시 너를 싸워서 이기려 할 것이다. 그러면 장차 눈은 어지러워지고, 낯빛은 평이해지고, 입은 변명할 것이고, 모습은 비굴해질 것이며, 마음은 또한 이루려 할 것이다. 이는 불로써 불을 끄고, 물로써 물을 막는 것이다. 이를 일러 '익다(益多)'라 한다. 처음에 순종하면 끝이 없다. 너는 아마도 신임을 받지 못하고 말을 많이 할 것이니 반드시 폭인 앞에서 죽게 되리라.

옛날에 걸은 관룡봉을 죽였고 주는 왕자 비간을 죽였다. 이들은 다 그 몸을 닦아 아랫사람으로서 민중을 어루만졌으나, 아랫

사람으로서 그 윗사람을 거역한 것이다. 그러므로 그 군왕은 그 닦음으로 인하여 그들을 제거한 것이다. 이는 명예를 좋아했기 때문이다. 옛날에 요는 총·지·서오를 쳤고, 우는 유호를 쳤다. 이 나라들은 폐허가 되었고 몸은 죽음을 당하였다. 이들은 용병을 그치지 않았고 그 실리 추구를 중지하지 않았기 때문이다. 이는 명예와 실리를 모두 구한 예이다. 너는 이것을 듣지 못했느냐? 명예와 실리는 성인도 능히 이기지 못하는데 하물며 너에게 있어서랴? 비록 그러하나 너에게 반드시 까닭이 있을 것이다. 시험 삼아 나에게 말해 보아라!"

안회왈 "단하고 허하며 근면하고 한결같으면 되겠습니까?" "아아, 어찌 가하리오. 그는 양기가 충만하여 나타나는 채색이 일정치 않으므로 보통 사람들은 그를 어기지 못한다. 따라서 사람들의 감정을 억누르고 자기 마음의 쾌락을 추구한다. 이를 일러 '일점의 덕도 이루지 못한다'라고 하는데 하물며 대덕에 있어서랴. 장차 집착하여 감화되지 않을 것이고, 겉으로 타협해도 속으로 헐뜯을 것이다. 그러니 어찌 가하다 하겠는가."

"그러면 저는 안으로는 곧고, 겉으로 굽히며 말을 하되 옛말에다 견주겠습니다. 안으로 곧은 자는 하늘과 더불어 무리가 됩니다. 하늘과 더불어 무리가 되는 자는 천자나 자기가 모두 하늘의 자식임을 알고 있습니다. 그러니 홀로 자기의 말을 남이 좋아하기를 바라겠습니까? 남이 좋아하지 않기를 바라겠습니까? 그와 같은 자를 사람들은 동자(童者)라 이릅니다. 이것을 하늘의 무리라고 부르는 것입니다. 겉으로 굽히는 사람은 사람과 더불어 무리가 됩니다. 두 손을 모으고 무릎을 꿇어 절을 함은 신하로서의 예입니다. 사람이 모두 그렇게 하는데 제가 감히 하지 않겠습니까? 사람이 하는 바를 하는 자를 사람들 또한 탓하지 않습니다. 이것을 사람의 무리라 일컫는 것입니다. 말을 하되 옛말에 견주는 자는 옛날의 무리가 됩니다. 그 말에 비록 가르치고 꾸짖는 뜻이 있어도 옛날에 있던 것이지 나에게 있지 않습니다. 그러한 자는 비록 곧더라도 해가 되지 않습니다. 이를 일컬어 옛사람과 무리가 되었다고 하는 것입니다. 이렇게 하면 곧 가하겠습니까?"
 중니왈 "아아, 어찌 가하리오. 정책과 법도가 너무 많고 커서 쉽지 않다. 비록 벌은 받지 않겠으나 또한 거기에서 그치고 만다. 어찌 교화에까지 미치겠느냐. 너는 오직 너의 마음에만 얽매여 있구나." 안회왈 "저는 이제 나아갈 수 없습니다. 감히 그 방법을 여쭙겠습니다." 중니왈 "재계하라. 내 장차 네게 말하겠다. 사심을 가지고 한다면 그것이 쉽겠는가? 쉽다는 자는 하늘이 마땅하게 여기지 않을 것이다." "저의 집은 가난하여 술을 마시지 않고, 자극적인 것을 먹지 않은 지가 여러 달 되었습니다. 이와 같으면 가히 재계라 할 수 있겠습니까?" "그것은 제사 때의 재계이지 마음의 재계는 아니니라." "감히 마음의 재계를 묻겠습니다." "너는 뜻을 하나로 하여라. 귀로써 듣지 말고 마음으로써 들어라. 마음으로써 듣지 말고 기(氣)로써 들어라. 귀는 듣는 것에 그치고, 마음은 부(符)에 그친다. 기(氣)는 허하여 모든 사물을 받아들인다. 오직 도는 허한 곳에 모인다. 허는 마음의 재계니라."
 안회왈 "회가 가르침을 얻지 못하였을 때는 실로 스스로 회였습니다. 가르침을 얻고 나니 처음의 회가 있지 않습니다. 가히 허(虛)라 할 수 있겠습니까?" 선생왈 "극진하다. 내 너에게 말하마. 네가 그 나라에 들어가 노닐 때 명예에 사로잡히지 말아라. 들어주면 말하고 들어주지 않으면 그만두어라. 문도 없고 담도 없이 한결같이 부득이 처하면 곧 가깝다 할 것이다. 자취를 끊기는 쉬우나 땅을 걷지 않기란 어렵다. 사람의 부림을 받을 때는 속이기 쉽지만, 하늘의 부림을 받을 때는 속이기 어렵다. 날개가 있어 난다는 것은 들었어도 날개없이 난다는 말은 듣지 못하였다. 지식이 있어 안다는 것은 들었어도 지식 없이 안다는 것은 듣지 못하였다. 저 빈 곳을 바라보아라. 텅 빈 방은 밝고 길상도 빈 곳에 머문다. 무릇 머물지 않는 것을 일컬어 좌치라 한다. 무릇 이목을 안으로 통하게 하고 심지를 밖으로 향하게 하면 귀신도 장차 찾아와 머물게 된다. 하물며 사람에 있어서랴? 이것이

제4편 인간세(人間世) 123

만물의 화이다. 우순이 맺은 바이며 복희와 궤거가 평생 행한 바이거늘 하물며 보통 사람에 있어서랴?"

2. 말은 풍파와 같아 움직이기 쉽고
행동은 이해득실이 있어 몸을 위태롭게 한다.

어느날 섭공(葉公) 자고(子高)가 초나라 사신의 신분으로 제나라를 가게 되었다. 자고가 사신으로 가기 전에 공자를 찾아 그의 의견을 물었다.
"우리 초나라 왕은 저에게 상당히 무거운 사명을 주셨습니다. 제나라에서는 이 사신을 대하는데 매우 정중하게 할 것이나 일을 처리하는 데에는 서두르지 않을 것 같습니다.
보통 사람이라도 한 사람을 움직이기는 쉽지 않습니다. 하물며 제후의 마음을 어떻게 쉽게 움직이겠습니까?
이 일을 생각하면 저는 매우 걱정스럽습니다.
선생님께서는 일찍이 저에게 말씀하시기를 '모든 일을 크거나 작거나 올바른 도에 따르지 않고서 원만하게 이루는 사람은 드물다. 만약에 일을 성사시키지 못하면 반드시 인간이 만들어 놓은 형벌을 받게 될 것이다. 일을 성사시킨다 해도 마음과 몸의 피로로 반드시 음·양의 기가 균형을 잃고, 하늘의 도에 의한 화를 입게 될 것이다.
성사가 되거나 안되거나 그 뒤에 아무런 화도 입지 않을 수 있는 사람은 오직 도를 터득한 덕이 있는 사람뿐이다.' 하셨습니다.
그래서 저는 거친 음식을 먹으며, 좋은 음식은 바라지도 않습니다. 또한 밥을 지어 놓아도 식혀가며 먹을 것조차 없는 형편입니다.
그런데 이제 제가 아침에 사신으로 가라는 명령을 받고 저녁에 얼음물을 마시게 된 것을 보면 아마 제 속이 더워진 것이 아닌가

합니다. 저는 일을 실천으로 옮기기도 전에 이미 기쁨과 두려움이 엇갈리는 고통을 받고 있습니다.

만약 일을 성사시키지 못하면 법에 따른 형벌을 면치 못할 것이니, 고통은 두 겹으로 쌓입니다. 신하된 사람으로 가장 감당하기 어려운 일을 맡았으니, 부디 선생님께서 자세하게 가르쳐 주시기 바랍니다."

이에 공자가 말했다.

"이 세상에는 깊이 신중하지 않으면 안될 두 가지가 있는데 그 하나는 필연(必然)이라는 하늘의 명이고, 또 하나는 당위(當爲)의 도인 의(義)입니다.

자식이 어버이를 사랑하는 것은 천명으로 이는 마음에서 조금도 떠날 수 없는 것이요, 신하가 임금을 섬김은 도의로서 임금은 어디에 가나 임금이 아닐 수 없습니다.

때문에 하늘과 땅 사이에 살아 있는 동안 우리들은 이 두 가지에서 벗어날 수 없으므로 크게 경계할 바라고 합니다.

그러므로 어버이를 섬기는 사람으로서 어려운 처지를 가리지 않고 편안하게 모시면 효도의 지극한 것이요, 임금을 섬김에 어려운 일을 가리지 않고 그를 모시면 충성의 지극한 것입니다.

이처럼 어버이와 임금을 섬기듯 스스로 자기 마음을 섬기는 사람은 슬픔과 기쁨에 흔들리지 않으며, 사람의 힘으로는 어찌 할 수 없음을 알아 마음 편하게 운명을 따릅니다. 이것이야말로 최상의 덕이 아니겠습니까?

본래 남의 신하된 사람이나 자식된 사람에게는 부득이한 바가 있는 법으로 일의 실정에 따라 행동하면서 그 자신은 잊어야 합니다. 어느 겨를에 삶을 즐기고 죽음을 두려워하겠습니까? 그러므로 귀공은 그대로 가는 것이 옳겠소.

그러나 좀 더 내가 들은 바를 거듭 말해 드리겠소.

무릇 나라와 나라가 서로 사귈 때, 두 나라가 서로 가깝게 자주 만나는 사이라면 반드시 믿음으로써 맺어질 것이며, 멀리 떨어져 있을 때는 서로 성의를 다하기 위하여 말로써 표해야 할 것입니다.

 말이란 반드시 사신을 통해 전해지는 것으로 그 말을 전달하는 데 있어 양쪽 임금이 다 기뻐하거나 다 노여워하는 것을 말로 전하기는 천하에 어려운 일입니다.

 왜냐하면 양쪽 임금이 다 기뻐한다면 거기에는 반드시 지나치게 좋은 말이 많을 것이요, 양쪽 임금이 다 노여워했다면 거기에는 반드시 지나치게 헐뜯는 말이 많았을 것입니다.

 이와 같이 모든 지나친 것은 거짓된 것들과 같은 것입니다. 지나치면 남의 신용을 얻지 못할 것이요, 신용이 없으면 결국 그 말을 전한 사람이 화를 입게 됩니다. 그러므로 옛말에 '있는 그대로를 전하고 지나친 말을 전하지 않는다면 몸을 보존할 수 있을 것이다.'라고 했습니다.

 또한 기교로써 승부를 겨루는 사람은 처음에는 즐거운 기분으로 시작하지만 끝내는 항상 서로 해치게 되는데, 그것은 너무 심하면 기교가 지나치게 많아지기 때문입니다.

 예의를 갖추어 술을 마시는 사람은 처음에는 점잖게 시작하지만 언제나 어지러움 속에 끝납니다. 그것은 너무 심하면 즐거움이 지나치게 많아지기 때문입니다.

 무릇 어떤 일이든지 다 그러하므로 처음에는 믿음으로써 시작하더라도 마지막에 가서는 항상 어지럽게 끝납니다. 시작할 때는 간단하였지만 일이 끝날 무렵에는 반드시 거창해지기 때문입니다.

 무릇 말이란 것은 풍파와 같은 것이며, 행동에는 이해득실이 따릅니다.

 풍파란 움직이기 쉬운 것이고, 득실이 있으면 몸을 위태롭게 하기 쉽습니다. 때문에 분노가 생기는 까닭은 따로 있는 것이 아니라 바로 교묘하고 약삭빠른 말 속에 있는 것입니다.

 이는 마치 짐승이 죽게 될 때에 아무렇게나 소리를 지르거나 숨결이 거칠어지는 것과 같아, 마침내는 그 마음에 악이 생겨 사람을 해치게 하는 것입니다. 군주도 그와 같아서 그 죄를 다스림에 도를 넘으면 반드시 남을 해치려는 마음을 갖게 되는데, 그렇게 되는 줄을 자기 스스로도 모릅니다.
 진실로 그렇게 되는 줄을 모른다면 대체 그 끝간 데를 누가 알겠습니까? 그러므로 옛말에 '임금의 명령을 받아든 그 뜻을 고치지 말며, 일을 억지로 이루려 하지 말라.'고 하였습니다. 이는 먼저도 말했듯이 도가 지나치면 일에 덧붙임이 되기 때문입니다.
 명령을 받고 그 뜻을 고치거나 일을 억지로 이루려 하는 것은 위험한 일입니다. 대개 좋은 일을 성사시키려면 오랜 시일을 두고 노력해야 하고, 한 번 저지른 나쁜 일은 뉘우쳐도 고칠 수 없는 것이니 어찌 신중하지 않을 수 있겠습니까?
 사물을 초월하여 마음을 노닐게 하고, 어쩔 수 없이 되어 가는 처지에 몸을 두고, 마음을 기르는 것이 지극한 것입니다.
 무엇 때문에 지나친 염려로써 거짓된 보고를 아뢰야 할 필요가 있겠습니까? 받은 바 왕명을 그대로 충분히 전하는 것이 가장 좋을 것입니다. 그러나 그것이 어려운 일입니다."
 ▨ 공자와 안회와의 문답 형식을 빌려 허(虛)의 처세라는 무심(無心)의 철학을 설파한 장자가, 이 장에서는 초나라의 원로인 섭공(葉公)을 공자 앞에 내세워 그 외교에 관한 문답으로 현실에 처한 초월자의 슬기를 밝혔다.
 여기에서 장자는 이 세상에서 가장 마음으로 경계해야 할 두 가지를 들고 있다. 그 하나는 명(命)으로서 인간이 그 존재와 함께 운명지워진 관계로 어버이와 자식 사이이며, 또 하나는 의(義)로서 인간이 그 사회적 생존에 있어 규범지워진 임금과 신하의 관계인 것이다.
 어버이와 자식 관계는 운명적이기 때문에 자식이 어버이를 사랑한다는 것은 마음에서 제거할 수 없는 자연적 심정이다. 군신 관계는 규범적인 것으로서 어떤 사회에서도 군주는 꼭 존재하며, 신하로서 군주를 섬기는 것은 세계 어느 곳을 가도 피할 수 없다고 설명하였다.
 인간이 이 세상에 살고 있는 한 혹은 신하로서, 혹은 자식으로서의 역할은 운명적인 자연이며 필연인 것이다. 그것이 운명적인 자연이며, 필연인 이상 사람은 주어진 현실에서 자기를 잊고 무심한 가운데 살아가지 않으면 안된다.

거기에는 삶을 사랑하고 죽음을 싫어하는 인간의 분별과 호악의 정이 끼어들 여지가 없다.

모든 필연을 오직 자기의 필연으로서 솔직하게 받아들여 커다란 운명에의 사랑으로 긍정하는 데에 참으로 해방된 자기와 편안한 삶이 있을 수 있다.

인간은 역사적 현실에서 구체적 존재로 아버지나 아들, 또는 군주나 신하의 그 어느 하나가 아닐 수 없다. 아버지도 아니며, 아들도 아닌 인간이 있겠는가. 군주도 아니며 신하도 아닌 인간이란 추상적 개념에 지나지 않는다.

인간이란 본래 인륜(人倫)으로 이루어졌다. 그래서 인간은 때에 따라서 이 인륜으로서의 자기에 반발하고 저항한다. 그러나 그 반발이나 저항에도 불구하고 인륜 그 자체는 인간이 사회적 존재인 이상, 그것을 부정할 수도, 그것에서 도피할 수도 없는 것이다. 그것을 부정하는 것은 인간을 부정하고 인간 사회를 부정하는 것이다.

어버이와 자식의 관계, 지배와 종속 관계는 인간의 의지와 선택을 초월한 필연적인 운명으로 보고 일체의 주어진 바를 자기의 현실로서 살아가는 장자적 절대자가 있다.

그가 이 부득이하며 어떻게 할 수도 없는 것에 철저하게 수순(隨順)하는 데에 인간의 자유와 해방이 있다는 것을 설득하는 것은 당연할 것이다.

장자의 초월과 비상(飛翔)은 이 부득이하며 어떻게 해볼 수도 없는 인간적 현실에의 침잠(沈潛)에서 시작되는 것이다.

그는 현실을 도피하고 혹은 방관하는 서재(책방)안의 철학자가 아니라, 운신할 수 없는 무겁게 짓누르는 현실의 저 밑바닥에서 힘차게 솟아오르는 삶의 실천자였다.

그는 권력이 검붉은 피를 뿜는 중국적 정치사회의 암울한 현실마저 인간에 있어 '부득이'한 것으로 긍정했다.

그것을 부정하여 인간이 없어지는 것보다는, 그것을 긍정하고 인간이기를 장자는 바랐다. 거기에는 인간에 대한 장자의 철저한 긍정이 있는 것이다.

이 철저한 인간 긍정에 있어, 장자는 무엇보다도 중국인으로서의 그를 나타내고 있다.

'사물을 초월하여 마음으로써 노닐게 하고, 부득이한 곳에 의지하여 마음을 기른다(乘物以遊心託不得已以養中)'는 것은 이 장의 문답형식을 끝맺는 것으로 인간세편 전체의 결론이라고도 할 수 있다.

공자와 안회를 등장시켜 허(虛) – 무심(無心) – 라는 것이 현실을 살아가는 절대자의 지혜라고 설명한 장자는 여기서 운명적 필연에의 수순(隨順)을 강조하였다.

장자는 인간의 가장 큰 슬픔과 두려움을 그 미래에의 번민 속에서 포착했다. 여기에서 인간의 모든 비참과 자기 상실이 시작된다고 생각하였다. 때문에 그는 현재를 현재로서 받아들이는 철저한 삶을 가르치고 있다.

인간에게 만일 절대적인 자유가 있었다면 그것은 일체의 필연을 자기의 필연으로서 받아들이는 자유인 것이다.

모든 필연을, 그것이 오욕(汚辱)이거나 혹은 죽음이거나 상관없이, 자기의 필연으로서 늠늠하게 받아들일 때 참답고 건강하며, 편안한 인간의 삶을 누릴 수 있다는 것을 장자는 가르쳤다.

장자가 말하는 무심(無心)이란 이러한 일체 긍정(肯定)의 정신이며, 일체를 긍정하는 곳에 그 무엇에도 구애(拘碍)받지 않는 진정한 자기가 존재하는 것이다.

장자는 이 무엇에도 구애받지 않는 참다운 자기 자신을 문제삼고 있는 것이다. 그것은 곧 '승물이유심 탁부득이이양중(乘物以遊心託不得已以養中)'이라 하는 인간이라고 설명하였으며 장자적 초월자가 바로 이것이다.

葉公子高[1] 將使於齊[2] 問於仲尼曰 王使諸梁也甚重 齊之待使者

제4편 인간세(人間世) 129

蓋將甚敬而不急 匹夫猶未可動也 而况諸侯乎 吾甚慄之 子嘗語諸
梁也 曰 凡事若小若大 寡不道以懽成 事若不成 則必有人道之患
事若成 則必有陰陽之患 若成若不成而後無患者 唯有德者能之 吾
食也 執粗而不臧 爨無欲淸之人 今吾朝受命而夕飮冰 我其內熱與
吾未至乎事之情 而旣有陰陽之患矣 事若不成 必有人道之患 是兩
也 爲人臣者不足以任之 子其有以語我來 仲尼曰 天下有大戒二
其一 命也 其一 義也 子之愛親 命也 不可解於心 臣之事君 義也
無適而非君也 無所逃於天地之間 是之謂大戒 是以夫事其親者 不
擇地而安之 孝之至也 夫事其君者 不擇事而安之 忠之盛也 自事
其心者 哀樂不易施乎前 知其不可奈何 而安之若命 德之至也 爲
人臣子者 固有所不得已 行事之情而忘其身 何暇至於悅生而惡死
夫子其行可矣 丘請復以所聞 凡交[3] 近則必相靡以信 遠則必忠之
以言 言必或傳之 夫傳兩喜兩怒之言 天下之難者也 夫兩喜必多溢
美之言 兩怒必多溢惡之言 凡溢之類妄 妄則其信之也莫 莫則傳言
者殃 故法言曰 傳其常情 無傳其溢言 則幾乎全 且以巧鬪力者 始
乎陽 常卒乎陰 泰至則多奇巧 以禮飮酒者 始乎治 常卒乎亂 泰至
則多奇樂 凡事亦然 始乎諒 常卒乎鄙 其作始也簡 其將畢也必巨
言者 風波也 行者 實喪也 夫風波易以動 實喪易以危 故忿設無由
巧言偏辭 獸死不擇音 氣息茀然 於是竝生心厲 剋核太至 則必有
不肖之心應之 而不知其然也 苟爲不知其然也 孰知其所終 故法言
[4]曰 無遷令 無勸成 過度益也 遷令勸成殆事 美成在久 惡成不及
改 可不愼與 且夫乘物以遊心 託不得已以養中 至矣 何作爲報也
莫若爲致命 此其難者

1) 葉公子高(섭공자고) : 성은 심(沈)씨, 이름은 제량(諸梁), 자는 자고(子高)이다. 춘추시대 말기 초나라 왕족의 한 사람으로서 섭현(葉縣)이라는 고을을 다스리는 영주로 섭공이라 불렀다. 『춘추좌씨전』이나 『논어』에도 등장한다.
2) 齊(제) : 지금의 산동성 지방으로 춘추전국시대의 큰 나라.
3) 凡交(범교) : 나라 사이의 사귐. 국교를 뜻함.
4) 法言(법언) : 『상소』에 의하면 선성지격언(先聖之格言)이라 하여 옛

날 성현의 말씀이라 하였고, 임희일은 고유차서야(古有此書也)라 하였다.

섭공 자고(子高)가 장차 제나라 사신으로 가게 되어 중니에게 와 물었다. "왕이 저에게 시키는 일이 매우 중대합니다. 제나라는 사신을 대하는 데는 매우 정중하지만 서둘지는 않습니다. 필부도 가히 움직일 수 없거늘 하물며 제후에 있어서이겠습니까. 저는 이것이 몹시 두렵습니다. 선생님이 일찍이 저에게 말씀하시기를 '무릇 일이란 작건 크건 성사됨을 기뻐하지 않는 자가 적다. 만약 일이 이루어지지 않으면 반드시 인도의 근심이 있고 일이 이루어지면 반드시 음양(기쁨과 두려움)의 근심이 있다. 이루어지거나 이루어지지 않거나 간에 뒤에 근심이 없는 것은 오직 덕 있는 사람만이 능히 할 수 있다'고 하셨습니다. 저는 먹는 것이 검소하여 호화롭지 않아 밥을 지어도 식혀가며 먹을 것조차 없을 정도입니다. 지금 제가 아침에 명을 받고 저녁에는 얼음물을 마시는 것은 속에서 열이 나기 때문입니다. 저는 아직 일에 이르기도 전에 이미 음양의 근심을 가졌습니다. 만일 일이 이루어지지 않으면 반드시 인도의 근심도 갖게 될테니 이로써 두 가지를 가진 셈입니다. 남의 신하된 자로서 감당할 수 없는 일입니다. 선생께서 제게 좋은 말씀을 하여 주십시오."

중니가 말하기를 "천하에 크게 경계할 일이 두 가지 있는데 그 하나는 명이요, 다른 하나는 의입니다. 자식이 어버이를 사랑함은 명이니 마음에서 풀어놓을 수 없는 것입니다. 신하가 임금을 섬김은 의이니 어디를 가나 임금 아님이 없습니다. 이는 천지지간에 벗어날 곳이 없습니다. 이것을 일컬어 대계라 합니다. 이로써 무릇 그 어버이를 섬기는 자는 지위를 가림이 없이 편안히 모시는 것이 효의 지극함입니다. 무릇 그 임금을 섬기는 자는 일의 가림 없이 편안히 모시는 것이 충의 위대함입니다. 스스로 그 마음을 섬기는 사람은 슬픔과 즐거움이 그 앞에 쉬이 드러나지 않고, 그 어쩔 수 없음을 알고 이에 안주하여 명에 따르니 덕의 지극함입니다. 남의 신하된 자나 자식된 자는 본래 부득이한 바가 있어 일의 정에 따라 행하고 그 자신은 잊어야 합니다. 무슨 틈이 있어서 삶을 기뻐하고, 죽음을 싫어하는 데 이르겠습니까? 선생은 가도 좋을 것입니다.

　구가 들은 바를 다시 말하지요. 무릇 국교란 가까우면 반드시 서로 믿음으로 접촉하고 멀면 반드시 충실함을 말로써 합니다. 말은 반드시 이것을 전해야 합니다. 무릇 양희나 양노할 말을 전한다는 것은 천하의 어려운 일입니다. 무릇 양희하면 반드시 칭찬하는 말이 넘칠 것이요, 양노에는 반드시 헐뜯는 말이 많을 것입니다. 무릇 지나침은 망이니 망언을 하면 믿음이 없을 것입니다. 믿음이 없으면 곧 말을 전하는 사람에게 재앙이 있게 됩니다. 그러므로 법언에 가로되 '그 상정을 전하고, 그 일언을 전하지 않으면 곧 온전에 가깝다'고 합니다. 또한 기교로써 힘을 겨루는 자는 정당하게 시작하여 늘 음모로 끝나니 지나침에 이르면 기교가 많아집니다. 예로써 술을 마시는 자는 치로 시작하여 늘 어지럽게 끝납니다. 지나침에 이르면 곧 기이한 즐거움이 많습니다. 모든 일이 다 그러합니다. 당당하게 시작하여 늘 비루하게 끝납니다. 그 처음은 간단하지만 그 끝은 거창해집니다.

　말이란 풍파요, 행동이란 실(實)을 잃은 것입니다. 풍파란 움직이기 쉽고 실을 잃으면 위태로워지기 쉽습니다. 그러므로 분노는 교묘하고 치우친 말에 말미암은 것입니다. 짐승이 죽을 때는 소리를 가리지 않고 숨이 거칠어져 마음이 사나워집니다. 사람도 해하는 것이 심하면 반드시 나쁜 마음으로 이에 응하니 왜 그런지 알지 못합니다. 진실로 왜 그런지 알지 못하면 어찌 마치는 바를 알겠습니까? 그러므로 법언에 가로되 '명령을 고치지 말고 성공을 서두르지 말라'고 하였습니다. 도가 지나치면 더하는 것이 되니 명령을 고치거나 성공을 서두르면 위태롭습니다. 미(美)는 오래 걸려 이루어지고, 이루어지면 고치지 못하니 가히 삼가지 않을 수 있으리오. 사물에 맡겨 마음을 편히 하고 부득이한 것에 의탁하여 마음을 닦으면 그만입니다. 어찌 일을 꾸며보고 하겠습니까? 명을 충실히 좋음만 같지 못합니다. 그러나 이것이 어려운 일입니다."

3. 그 굶주리고 배부른 때를 알고
그 마음의 성냄에 통달하여라.

    노(魯)나라의 안합(顔闔)은 위(衛)나라 영공의 태자의 스승이 되어 위나라로 가게 되었다. 그는 현인(賢人)으로서 이름이 높은 거백옥(蘧伯玉)을 찾아가 가르침을 청하였다.
    "여기 어떤 사람이 있는데 그는 태어나면서부터 덕이 없는 사람입니다. 그와 더불어 사귀는 데 있어 극악무도한 대로 맡겨 두면 나라를 위태롭게 할 것이고, 그와 더불어 올바른 일을 하려고 하면 내 몸이 위태롭게 될 것입니다. 그런데 그의 지혜는 용렬하게도 남의 잘못은 잘 알지만 제 잘못은 알지 못합니다. 이런 사람에 대하여 저는 어떻게 하면 좋겠습니까?"
    거백옥은 이에 대답하였다.
    "참 좋은 질문을 해 주셨습니다. 우선 신중에 신중을 다하여 그를 경계하고 조심해서 당신의 몸가짐을 올바르게 가져야 할 것입니다. 겉으로는 그를 따르도록 하고, 마음속으로도 온화하게 그를 대하도록 해야 할 것입니다.
    그러면서도 두 가지 조심해야 할 것이 있습니다. 그를 따른다 해도 그 잘못에는 나를 던져 휩쓸리지 말며, 온화하게 대하여도 그것이 겉으로 드러나서는 안될 것입니다.
    친근하게 따르다가 그에게 이끌려 갈 것같으면 파멸을 맞고 실패를 당하게 될 것이요, 온화함을 드러내면 나쁜 평판이 생기고 그러다가 급기야는 재난을 맞게 될 것이기 때문입니다.
    상대방이 어린아이같다면 그를 따라 어린아이가 되고, 그가 방종하면 따라서 방종하면서, 되도록이면 그를 허물이 없는 곳까지

제4편 인간세(人間世) 133

이끌고 나가야 될 것입니다.
　그대는 사마귀를 아시지요? 사마귀는 자기의 집게를 벌리고 서서 수레바퀴에 맞서되, 제 힘으로는 감당할 수 없다는 사실을 모릅니다. 그렇게 하는 것이 제 재능을 자랑한다고 믿고 있기 때문입니다.
　이런 것으로 미루어 보아도 경계하고 삼가해야 합니다. 자신의 훌륭함을 크게 뽐내면서 상대방의 권위를 범한다면 자신이 위태로워집니다.
　그리고 또 그대는 호랑이 키우는 사람을 아실테지요? 그가 호랑이에게 산 동물을 먹이로 주지 않는 이유는, 호랑이가 그것을 죽이는 사이에 호랑이의 난폭한 버릇이 매우 사나워질까 경계함이요, 고기를 통째로 주지 않는 것은 호랑이의 잡아 찢는 버릇이 다시 사나워질까봐 경계함입니다.
　그는 호랑이의 굶주렸을 때와 배부를 때를 잘 맞추어서 그 사나움을 구슬리기만 하면, 비록 사나운 호랑이일지라도 자기를 기르는 사람을 따르는 법입니다. 그러므로 호랑이가 자기를 기르는 사람을 죽임은 그가 호랑이의 본성을 거슬렸기 때문입니다.
　무릇 말을 사랑하며 기르는 사람은 바구니로 똥을 받아내고, 동이로 오줌을 받아내기까지 합니다. 그러나 어쩌다 모기나 등에가 말 등에 앉아 있어 그것을 잡으려고 갑자기 내리치면, 말은 놀라서 재갈을 물어뜯고, 목이며 가슴을 차서 다치게 됩니다.
　이렇게 되면 말을 사랑하는 마음은 지극했지만 도리어 그 반대가 되는 결과를 빚은 경우라 할 수 있습니다. 그러니 어찌 삼가지 않을 수 있겠습니까?"
　▨ 인간세편의 셋째 이야기인 이 장은 노(魯)나라의 현인 안합(顏闔)과 위(衛)나라 현대부(賢大夫)인 거백옥(蘧伯玉)의 태자 교육에 관한 문답이다.
　안합이 교육을 시키고자 하는 위나라 영공의 태자는 괴외(蒯聵)란 이름을 가진 난폭자로서 그는 '기덕천살(其德天殺)'이라고 할 정도의 구제 불능한 태자였다.

이러한 난폭자의 스승이 될 안합에게 거백옥은 몇가지 설화를 들어 그를 이끌도록 하였다.

장자는 이 설화를 빌려서 그의 무심(無心)과 수순(隨順)의 철학을 이야기하고 있지만 단지 여기에서 우리들이 주목해야 할 일은, 그의 무심과 수순의 참뜻, 그리고 그의 무위자연 사상의 하나인 근본적인 성격이 여기서 더욱 극명하게 나타나고 있다는 것이다.

장자에서의 무심이나 수순이란 것은, 단순히 무기력한 굴종이나 비겁한 타협이 아니라 자기 자신을 무(無)로 돌리는 곳에 참다운 자신을, 대상(對象)에의 철저한 수순 속에서 위대한 실천을 노리는 적극적인 삶에의 태도인 것이었다.

이른바 '함이 없이 되지 않는 것이 없는(無爲而無不爲)' 자기해방과 일체 수순이 장자의 궁극적인 경지였다.

단순한 타협과 단순한 굴종에서는 일체를 '함이 없이 되지 않는 것이 없는' 절대자의 자유무애(自由無碍)한 작용은 생겨나지 않는다.

장자의 '무위(無爲)'는 '무불위(無不爲)'를 전제한 무위이며, 그의 수순(隨順)은 위대한 긍정을 전제로 한 자기 부정(否定)에 지나지 않는다.

장자는 이러한 수순의 철학의 진의를, 여기 이 장에서 굶주린 호랑이를 조련시키는 사육사에 비유하여 설명했다.

장자는 호랑이를 조련하는 그 자체를 문제삼고 있는 것이지, 결코 호랑이를 죽인다거나 또는 호랑이를 피하여 도망하는 것을 말하고 있지 않다. 그는 호랑이를 호랑이로서 그 흉폭성도 함께 긍정하여 그 등에 올라 타고 노닐 수 있다고 말했다.

여기에 장자 철학의 대담성과 늠늠함이 있음과 함께 노장사상 전반에 통하는 강렬한 주체성과 추측할 수 없는 노회함이 있다.

또한 우리가 여기에서 주목하지 않을 수 없는 것은 권력자의 자의를 굶주린 호랑이의 광폭함에 비유하고, 그 조련술을 가르치는 장자의 서술이, 저 유명한 비유인 『한비자(韓非子)』의 설난편

(說難篇)의 글을 쉽게 생각하게 한다.
 한비자는 장자보다 약 반 세기 뒤의 전국 말기 진(秦)나라 초에 활동한 법가사상(法家思想)의 대성자이며, 철저한 현실주의의 사상가였다.
 이 한비자의 인간이해와 권력자 설득의 지혜가 장자의 '현실의 지혜'와 통하는 것이 많다는 점은 일응 주목하지 않을 수 없다.
 일반적으로 노장사상은 사상으로서의 성립이나 본질은 잠시 덮어 놓고라도 그 후차적인 전개에 있어서는 법가(法家)의 사상과 밀접한 관계를 가진다. 또한 한대(漢代) 이후의 중국사상사가 시사하는 바와 같이 우리는 그 이유의 하나를 장자와 한비자에게서 공통되는 인간과 인간사회의 날카롭고 풍부한 파악에서 찾아볼 수 있다고 생각한다.
 장자나 한비자는 다같이 전국 말기의 동란과 혼미 속의 중국사회에서 태어나고 자랐다.
 그들은 그 역사적 현실의 암담하고 험난한 속의 인간을 응시하고, 인간 사회를 이해하였다. 장자는 그것을 안으로 초월하려 하였고, 한비자는 그것을 밖으로 통제하려 했지만 그들이 파악한 현실은 하나같이 중국 사회의 현실이었다.
 장자는 정신의 절대자를 설파했으며, 한비자는 권력의 절대자를 설파하였지만, 그들이 그리는 절대자는 다같이 중국 사회의 현실에 처한 절대자였다.
 그래서 절대자의 철학이 권력국가의 이념에 부합하고 왜곡된다는 사상의 운명은 니체의 철학과 나치즘의 관계를 상기한다면 짐작할 수 있을 것이다.
 노장사상 또한 진·한(秦漢)에 있어서 통일국가의 성립과 함께 서서히 변모했다. 적어도 서서히 변모하는 가능성을 안으로 내포했다.
 그래서 우리는 그 변모의 이유 혹은 근거의 하나를 초월의 철학으로서의 장자사상의 현실성에 놓고 생각하여 보고자 하는 것이다.

顔闔[1]將傅衛靈公[2]太子 而問於蘧伯玉[3]曰 有人於此 其德天殺 與之爲無方[4] 則危吾國 與之爲有方 則危吾身 其知適足以知人之過 而不知其所以過 若然者 吾奈之何 蘧伯玉曰 善哉 問乎 戒之愼之 正女身哉 形莫若就 心莫若和 雖然 之二者有患 就不欲入 和不欲出 形就而入 且爲顚爲滅 爲崩爲蹶 心和而出 且爲聲爲名 爲妖爲孽 彼且爲嬰兒 亦與之爲嬰兒 彼且爲無町畦 亦與之爲無町畦 彼且爲無崖 亦與之爲無崖 達之入於無疵 汝不知夫螳蜋乎 怒其臂以當車轍 不知其不勝任也 是其才之美者也 戒之愼之 積伐而美者以犯之 幾矣 汝不知夫養虎者乎 不敢以生物與之 爲其殺之之怒也 不敢以全物與之 爲其決之之怒也 時其飢飽 達其怒心 虎之與人異類 而媚養己者 順也 故其殺者 逆也 夫愛馬者 以筐盛矢[5] 以蜄盛溺 適有蚊虻僕緣 而拊之不時 則缺銜毀首碎胸 意有所至 而愛有所亡 可不愼邪

1) 顔闔(안합) : 노(魯)나라의 현인이며 은자로 공자와는 같은 시대의 인물로 전함.
2) 衛靈公(위령공) : 위나라의 영공. 서기전 534~493년 재위. 태자(太子)는 대자(大子)로 된 원전도 있고 사기에는 괴외(蒯聵)라 하였다.
3) 蘧伯玉(거백옥) : 위나라의 현대부(賢大夫), 성은 거(蘧), 이름은 원(瑗), 자가 백옥(伯玉)이다. 『논어』에도 위령공편에서 공자가 그를 '군자(君子哉)'라 하였다.
4) 無方(무방) : 도가 없다. 방(方)은 '도(道)'를 말한다.
5) 盛矢(성시) : 똥을 담다. 시(矢)는 똥(糞).

안합이 장차 위령공 태자의 스승이 되려 할 때 거백옥에게 물어 가로되 "여기에 사람이 있는데 그 덕이 천살이오. 더불어 무방하면 곧 우리 나라가 위태롭고 더불어 유방하면 곧 제 몸이 위태롭습니다. 그 지혜는 남의 허물을 족히 알고 자기 허물은 알지 못합니다. 이러한 자를 내 어찌하면 좋겠소."

거백옥이 왈 "좋은 질문이오. 경계하고 삼가하여 그대의 몸을 바로 하라. 행동은 순종하는 것같이 하고, 마음은 온화하게 하

라. 비록 그러하나 두 가지 조심할 점이 있소. 순종하면서 끌려
들지 말고 온화함을 드러내지 않아야 하오. 행동을 순종하다 끌
려 들면 엎어져 망하고 무너지고 미끄러집니다. 마음의 온화함이
드러나면 소리가 되고, 명예가 되고, 요귀가 되고, 허물이 되오.
그가 어린아이가 되면 또한 더불어 어린아이가 되고 그가 버릇없
이 하면 또한 더불어 버릇없이 하시오. 그가 방종한 짓을 하면
또한 더불어 방종한 짓을 하시오. 이에 통달하여 허물이 없게 하
시오.

 그대는 저 사마귀를 알지 못합니까? 그의 집게를 휘둘러 써 수
레바퀴에 맞서는데 그것을 감당할 수 없음을 알지 못하고 그 재
주를 자랑하기 때문입니다. 이것을 경계하고 삼가하시오. 그대의
빼어남을 자랑하여 범하면 위태로워집니다. 그대는 저 호랑이 조
련사를 알지 못합니까? 감히 생물을 주지 않음은 그것을 죽이려
고 성내기 때문이며 감히 온전한 것을 주지 않음은 그것을 찢으
려고 성내기 때문입니다. 그 배부르고 배고픈 때와 그 성난 마음
에 통달하면 호랑이가 사람과 유를 달리해도 자기를 기르는 자에
게 잘 보이려 하는 것은 그 본성을 따르기 때문입니다. 그러므로
그를 죽이는 것은 거스리기 때문입니다. 대저 말을 사랑하는 사
람은 광주리에 말똥을 담고 큰 조개에 오줌을 받기도 하는데 마
침 모기나 등에가 붙었다고 불시에 때리면, 곧 재갈을 끊고, 머
리를 깨며, 가슴을 떠받습니다. 뜻이 지극한 바 있어도 사랑을
잃는 수가 있으니 어찌 삼가지 않을 수 있겠습니까.″

4. 쓸모없기를 바라던 것이
   나에게 큰 쓸모가 있었다.

 이름을 석(石)이라 하는 장인(匠人)인 목수가 제나라로 가다가
곡원(曲轅)이라는 곳에 이르렀을 때, 그곳의 토신묘(土神廟) 옆

에 서 있는 커다란 참나무를 보았다.

그 크기란 수 천 마리의 소의 무리를 나무 그늘로 뒤덮을 만하였고, 그 둘레는 백 아름이나 되었으며, 그 높이는 산을 내려다 볼 수 있을 정도이고, 열 길이나 되는 높은 곳에 가지가 뻗어 있었는데 그것도 배를 만들 수 있을 만큼 큰 가지들이 몇 십 개나 뻗어 있었다.

때마침 나무 둘레에는 구경꾼들이 모여들어 저자거리처럼 북적거렸지만 석은 거들떠보지도 않고 그대로 지나쳐 버렸다.

함께 가던 제자가 그것을 실컷 구경하고 난 뒤에 석을 뒤쫓아와 물었다.

"제가 오래 전부터 도끼를 메고 선생님의 제자로 따라 다닌 이래로, 아직 이처럼 좋은 재목을 본 적이 없었습니다. 그런데 선생님은 거들떠보지도 않고 그대로 지나쳐 버리셨으니 어찌된 일입니까?"

이에 대하여 석은 대답하였다.

"그만두어라. 그런 소리 말아라. 그 나무는 아무짝에도 쓸모없는 것이다. 그것으로 배를 만들면 가라앉을 것이요, 널을 짜면 쉽게 썩어 버리고, 그릇을 만들면 이내 깨질 것이요, 문이나 창을 만들면 진이 흐를 것이며, 기둥을 만들면 좀이 생길 것이다. 그러니 어디에도 쓸 수 없는 나무이다. 그렇기 때문에 그같이 수명이 긴 것이다."

장석은 이렇게 대답하고 집으로 돌아왔다. 그런데 그날밤 장석의 꿈에 토신묘의 그 참나무가 나타나서 말하였다.

"그대는 나를 어디에다 견주려는 것인가? 나를 훌륭한 재목에 견주려는가?

그러나 보아라. 대체 저 아가위나 배, 귤, 유자 따위의 열매가 열리는 나무는 훌륭한 나무일지는 모르겠으나 그 열매가 익기만 하면 곧 욕을 당하고 만다. 큰 가지는 꺾이고 작은 가지는 부러진다.

그것들은 자신의 유용함 때문에 제 삶이 괴로워지는 것이어서

제4편 인간세(人間世) 139

타고난 목숨을 끝까지 누리지 못하고 중도에서 그만 요절하고 마는 것이다.
  즉 스스로 세속의 해침을 당하게 되는 것이지. 이런 일은 굳이 나무에만 국한되는 것이 아니라 어떤 물건이라도 이와 다를 바가 없다. 나는 쓸모없기를 바라 온 지 오래되었다.
  그동안 몇번이나 죽을 고비를 넘기고 이제서야 겨우 목적을 이루어 나의 쓸모없음(無用)을 큰 쓸모(大用)로 만들게 되었다.
  만일 나에게 쓸모가 있었더라면 어찌 이처럼 자랐겠는가? 그리고 그대도 나와 마찬가지로 다 하찮은 사물일진대 어찌 나만을 하찮은 물건으로 보는가? 그대도 거의 죽은 거나 다름없는 쓸모없는 인간인데, 어찌 쓸모없는 나무를 알아볼 수 있겠는가?"
  장석이 깨어나 그 꿈 이야기를 하자 제자가 물었다.
  "그 나무가 쓸모없기를 바란다면서도 사당(土神廟)의 나무가 되어 제 구실을 하고 있음은 무슨 까닭일까요?"
  "입을 다물고 아무말도 말아라. 그는 일부러 사당에 몸을 맡겨 의탁하고 자기를 알지 못하는 사람들로 하여금 자기를 헐뜯게 하는 것에 불과할 뿐이다.
  그것이 사당의 나무가 되지 않았다면 아무에게나 땔나무감으로 베이지 않았을 수 있었겠느냐? 그리고 저 나무의 속 깊이 품고 있는 생각은 뭇사람들과는 다른 가치관을 가지고 있거늘 그대는 보통 사람의 가치관으로 그를 헤아리려 하니 엄청난 잘못이 아니겠느냐?"
  ▨ 이 인간세편의 처음에 공자와 안회, 공자와 섭공자고, 거백옥과 안합과의 세 가지 문답을 빌려서, 무심(無心)과 수순(隨順)의 처세를 설명한 장자는 이 장에서 다시 장석(匠石)과 그 제자를 시켜 문답케 하므로써 '무용의 용(無用之用)'의 처세를 강조하고 있다.
  이 '무용의 용'에 대하여는 이미 소요유편의 끝 장에서 장자와 혜자 사이의 문답에서 살펴 보았다. 여기서는 그것이 장자적 초월자의 처세의 지혜로서는 더욱 구체적이며, 현실적인 이야기로 나타났다.
 위에서 본 바와 같이 장인(匠人)인 목수와 그 제자 사이의 이야기는 물론, 목수의 꿈에 나타난 참나무귀신의 말은 너무나 현실적이며 구체적이다.
 여기에서 우리가 다시 살펴야 할 것은 장자에 있어서의 '산(散)'의 사상 — 무용의 용의 처세 — 의 뿌리를 지탱하는 것은 무엇일까? 그것은 두말할 나위도 없이 세속적인 실리주의(實利主義), 공리주의(功利主義)에 대한 장자의 통렬한 반격이다.
 장자는 이미 말한 바와 같이, 당시의 지식인이 가진 위선(僞善)과 형식주의를 철저하게 배격했다. 뿐만 아니라 당시 중국 사회에 만연한 실리주의·공리주의에 대하여도 가차없는 비판을 퍼부었다.
 그는 세속 인간들이 모든 사회의 가치관의 근거로 삼았던 세속적 유용성(世俗的有用性)의 '자유스러운 삶'에 있어서의 무용성(無用性)을 강조하면서, 참다운 유용성이 오히려 세속적인 무용성 안에만 내포되어 있다고 밝히고 있다.
 우리는 거기에서 장자의 격렬한 반속정신(反俗精神)을 엿볼 수 있는 것이다. 중우(衆愚)와 더불어 같이하지 않는 그의 고고(孤高)와 자긍(自矜)을 다시 볼 수 있는 것이다.
 그러나 그는 그 고고와 자긍과 반속(反俗)의 고결(高潔)함에서 지금 다시 세속과 중우 속으로 내려와 함께 섰을 때, 그의 일체 긍정과 무사(無私)의 수순이 거기에서 시작되는 것이다.
 그러나 우리가 여기에서 놓쳐서는 안될 일은 그의 일체 긍정과 무사의 수순의 뿌리에서 일어나는 장자의 강렬한 자아(自我), 격렬한 부정(否定)의 정신이다.
 '무용의 용(無用之用)'이란, 초월자가 세속을 살아가는 처세의 지혜임과 동시에 장자의 세속적인 것에의 반역(反逆)을 뜻하는 말이기도 하다.
 그래서 장자의 이 반역과 부정정신을 이해하지 않고는 그의 사상을 충분히 파악하기란 퍽 어렵다고 생각된다.

제4편 인간세(人間世)

匠石¹⁾之齊 至乎曲轅²⁾ 見櫟社³⁾樹 其大蔽數千牛 絜之百圍 其高臨山 千仞⁴⁾而後有枝 其可以爲舟者 旁十數 觀者如市 匠伯⁵⁾不顧 遂行不輟 弟子厭觀之 走及匠石曰 自吾執斧斤以隨夫子 未嘗見材如此其美也 先生不肯視 行不輟 何邪 曰 已矣 勿言之矣 散木⁶⁾也 以爲舟則沈 以爲棺槨則速腐 以爲器則速毁 以爲門戶則液樠 以爲柱則蠹 是不材之木也 無所可用 故能若是之壽 匠石歸 櫟社見夢曰 汝將惡乎比予哉 若將比予於文木邪 夫柤梨橘柚果蓏之屬 實熟則剝 剝則辱 大枝折 小枝泄 此以其能苦其生者也 故不終其天年而中道夭 自掊擊於世俗者也 物莫不若是 且予求無所可用 久矣 幾死 乃今得之 爲予大用 使予也而有用 且得有此大也邪 且也 若與予也皆物也 奈何哉 其相物也 而幾死之散人⁷⁾ 又惡知散木 匠石覺而診其夢 弟子曰 趣取無用 則爲社何邪 曰 密 若無言⁸⁾ 彼亦直寄焉 以爲不知己者詬厲也 不爲社者 且幾有翦乎 且也 彼其所保與衆異 而以義譽之 不亦遠乎

1) 匠石(장석) : 장(匠)은 기술자를 일컫는 장인(匠人)의 뜻으로, 여기서는 목수(木手)이며, 석(石)은 그의 이름이다.
2) 曲轅(곡원) : 원(轅)을 원(園)으로 쓰는 원전도 있다. 곡원을 굽은 길(曲道)로도 말하지만 여기서는 땅 이름으로 본다.
3) 櫟社(역사) : 역(櫟)은 상수리나무, 즉 참나무. 사(社)는 토신(土神)을 모시는 사당(廟堂).
4) 千仞(천인) : 천은 저본에 십(十)으로 쓰여 있으나 『석문』의 최본에 의하여 천(千)으로 고쳐졌다. 인(仞)은 주나라 시대의 척도(尺度)로 일곱 자 또는 여덟 자였다.
5) 匠伯(장백) : 목수의 우두머리. 한편 다른 문헌에는 백(伯)은 장석의 자(字)라고도 함.
6) 散木(산목) : 산(散)은 한가롭고 일이 없다는 뜻도 되므로 산목은 쓸모없는 나무. 『성소』에는 '소산지수종어천년 역시부재지목(疏散之樹終於天年 亦是不材之木…)' 이라 하였다.
7) 散人(산인) : 산목과 같은 뜻으로 풀어 '쓸모없는 사람' 이다.
8) 密若無言(밀약무언) : 그만두어라, 말하지 말아라. 밀(密)은 묵(默)

과 통한다.

장석이 제나라로 가다가 곡원에 이르러 역사의 나무를 보았다. 그 크기는 수천의 소를 덮을 정도이고, 둘레는 백 아름이나 되었으며 그 높이는 산을 내려다 볼 정도여서 열 길 위에 가지가 있었다. 그것으로써 배를 만들 만한 가지도 수 십개였고 보는 사람이 저자처럼 모여 있었다. 장백은 돌아보지도 않았고 걸음을 멈추지도 않았다. 제자는 실컷 구경하고 달려와 장석에게 말하였다. "제가 도끼를 들고 선생을 따른 뒤로 아직 이처럼 훌륭한 재목을 본 일이 없습니다. 선생님은 보지도 걸음을 멈추지도 않으시니 어째서입니까?" 장석이 가로되 "그만 두어라. 말하지 말라. 쓸모없는 나무다. 이로써 배를 만들면 가라앉고, 관을 만들면 빨리 썩고, 그릇을 만들면 바로 깨지며, 창문을 만들면 진이 흐르고, 기둥을 만들면 곧 좀 먹는다. 이는 재목감이 아니고 쓸 만한 곳이 없기 때문에 그처럼 장수를 한 것이다."

장석이 돌아온 뒤 역사(櫟社)가 꿈에 나타나 가로되 "그대는 나를 무엇에 견주려 하는가. 나를 문목에 견주려는가? 아가위·배·귤·유자·등나무 등속은 열매가 익으면 따므로 욕을 본다. 큰 가지는 꺾이고, 작은 가지는 휘어진다. 이것은 그 능력으로써 그 삶을 괴롭히는 것이다. 그러므로 그 천수를 다하지 못하고 중간에 요절하니 세속에 얻어맞는 자이다. 사물이 이와 같지 않은 것이 없다. 또한 나는 쓸모없기를 바라온 바 오래다. 죽음에 가까운 지금에 이르러서야 얻어 내 대용(大用)이 되었다. 내가 유용했다면 어찌 이처럼 클 수 있었겠는가? 또한 그대와 나는 모두 물(物)이다. 서로가 물이니 어쩌겠는가? 죽음이 가까운 산인이 어찌 산목을 알겠는가?"

장석이 깨어나 꿈 이야기를 하니 제자가 가로되 "무용에 뜻을 두었다면 사(社)됨은 어째서일까요?" "조용히 해라. 말하지 말라. 그는 기탁하고 있을 뿐 자기를 알지 못하는 자가 욕하므로써다. 사가 되지 않았다면 또한 베어졌을 것이다. 또한 그 보전하는 바 다른 것들과 다르다. 의로써 기린다면 멀지 않겠는가?"

5. 재목이 되지 못하므로
   이렇게 잘 자랄 수 있었다.

   철학자인 남백자기(南伯子綦)가 은(殷)나라 수도로 번창했던 상구(商丘)의 폐허에 갔을 때의 일이다. 거기에서 특이한 거목 한 그루를 보았다.
   그 크기란 네 필의 말이 이끄는 수레 천 대를 그 밑에 매어 놓아도 그 그늘에 완전히 가리워질 정도였다.
   자기는 혼자 중얼거렸다.
   "이것은 무슨 나무일까? 틀림없이 좋은 재목이 될 것 같구나!"
   그러나 머리를 들어 작은 나뭇가지를 바라보니 모두 꾸불꾸불하여 서까래나 기둥으로 쓸 수 없었다. 머리를 숙여 그 밑둥을 보니 뒤틀리고 속이 비어 있어 널이 될 수 없었다. 그 잎사귀를 핥으니 곧 입안이 갈라져서 상처가 나고, 그 냄새를 맡으니 몹시 취해서 사흘이나 깨어나지 못했다.
   자기는 다시 중얼거렸다.
   "이것은 정말 세상에서 아무 쓸모없는 나무로군. 그러니까 이렇게 자랐지.
   아아 저 옛날의 영묘한 능력을 가진 신인(神人)들도 이렇듯 쓸모가 없었기에 자신을 오래 지켜 나가는 것이구나."

   ▨ 이 장 또한 '무용의 용(無用之用)'을 설명한 것으로 앞 장과 같은 뜻을 가진 내용이다.
   남백자기(南伯子綦)는 이미 제물론편에서 본 남곽자기와 같은 사람이다. '상구(商丘)'는 장자의 고향인 송나라의 땅 이름이다. 끝의 '차호 신인이차부재(嗟乎神人以此不材)'는 옛날의 절대자도 이 '쓸모없는 재목(不材之木)', '무용의 용(無用之用)'을 처세의 원리로 하여 자기의 삶을 보전하였다는 것이다.

　　南伯子綦[1] 遊乎商之丘[2] 見大木焉 有異 結駟[3]千乘 隱將芘其所藾 子綦曰 此何木也哉 此必有異材夫 仰而視其細枝 則拳曲而不可以爲棟梁 俯而視其大根 則軸解而不可以爲棺槨 咶其葉[4] 則口爛而爲傷 嗅之 則使人狂酲 三日而不已 子綦曰 此果不材之木也 以至於此其大也 嗟乎 神人以此不材

1) 南伯子綦(남백자기) : 제물론의 남곽자기와 같은 사람.
2) 商之丘(상지구) : 상의 언덕. 지금의 하남성 상구시에 해당되며, 은나라 왕조 발상의 성지로 꼽힌다.
3) 結駟(결사) : 네 필의 말을 붙들어 맨 수레.
4) 咶其葉(시기엽) : 그 잎을 핥다.

남백자기가 상구에 가서 큰 나무를 보았는데 특이하였다. 말 사천 마리를 매어도 그 그늘에 덮여 가리워질 정도였다. 자기가 가로되 "이것은 무슨 나무일까? 이는 반드시 특이한 재목이겠지." 우러러 그 가는 가지를 보니 곧 꾸불꾸불하여 동량이 될 수 없었다. 굽어 큰 뿌리를 보니 속이 비어 관곽을 만들 수 없었다. 잎사귀를 핥으니 입이 헐어 상처가 났다. 냄새를 맡으니 사람으로 하여금 광정케 하여 사흘이나 깨어나지 않았다. 자기왈 "이것은 과연 재목감이 아닌 나무라 이처럼 크게 자랐구나. 아아 신인도 이렇듯 쓸모없음으로써구나."

6. 치질이 있는 자는 제물로 쓰기에 적당치 않아 강물에 던지지 않는다.

　송(宋)나라에 형씨(荊氏)라는 곳이 있었는데, 거기에는 개오동나무, 잣나무, 뽕나무가 잘 자랐다.

이러한 나무들은 한두 아름 쯤 자라면 벌써 원숭이를 잡아매는 말뚝을 찾는 사람들이 잘라 가고, 서너 아름 쯤 되는 것이 있으면 큰 들보를 찾는 사람이 잘라 갔다. 일곱, 여덟 아름 쯤 되는 나무가 있으면 귀족이나 부자집에서 널감으로 베어 갔다.

그러므로 그 나무들은 타고난 천수를 다 채우지 못하고, 자라나는 중간에 도끼에 찍혀 죽고 말았다. 이것은 쓸모 있는 재목들이 입는 재난이다.

그런데 봄날 일찍이 액땜을 하기 위한 제사를 지낼 때에는, 이마에 흰 점이 박힌 소나, 코가 째진 돼지나, 치질을 앓는 사람은 제물로 바쳐질 수 없어 강물에 던지지 않는다.

이러한 것들은 무당이나 축관들이 보기에는 상서롭지 못한 것으로 여길지 모르나, 신인(神人)들은 크게 상서로운 것이라고 여기는 것이다.

▨ 자기에게 주어진 삶을 온전하게 하는 것을 인생의 첫째로 하는 장자적 절대자에 있어서는 세속 인간들이 말하는 불구(不具)나 추악(醜惡)을 좋지 않은 것(不祥)으로 여기는 그 무용성(無用性)이 가장 큰 유용성(有用性)이며, 그 세속적 불행이 자기에 있어서는 참다운 행복이다 라고 장자는 말했다.

또 장자는 만면에 웃음을 머금고 상식(常識)이 편애하는 아름다운 것(美)과 착한 것(善)과 일체의 세속적인 가치와에 겁없이 도전하며 이런 것들을 비웃었다.

일체의 상식적인 가치에 두려움 없이 도전하면서, 그는 재화(災禍) 속에서 행복을 창조하고, 괴기(怪奇)한 것, 추악한 것 속에서 무한의 아름다운 것을 찾아내고 있다. 장자에 있어서 신인(神人)이란 새로운 가치의 창조자였다.

宋有荊氏[1]者 宜楸柏桑 其拱把[2]而上者 求狙猴之杙者[3]斬之 三圍四圍 求高名之麗者斬之 七圍八圍 貴人富商之家 求樿傍[4]者斬之 故未終其天年 而中道之夭於斧斤 此材之患也
故解之以牛之白顙[5]者 與豚之亢鼻者 與人有痔病者 不可以適河

此皆巫祝以知之矣 所以爲不祥也 此乃神人之所以爲大祥也
1) 荊氏(형씨) : 땅 이름(地名).
2) 拱把(공파) : 두 손으로 잡는 것은 공(拱)이고, 한 손으로 잡는 것은 파(把)라 한다. 한 아름을 일컬음.
3) 杙者(익자) : 말뚝을 말함.
4) 樿傍(전방) : 넓은 널쪽 넷으로 짜는 관(棺)을 말함.
5) 白顙(백상) : 이마에 흰 무늬가 있는 것을 말한다.

송에 형씨라는 곳이 있는데 개오동나무, 잣나무, 뽕나무가 잘 자랐다. 그 한 아름이 넘는 것은 원숭이 말뚝을 구하는 자가 베었다. 셋, 넷 아름의 것은 들보를 찾는 자가 잘랐다. 일곱, 여덟 아름의 것은 귀족이나 부상가의 널을 찾는 자가 베었다. 그러므로 천수를 다하지 못하고 중도에서 도끼에 찍혔다. 이것이 재목의 우환이다. 그러므로 제에는 이마가 흰 소와 코가 찢어진 돼지와 치질이 있는 자는 강물에 가지 못한다. 이를 무축들이 모두 알고 있는 지라 상서롭지 않게 여기지만 신인은 크게 상서로운 일로 여기는 바다.

7. 온전치 못한 육체라도 천수를 다하거늘 하물며 덕이 온전하지 못함에 있어서랴.

지리소(支離疏)라는 사나이는 턱이 배꼽에 가 박혔고 두 어깨는 머리의 정수리보다 높고, 상투는 뾰족하게 하늘을 가리키고, 오장(五臟)은 머리 윗 쪽에 붙어 있고, 볼기뼈가 갈비뼈에 붙어있는 어찌할 수 조차 없는 병신이었다.
그러나 바느질이나 빨래질로 충분하게 먹고 살 수가 있었고, 키질을 해서 쌀을 고르면 열 식구를 먹이기에 넉넉하였다.
나라에서 군사를 징집하더라도 지리소는 팔을 휘저으며 사람들

사이를 유유히 걸어 다녔고, 나라에서 큰 일이 있어 사람들을 부역에 징발할 때도 그는 고질병이 있다고 해서 아무 일에도 끌려 가지 않았다.

그러나 나라에서 병자들에게 곡식을 나누어 줄 때는 3종의 곡식과 열 다발의 장작까지 끼워 받았다.

이렇듯 그 몸뚱이가 병신인 사람이라도 그 천명을 다 마칠 수 있거늘 하물며 그 덕이 온전하지 못한 사람이야 더 말할 것이 있겠느냐?

▨ 여기에서 장자는 지리소(支離疏)라는 천하에서 가장 추악한 병신인 장애자(障碍者)를 내세워 그에게 있어서의 '무용의 용'을 찬미하였다.

'지리소'의 지리(支離)는 지리멸렬(支離滅裂)과 같은 말뜻으로도 시사하는 바와 같이, 불구·불완전의 뜻이 있다. 절대자의 그 덕을 지리멸렬하는 곳에서 우리들은 유가적(儒家的) 예교주의(禮敎主義)의 위선과 형식성에 대한 장자의 통렬한 반격과 신랄한 풍자를 엿볼 수 있다.

또한 거기에는 확실하게 장자의 괴기(Grotesque)한 기호(嗜好), 심상치 않은 것에의 동경(憧憬)을 볼 수 있다.

그가 누누히 즐겨 불구자를 묘사하고 그 묘사함에 있어 대단히 정밀한 관찰과 색깔있는 필치로 약동시킨 점은 주목할 만하다.

결국 장자의 기질과 성격 안에는 본래 정통적(Orthodox)인 것, 표준적(Normal)인 것에의 반발과 저항이 있어, 그것들이 그의 사상에 하나의 근본적인 특징을 부여하고 있음을 짐작하게 한다.

支離疏[1]者 頤隱於齊 肩高於頂 會撮[2]指天 五管在上 兩髀爲脅 挫鍼治繲 足以餬口 鼓筴播精 足以食十人 上徵武士 則支離攘臂[3] 而遊於其間 上有大役 則支離以有常疾不受功[4] 上與病者粟 則受三鍾[5] 與十束薪 夫支離其形者 猶足以養其身 終其天年 又況支離其德者乎

1) 支離疏(지리소) : 지리(支離)는 지리멸렬의 뜻인데 신체장애자를 말

한다. 한편 지리는 성이고 소는 이름이라 하며, 그 근거로서 『장자』의 외편 지락에 지리숙(叔), 잡편 열어구에 지리익(益)으로 나와 있는 인물이 있다.

2) 會撮(회촬) : 상투를 말하며 정추(頂椎)라고도 한다.
3) 攘臂(양비) : 팔뚝을 휘두르다.
4) 不受功(불수공) : 공(功)은 공들여 노력한다는 뜻이며, 여기서는 일한다는 말이다. 그래서 불수공은 일을 맡기지 않는다는 뜻이다.
5) 三鍾(삼종) : 종은 도·량·형의 양을 재는 단위로 1종이 약 4말(斗)로서 50리터 정도라 함.

지리소는 턱이 배꼽을 가렸고, 어깨는 머리보다도 높으며, 상투는 하늘을 가리켰다. 오관은 위에 있고, 두 볼기는 옆구리에 닿아 있다. 바느질과 빨래질로써 입에 족히 풀칠하고 키질하여 쌀을 고르면 열 사람을 족히 먹인다. 위에서 무사를 징집하면 지리는 곧 팔을 휘젓고 그 사이를 노닐며 위에 큰 역사(役事)가 있어도 지리는 질병이 있으므로 써 일을 맡지 않았다. 위에서 병자에게 곡식을 줄 때면 삼종과 열 단의 나무를 받았다. 무릇 그 형체가 지리한 자도 그 몸을 보양하고 그 천수를 다하는데, 하물며 그 덕이 지리한 자에 있어서랴.

8. 그대가 사는 지금의 이 세상은 겨우 형벌이나 면하면 고작이지!

공자가 초(楚)나라를 여행하고 있을 때, 초나라의 미치광이 접여(接輿)가 공자가 머물고 있는 집 문앞에 붙어 서서 다음과 같은 노래를 불렀다.

"봉(鳳)이여! 봉이여!

어찌하여 그대의 덕이 쇠하였느냐?

다가 오는 세상은 기다릴 수 없고
가버린 세상은 좇을 수가 없네.
천하에 도가 있으면 성인은 공적을 이루고,
천하에 도가 없으면 성인은 물러가 홀로 살아갈 뿐이네.
그대가 사는 지금의 이 세상은
겨우 겨우 형벌이나 면하는 것이 고작이지.
복은 새 깃보다도 가벼운데,
아무도 그것을 거두어 가질 줄 모르나니.
화는 땅덩이보다 무거운데,
아무도 그것을 피할 줄 모르네.
그만두오. 그만두오.
덕으로써 남에게 내세우는 짓을.
위태롭고 또 위태롭구나.
땅에다 금을 긋고 그 안에서 허둥대는 것이여!
밝음을 가리고 가려서
나의 갈 길을 그르치지 말아라.
나의 발길을 삼가고 삼가나니
나의 발에 상처를 내지 말아라."

▨ 인간세편의 마지막 설화인 이 장은 공자와 초나라 은자 광접여(狂接輿)와의 이야기이다.
접여의 노래 첫 머리에 봉(鳳)을 내세운 것은, 봉새는 태평 세대(太平世代)를 상징하는 상서로운 새(瑞鳥)의 이름으로 여기서는 공자를 가리킨다.

孔子適楚 楚狂接輿[1]遊其門 曰 鳳兮鳳兮 何如德之衰也 來世不可待 往世不可追也 天下有道 聖人成焉 天下無道 聖人生焉 方今之時 僅免刑焉 福輕乎羽 莫之知載 禍重乎地 莫之知避 已乎已乎 臨人以德 殆乎殆乎 畫地而趨 迷陽[2]迷陽 無傷吾行 吾行卻曲 無傷吾足

1) 狂接輿(광접여) : 접여(接輿)는 초나라의 은자로 그 삶이 세속적 상

식으로는 파악되지 않으므로 역설적인 표현으로 광(狂)을 썼다. 『논어』 미자편에도 나오는 이름으로 실재 인물은 아닌 듯.
2) 迷陽(미양) : 밝음을 가린다는 뜻으로 되며, 『곤학기문』에 인용된 바에 따르면 '미양'은 초나라에 자생하는 가시가 많은 꽃나무 이름으로도 불리우나 모두 확실하지 않다.

공자가 초에 갔는데, 초의 광접여가 그 문에서 거닐며 가로되 "봉이여 봉이여, 어찌하여 그 덕이 쇠하였는가? 내세를 기대말고 과거를 돌이키지 마라. 천하에 도가 있으면 성인은 이룩하고, 천하에 도가 없으면 성인은 살아갈 뿐이다. 바야흐로 지금은 겨우 형을 면할 뿐이다. 복은 깃보다 가벼운데 이를 실을 줄 모르고, 화는 땅보다 무거운데 이를 피할 줄 모른다. 그만두어라 그만두어라. 덕으로써 사람에게 임하는 것을. 위태롭고 위태롭다. 땅에 금을 긋고 달리는 것은. 미양아 미양아 내 갈 길을 막지 말라. 내 보행은 극곡이니 내 발에 상처를 입히지 마라."

9. 산의 나무는 베이기 위하여 자라고 등불은 스스로를 불태워 밝힌다.

산의 나무는 스스로 베이기 위하여 자라고, 기름은 불을 위하여 스스로를 태운다. 계피는 먹을 수 있기 때문에 잘리고 옻나무는 쓸모가 있기 때문에 도려진다.
사람들은 모두 쓸모있는 것을 쓸 줄만 알았지, 쓸모없는 것을 쓰는 것은 알지 못한다.
▨ 요컨대 장자에 있어서는 현재의 자기를 살아가는 일이 첫째였다. 지금의 이 자기 자신은 어떠한 목적의 수단으로도 될 수 없는 그 자체, 절대의 존재이며, 그 현재는 미래로도 보상할 수 없고 과거로도 바꿀 수 없는 절대적인 것이다.

제4편 인간세(人間世) 151

그에 있어서는 주어진 자신을 주어진 현재 속에서 어떻게 살아갈 것인가가 전부인 것이다. 거기에는 현재를 역사의 흐름 속에 인과(因果) 짓는다거나 자기가 인류의 이상(理想) 앞에 수단화되는 것을 용납하지 않는다.

장자가 '유용의 용(有用之用)'에 대하는 '무용의 용(無用之用)'을 강조하면서, 공자적 이상주의(理想主義)에 강한 비판적 태도를 취한 것은 당연한 것이다.

그러나 장자의 공자에 대한 이 비판적 태도의 근저에는 모든 이상주의자의 뼈아픈 비극적 운명에 대한 깊은 공감과 인간과 인간 사회의 어둡고 험한 소리없는 통곡이 있다.

장자는 이 통곡과 공감(共感) 속에서 공자를 이해하고 광접여를 이해하는 것이다. 공자와 광접여 – 이것은 현대에도 얼마든지 볼 수 있다. 자기 자신과 인생에 성실한 사람의 두 가지 인간상(人間像)이 아니겠는가?

山木自寇[1]也 膏火[2]自煎也 桂可食 故伐之 漆可用 故割之 人皆知有用之用 而莫知無用之用也

1) 自寇(자구) : 스스로에게 해를 준다.
2) 膏火(고화) : 고(膏)는 등잔 기름이며, 고화는 등잔불이다.

산의 나무는 스스로를 해치고 등잔불은 스스로 탄다. 계는 먹을 수 있기에 잘리고, 옻은 쓸모가 있어 쪼개진다. 사람들은 모두 유용의 쓰임은 알지만, 무용의 쓰임은 알지 못한다.

제 5 편 덕충부(德充符)

덕충부(德充符)에서는
세속의 인간이 갖는
형체에 대한 집착을 타파하고 있으며,
참다운 덕이란 형상(形象)을 초월한
높은 내면성이라는 것을 밝히고 있다.
'덕충부'는 덕이 충(充)만한 표적(符)이라는 말이며,
참 도(道)를 터득한 인간이
그 높은 내면성에 알맞도록 가지는 형상을 뜻한다.
덕이 충만한 사람에게 알맞는 형상이란 참으로
그 형상에 붙들리지 않는 것,
곧 형상을 초월하는 것이라 할 수 있겠다.
이것을 밝히기 위하여 세속 사람들이 가장 싫어하는
절름발이, 꼽추, 언청이같은 병신을 내세워
그들에게 도를 말하게 하였다.
또 괴상한 기형불구의 신체장애자에게
도를 말하게 하는 장자는
형상에 집착하고 외형(外形)에 따라가는
세속 인간들의 슬프고도 어리석은 생각을 비웃고 있다.
여기에는 그러한 비웃음이 가득차 있다.

제 5 편 덕충부(德充符)

1. 사물의 변화를 꿰뚫고 있으면
    천명에 맡겨 그 도의 근본을 지킬 뿐.

 노(魯)나라에 형벌로 발을 잘린 왕태(王駘)라는 절름발이가 있었다. 그를 따라 공부하는 제자들의 수는 공자의 제자와 맞먹을 정도였다.
 어떤 때에 공자의 제자인 상계(常季)가 스승에게 물었다.
 "왕태는 벌을 받아 다리가 잘린 신체장애자입니다.
 그러나 그를 따라 배우는 사람은 선생님의 제자와 더불어 노나라를 양분할 정도입니다.
 그는 서서도 제자에게 무엇을 가르치는 일이 없고, 앉아서도 무엇을 논의하지 않습니다. 그러나 텅 빈 머리로 그를 찾아갔던 사람이 무엇인가를 배워 꽉 차서 돌아옵니다.
 그렇다면 그에게는 말하지 않는 가르침(不言之敎)이 있어서 눈에 보이는 가르침은 없어도, 마음으로 느껴 이루어지는 걸까요? 그는 과연 어떤 사람입니까?"
 공자가 이에 대하여 말하였다.
 "그 분은 성인이다. 나도 진작 한 번 찾아가서 뵙고자 하였는데 게으른 탓으로 못갔을 뿐이다. 나도 장차 그 분을 스승으로 모시려 하거늘 하물며 나 만도 못한 사람에 있어서랴!
 어찌 노나라뿐이겠는가? 나는 장차 천하의 사람들과 더불어 그를 스승으로 모시고 따를 작정이다."

상계가 다시 여쭈었다.

"그는 절름발이인데도 선생님보다 뛰어나다고 하니 이해가 안 됩니다. 그는 보통 사람과는 아주 다르다고 할 수 있는데 그런 사람의 마음 쓰는 법은 대체 어떤 것입니까?"

공자가 말했다.

"그 분에 있어서 육체의 살고 죽음의 큰 일도 그 마음을 흐트러지게 할 수는 없다. 비록 하늘이 뒤집히고, 땅이 꺼져도 그것으로써 그를 놀라게 하지는 못할 것이다.

그 분은 근원인 진리를 밝게 알아 가상(假象)인 사물과 더불어 움직이는 일이 없고, 사물의 변화를 운명에 맡겨 두면서 도의 중심을 지키고 있을 뿐이다."

상계는 다시 물었다.

"무슨 말씀입니까?"

공자가 대답하여 말했다.

"모든 것을 서로 다른 입장에서 본다면 같은 몸 안에서 가깝게 있는 간과 쓸개도 초나라와 월나라처럼 멀지만, 같은 입장에서 본다면 만물은 모두 하나로 볼 수 있는 것이다.

이렇듯 하나로 보는 사람은 귀와 눈같은 감각기관이 나타내는 사물의 성질이 다르다는 것에서 벗어나 마음을 덕의 조화(調和) 속에 노닐게 한다.

거기에는 만물이 하나인 것을 볼 뿐이요, 그것의 외형상 변화나 득실(得失)같은 것은 보이지 않는다. 그래서 그 분은 한 쪽 발이 없는 것을, 마치 몸에 붙은 흙을 털어낸 것처럼 여기고 있을 뿐이다."

상계가 말하였다.

"그렇다면 그는 자기 몸을 닦는 데 있어, 그의 지혜로 모든 것을 분별하는 마음을 얻고, 어떤 것에도 동요되지 않는 마음으로 영원히 떳떳한 경지에 도달하였을 뿐입니다.

그렇다면 이것은 자기 자신만을 위한 수양일진대 어째서 세상 사람들이 그에게 몰려드는 것일까요."

공자가 말했다.

"사람들은 흐르는 물을 거울로 삼아 얼굴을 비춰 보지 않고, 잔잔하게 멈춰있는 물을 거울 삼아 비춰 본다.

오직 이와 같이 고요한 마음(물)만이 능히 제 모습을 비춰 보려는 사람들을 멈추게 하여 그들을 이끌 수 있는 법이다.

땅으로부터 생명을 받고 있는 것 가운데 오직 소나무와 잣나무만이 홀로 바르게 겨울이건 여름이건 사철에 걸쳐 푸르른 것같이, 하늘로부터 생명을 받고 있는 인간 가운데 오직 요임금, 순임금이 홀로 올바르게 살면서 천성을 그대로 지켜 민중의 삶을 바르게 잡아줄 수 있었던 것이다.

무릇 안으로 근원적인 본성을 보전할 수 있으면 세상의 어떤 일도 두렵지 않게 된다.

용기있는 전사(戰士)는 혼자서 수많은 적의 대군 속으로 돌진해 들어간다.

명예를 구하는 것을 그 목적으로 삼는 전사마저 이러한 짓을 하거늘 하물며 천지를 뜻대로 주관하고, 만물을 감싸고, 자기의 육신을 잠시 머물다 가는 여관으로 여기고, 귀와 눈을 단지 가상(假像)으로 생각하며 지혜로 인식한 모든 사물이 하나라는 것을 밝게 비춰 볼 수 있고, 마음은 언제나 영겁(永劫)에 노닐어 생사를 초월한 사람에게 두려움이 있겠느냐?

그 분은 때를 기다려 속세로부터 멀리 떠나려 하겠지만 사람들은 그 분의 그러한 점을 오히려 흠모하고 따르는 것이다. 그러나 그가 어찌 제자 모으는 일을 즐겨 하겠는가?"

▨ 덕충부는 네 가지 문답형식의 이야기를 중요한 내용으로 하였다. 이들 이야기의 등장인물은 왕태(王駘)와 신도가(申徒嘉)와 숙산무지(叔山無趾), 그리고 애태타(哀駘它)이다. 그들은 하나같이 기형불구의 신체장애자인 것은 이미 말한 바 있으며 첫번 이야기의 주인공은 절름발이 왕태이다.

스승인 공자가 그 제자인 상계(常季)에게 설명한 왕태는 자기완성(自己完成)을 목적으로 하여 밝은 지혜에 의한 자기 내심(內

心)의 진리를 찾아내어 그 내심의 진리에 의한 절대부동의 자유스런 경지를 즐겼던 사람이다.

상계의 질문에는 장자의 사상에 있어서의 개인주의적 입장이 어떻게 사회성을 가졌는가에 대한 것이 나타나 있다. 장자사상은 본래 철저한 개인주의의 입장에 서 있는데 그것은 어떤 경우에는 극단의 독선주의·이기주의로 나타난다.

그러나 장자는 그 개인주의도 또한 하나의 사회성을 가진다고 생각하였다.

장자에서 절대자란 대타적(對他的)인 모든 관심을 초월한 순수에 자기의 절대성을 살리는 존재이지만 그 절대성은 이른바 '부교지언(不敎之言)'으로써 하나의 교화작용을 가졌다.

장자에서 절대자는 해탈자(解脫者)이지만 그의 해탈은 해탈하고자 하는 모든 사람의 모범이 되며, 그들을 자기의 주변에 모이게 함으로써 하나의 사회성을 갖게 한다.

장자는 그것을 '유지능지중지(唯止能止衆止)'나 '행능정생 이정중생(幸能正生以正衆生)'이란 말로 표현하였다.

그래서 우리는 막스·웨바의 이른바 예시적 종교(die exemplarische Religion)로서의 장자사상의 종교적 성격을 생각해 볼 수 있겠다.

장자의 사상은 철저한 개인주의이기는 하지만, 그것은 오직 단순한 이기주의는 아니고 부정적(Negative)인 것에 있어서 하나의 사회성을 예상하고 있는 것이다.

　魯[1]有兀者[2]王駘[3] 從之遊者 與仲尼相若 常季[4]問於仲尼曰 王駘 兀者也 從之遊者 與夫子中分魯 立不敎 坐不議 虛而往 實而歸 固有不言之敎[5] 無形而心成者邪 是何人也 仲尼曰 夫子 聖人也 丘也 直後而未往耳 丘將以爲師 而況不若丘者乎 奚假魯國[6] 丘將引天下而與從之 常季曰 彼兀者也 而王先生 其與庸亦遠矣 若然者 其用心也 獨若之何 仲尼曰 死生亦大矣 而不得與之變 雖天地覆墜 亦將不與之遺 審乎無假 而不與物遷 命物之化 而守其宗也

常季曰 何謂也 仲尼曰 自其異者視之 肝膽楚越也 自其同者視之 萬物皆一也 夫若然者 且不知耳目之所宜 而遊心乎德之和 物視其所一 而不見其所喪 視喪其足 猶遺土也[7] 常季曰 彼爲己 以其知得其心 以其心得其常心[8] 物何爲最之哉 仲尼曰 人莫鑑於流水 而鑑於止水 唯止 能止 衆止 受命於地 唯松柏獨也在 冬夏靑靑 受命於天 唯舜獨也正 幸能正生 以正衆生 夫保始之徵 不懼之實 勇士一人 雄入於九軍 將求名 而能自要者 而猶若是 而況官天地 府萬物 直寓六骸 象耳目 一知之所知 而心未嘗死者乎 彼且擇日而登假 人則從是也 彼且何肯以物爲事乎

1) 魯(노): 노나라. 서기 전 11세기, 주(周)나라 무왕이 그의 동생 주공단(周公旦)에게 영지로 봉한 나라이다. 지금의 산동성 곡부에 도읍하였다가 서기전 249년 초나라에 의하여 멸망하였다. 공자는 이 나라에서 서기전 551년에 나서 서기전 499년에 죽었다.
2) 兀者(올자): 발뒤꿈치를 잘라서 절름발이가 되게 하는 형벌을 받은 사람.
3) 王駘(왕태): 『설문』에 사람 이름으로 나와 있으나 『장자』에서는 저작자에 의하여 만들어진 가공 인물.
4) 常季(상계): 『설문』에는 공자의 제자로 쓰여 있고 『성소』에는 성은 상, 이름은 계로서 노나라의 현인(賢人)이라고 쓰여 있다.
5) 不言之敎(불언지교): 말 없는 가르침. 『노자』 제2장에 '성인거무위지사 행불언지교(聖人居無爲之事行不言之敎)'라 하였다 〈帛書〉.
6) 奚假魯國(해가노국): 어찌 노국뿐이랴 라는 뜻인데 해가(奚假)는 '어찌……뿐이랴'로 해석한다.
7) 視喪其足猶遺土也(시상기족 유유토야): 그 발 잃은 것 보기를 흙을 버린 것같이 하다. 상(喪)과 유(猶)는 다같이 '잃다'의 뜻이며, 잃다와 버리다는 같은 것이다.
8) 常心(상심): 항상 변하지 않는 마음.

노에 올자 왕태가 있었는데 이를 좇아 배우는 자가 중니에 못지 않았다. 상계가 중니에게 묻기를 "왕태는 올자입니다. 그를 좇아 배우는 자가 선생님과 노나라를 둘로 나눕니다. 서서 가르치지도 않고 앉아서 논하지도 않는데, 허로 갔다 실로 돌아옵니다. 본래 불언의 가르침이 있고 무형으로 마음을 이루는 사람일까요? 그는 어떤 사람입니까?" 중니왈 "그는 성인이다. 구는 게을러서 아직 가지 못했으나 구는 장차 스승으로 모시고자 한다. 하물며 나만 못한 사람에 있어서랴? 어찌 노나라 사람뿐이겠는가. 구는 장차 천하를 이끌고 더불어 그를 따르려 한다."

상계가 말했다. "그는 올자인데도 선생님보다 앞섰다 하니 그는 보통사람이 아닌 것같습니다. 그와 같은 자의 마음씀은 어떠합니까?" 중니왈 "죽고 사는 것 또한 큰 일이나 그것과 더불어 변하지 않는다. 비록 천지가 뒤집히고 꺼져도, 또한 장차 더불어 잃지 않는다. 진리를 밝게 알며 사물과 더불어 변하지 않는다. 사물의 변화를 명으로 삼아, 그 근본을 지킨다." 상계가 말하기를 "무슨 말씀입니까?" 중니왈 "그 다름으로 이를 보면 간담도 초월이다. 그 같음으로 이를 보면 만물이 모두 하나다. 무릇 그러한 자는 이목을 즐겁게 하는 바를 모르며 마음을 덕의 조화 속에 노닐게 한다. 만물을 그 하나로 보고 그 잃는 것을 보지 않는다. 그 발 잃음 보기를 마치 흙을 털어 버린듯 하는 것이다."

상계가 말하기를 "그는 자신을 닦음에 있어 그 지혜로써 그 마음을 얻었고, 그 마음으로써 그 상심(常心)을 얻었을 뿐인데 만물은 어찌하여 그에게로 모일까요." 중니왈 "사람은 흐르는 물을 거울 삼지 않고 멈추어 있는 물을 거울 삼는다. 오직 머무는 자만이 능히 뭇 사람들을 머물게 한다. 명을 땅에서 받은 것 중에 오직 송백만이 홀로 있어 겨울이나 여름이나 청청하다. 명을 하늘에서 받은 것 중에 오직 순만이 홀로 바르다. 다행히 삶이 올바르기에 능히 중생을 바르게 하였다. 무릇 처음을 보전한 징조는 두려움이 없는 행실이다. 한 사람의 용사가 많은 군사들 속에 뛰어든다. 장차 명예를 구하고자 스스로 요구하는 자도 이와 같은 것이다. 하물며 천지를 다스리고 만물을 감싸며, 단지 육체를 의탁하고 이목을 가상으로 여기며, 지혜가 아는 바를 하나로 하여 마음이 아직 죽지 않은 자에게 있어서랴. 그 또한 택일하여 오르리라. 사람들이 곧 그를 따르는 것이지 그가 어찌 사람들을 모으려 하겠는가?"

2. 거울이 맑으면 먼지나 때가 없으며
먼지나 때가 끼면 거울은 맑지 않다.

    정(鄭)나라의 신도가(申徒嘉)는 형벌로 다리를 잘린 절름발이였는데, 그 나라의 재상인 자산(子産)과 함께 백혼무인(伯昏無人)을 스승으로 모시고 있었다.
    어느 때 자산은 나란히 걷기가 싫어 신도가를 돌아보면서 말하였다.
    "내가 먼저 밖에 나가면 자네는 여기에 가만히 앉아 있고, 자네가 먼저 나가면 곧 내가 여기에 남아 있겠네."
    그 다음날, 두 사람은 또한 같은 교실에 앉아 있었다. 자산은 거듭하여 신도가에게 말하였다.
    "내가 먼저 나가면 자네는 머물러 있고, 자네가 먼저 나가면 내가 이곳에 머물러 있겠다고 했었소. 이제 나는 밖으로 나가려 하는데 그대는 머물러 있을 것인가?
    대체 자네는 한 나라의 재상인 사람을 보고도 자리를 피하여 주지 않으니 자네도 한 나라의 재상과 격이 같다고 여기는 것은 아닐테지?"
    신도가가 말하였다.
    "다름아닌 선생님의 문하에 이른바 본래부터 그런 재상이라는 벼슬이 있었던가? 스승 밑에는 모두 격이 같을 뿐이지! 그러나 자네는 자신이 재상이라는 것을 내세워 콧대를 높여 남을 업신여기고 있지 않은가?
    내가 듣자니 '거울에 먼지가 없이 맑으면 티끌이나 때가 끼지 않고, 먼지가 앉으면 거울은 맑지 않게 된다.'고 하였네.
　이와 마찬가지로 오랫동안 어진 사람(賢人)과 함께 있으면 거울의 흐림이 벗겨지는 것과 같이 모든 허물이 없어진다고 하였네. 지금 자네가 위대하다고 섬기는 분은 선생님이 아닌가? 그런데도 그런 말을 하는 것이 좀 지나치다고 생각하지 않는가?"
　자산이 말했다.
　"자네는 이미 그러한 병신꼴을 하고 있으면서도 아직 요임금보다 훌륭해지려고 하고 있네 그려. 자네의 덕을 스스로 헤아려서 자신을 돌이켜 볼 줄도 모르는가?"
　이에 신도가가 대답하였다.
　"세상에는 자신의 잘못을 변명하며 자기의 잘못이 발뒤꿈치를 잃을 만큼 큰 죄는 아니라고 생각하는 사람은 많다. 그러나 자신의 잘못을 변명하지 않고 자기의 잘못을 몇번이고 돌이켜 보면서, 형을 면하여 다리를 그대로 보존하고 있는 것이 부당하다고 생각하는 사람은 적을 것이네.
　이러한 일은 사람의 힘으로는 어찌할 수 없는 일인 것을 알고 운명이라 여기며 마음 편안히 따르는 일은 오직 덕이 있는 사람만이 가능하네.
　예컨대 옛날 활쏘는 명인(名人)인 예(羿)가 쏘는 화살의 사정거리 안이라면 그 가운데 있는 것은 반드시 맞을 것이다. 그런데도 맞지 않는 사람이 있으니 그것은 운명이라는 것으로, 사람의 힘으로는 어찌할 수가 없는 것이네.
　지금까지 사람들은 자기의 두 다리가 온전하다고 해서 나의 부자유한 절름발이를 보고 비웃는 사람이 많았네.
　그때마다 나는 발끈하고 성질을 내었지만 선생님께서 계신 곳에 나아가면 그만 모든 것을 말끔히 씻어버리고 평상시의 기분으로 돌아오게 되네.
　이것은 선생님의 높은 덕이 나의 마음을 깨끗이 맑게 씻어 준 탓이 아니겠는가?
　내가 선생님을 모신지 19년이나 되지만 그동안 한 번도 내가 절름발이라는 것을 아는 척하신 적은 없었네.

　지금 이러한 선생님의 문하에서 나와 자네는 형체가 아닌 마음으로 사귀고 있는데 자네는 나를 밖으로 드러난 육신에서 가늠하고 있으니, 참으로 크게 잘못된 것이 아니겠는가?"

　자산이 여기까지 듣고는 몹시 놀라고 부끄러워 낯빛을 고치고 태도를 바꾸어 말했다.

　"알아들었네. 더 이상 말하지 말아 주게."

　▨ 앞에서 장자는 한 쪽 다리가 잘린 전과자(前科者)인 왕태(王駘)를 등장시켜 공자에게 그 덕을 찬미하게 하고 당대의 성현(聖賢)을 야유비방토록 하였는데, 이 장에서는 정나라 명재상인 자산을 등장시켜 그의 재능을 농간하고 또한 절름발이 전과자인 신도가의 앞에 무릎을 꿇게 하였다.

　이 이야기에서 자산(子産)을 세속적 가치-부귀와 영화-의 상징으로서, 신도가(申徒嘉)를 세속적 무가치-빈천(貧賤)과 오욕(汚辱)-의 상징으로 그려 놓았음은 말할 나위도 없다.

　장자는 이 두 사람을 초월자 백혼무인의 앞에다 세워 놓고, 참으로 덕이 충만한 사람이라야 귀(貴)와 천(賤)의 두 가지를 잊고 아름다움(美)과 추함(醜)을 함께 간직하여 만물을 그 품안에 노닐게 할 수 있음을 밝히고 있다.

　　申徒嘉[1] 兀者也 而與鄭子産[2]同師於伯昏無人[3] 子産謂申徒嘉曰 我先出則子止 子先出則我止 其明日 又與合堂同席而坐 子産謂申徒嘉曰 我先出則子止 子先出則我止 今我將出 子可以止乎 其未邪 且子見執政而不違 子齊執政乎 申徒嘉曰 先生之門 固有執政焉如此哉 子而說子之執政 而後人者也 聞之曰 鑑明 則塵垢不止 止則不明也 久與賢人處則無過 今子之所取大者 先生也 而猶出言若是 不亦過乎 子産曰 子旣若是矣 猶與堯爭善 計子之德 不足以自反邪 申徒嘉曰 自狀其過 以不當亡者衆 不狀其過 以不當存者寡 知不可奈何 而安之若命 唯有德者能之 遊於羿[4]之彀中[5] 中央者中地也 然而不中者 命也 人以其全足 笑吾不全足者衆矣 我怫

然而怒 而適先生之所 則廢然而反 不知先生之洗我以善邪 吾與夫
子遊 十九年矣 而未嘗知吾兀者也 今子與我遊於形骸之內 而子索
我於形骸之外 不亦過乎 子産蹵然改容更貌 曰 子無乃稱

1) 申徒嘉(신도가) : 가공의 인물이기는 하나 『석문』에 신도는 성이요, 가는 이름이라 하였다.
2) 鄭子産(정자산) : 정은 정나라란 뜻이며, 자산의 성은 공손(公孫)이고 자는 자산(子産)이다. 정나라의 어진 대부로 춘추시대 후기의 재상이며 공자에게도 많은 영향을 주었다.
3) 伯昏無人(백혼무인) : 가공 인물. 외편 전자방·잡편 열어구에도 등장하며 열자(列子)의 스승으로 쓰여 있다.
4) 羿(예) : 하(夏)나라 때 유궁국의 임금으로, 활을 잘 쏘았다는 전설적인 인물이다.
5) 殼中(구중) : 화살이 닿는 사정거리 안. '구중에 든다'는 말은 자기 손아귀에 드는 것을 말한다.

신도가는 올자다. 정나라 자산과 함께 백혼무인을 스승으로 섬겼다. 자산이 신도가에게 말하기를 "내가 먼저 나가면 자네가 머물고, 자네가 먼저 나가면 내가 머물겠네" 다음날 또 스승의 집에서 동석하여 앉았는데 자산이 신도가에게 이르기를 "내가 먼저 나가면 자네가 머물고 자네가 먼저 나가면 내가 머물기로 하였는데 지금 내가 장차 나가고자 하네. 자네는 머물텐가, 어떻게 할텐가. 또한 자네는 집정을 보고도 비키지 않는데, 자네가 집정과 같다고 여기는가?" 신도가왈 "선생님의 문하에 본래부터 집정이 있었는가? 자네는 자네의 집정됨을 내세워 남을 업신여기는 사람이네. 내 들으니 '거울이 밝으면 진구가 끼지 않고, 끼면 곧 밝지 못하다.' 하였네. 오랫동안 어진이와 함께 하면 허물이 없다고 하네. 지금 자네가 대를 취하는 바는 선생님이시네. 그런데도 이같은 말을 하니 지나치지 않은가?"
자산이 왈 "자네는 이미 그와 같으면서 요와 선을 겨루고 있네. 자네의 덕을 헤아려 스스로를 돌이켜 봄이 부족하네." 신도가가 왈 "스스로 그 허물을 변명하여 잃은 것이 부당하다는 사람은 많고, 그 허물을 변명하지 않고 보존함이 부당하다는 사람은 적네. 어찌할 수 없음을 알고 이에 안주하고 명에 따르는 것은 오직 유덕자만이 능히 할 수 있네. 예의 구중에 노닐면 중앙이 중심지이나 맞지 않는다면 운명이네. 사람 중에 그 온전한 다리로 나의 온전치 못한 다리를 비웃는 사람이 많다. 나는 발끈하고 화가 나지만 선생님 계신 곳에 가면 곧 잊고 돌아오게 되네. 선생님이 나를 씻으시는데 선으로써 하셔서인지 알지 못한다. 내가 선생님과 19년을 함께 지냈으나 아직 내가 올자임을 알지 못하네. 지금 자네와 나는 형해 속에 노니는데 자네는 나를 형해의 밖에서 살피니 또한 잘못이 아닌가?" 자산이 부끄러운 듯 얼굴을 바꾸고, 모습을 바로잡으며 가로되 "더 이상 말하지 말게."

3. 사람이 내린 형벌은 풀 수 있어도 하늘이 내린 형벌을 어찌 벗길 수 있는가?

노(魯)나라에 발뒤꿈치가 잘리는 형벌을 받고 절름발이가 된 숙산무지(叔山無趾)라는 사람이 있었다. 어떤 때에 그가 절룩거리면서 공자를 찾아가 뵙게 되었다. 이때에 공자가 그에게 말하였다.
"자네는 지금까지 행실을 삼가지 못하여 죄를 짓고 그같이 되었거늘, 지금 새삼스럽게 나를 찾아왔으니 이미 때가 늦지 않았는가?"
무지가 대답하여 말했다.
"저는 오직 세상에서 내가 할 일이 무엇인지도 모르고 함부로 처신하다가 이 꼴이 되었습니다. 그러나 이제 제가 이곳에 온 것은 아직도 내 다리보다 더 소중한 것이 남아 있다고 생각하여서 입니다. 저는 그것을 힘써 보존하려고 마음을 다졌습니다.

무릇 하늘은 모든 것을 덮어 주고, 땅은 모든 것을 실어 주는 광대무변한 존재입니다. 저는 선생님을 그 같은 하늘이나 땅으로 믿고 찾아뵈었는데, 선생께서 이러실 줄은 몰랐습니다."
공자가 말했다.
"듣고 보니 내 생각이 좁았소. 선생 어서 들어오시오. 내가 듣고 익힌 바를 이야기해 드리겠소."
공자의 이야기를 다 듣고 무지는 그곳을 떠났다. 공자는 그 제자들에게 말하였다.
"제자들아, 너희들도 힘써야 할 것이다. 저 무지는 다리가 잘린 절름발이의 신체장애자면서도 오히려 학문에 힘씀으로써 지난 날의 잘못을 보충하려고 하거늘, 하물며 완전한 신체와 덕을 가진 사람이야 더 말할 나위가 있겠느냐?"
그 뒷날 무지는 노담(老聃)을 찾아가서 말했다.
"저 공자는 지인(至人)이 되려면 아직도 멀었습니다. 그런데도 어째서 자꾸만 가르치려 합니까? 그는 또 세상을 괴이한 것으로 속여 명성을 얻으려 합니다. 유명한 사람이 되고 싶어 하지만 지인(至人)에 있어서는 그러한 것이 자기를 구속하는 질곡(桎梏)이라는 것을 알지 못하는듯 하였습니다."
노자가 이를 듣고 말하였다.
"그렇다면 그대는 왜 그에게 죽음과 삶이 하나로 이어져 있고, 옳고 그름이 같은 것이라는 것을 깨닫게 하여, 그 질곡에서 벗어나도록 도와 주지 않았는가? 그것이 가능하였을 것인데."
무지가 말하였다.
"하늘이 그에게 내린 형벌인데, 어찌 벗길 수 있겠습니까?"
▨ 이 이야기는 또한 절름발이 신체장애자며 전과자인 노(魯)나라의 숙산무지라는 사나이(무지는 발가락이 없다는 뜻이 됨)를 내세워 공자와 노자를 상대하게 하였다.
여기에서는 공자의 학문 문화주의(學問文化主義), 예교적 규범주의(禮敎的規範主義)가 인간의 진실을 허영과 위선으로 왜곡시키고, 인간의 내면성(內面性)을 밖으로 속박하는 질곡이라고 통렬하게 깎아내렸다.

이는 무지가 마지막으로 공자를 비평하면서 "하늘이 내린 형벌이다(天刑之)"라고 했으며 인간세편의 마지막에 언급한 바도 있듯이, 오히려 모든 이상주의자의 숙명적인 비극성에 대한 장자의 연민(憐憫)과 울부짖음의 독백을 엿볼 수 있다.

　　魯有兀者叔山無趾[1] 踵見仲尼 仲尼曰 子不謹前 旣犯患若是矣 雖今來 何及矣 無趾曰 吾唯不知務 而輕用吾身 吾是以亡足 今吾來也 猶有尊足者存 吾是以務全之也 夫天無不覆 地無不載 吾以夫子爲天地 安知夫子之猶若是也 孔子曰 丘則陋矣 夫子胡不入乎[2] 請講以所聞 無趾出 孔子曰 弟子勉之 夫無趾兀者也 猶務學以復補前行之惡 而況全德之人乎 無趾語老聃曰 孔丘之於至人 其未邪 彼何賓賓以學子爲 彼且蘄以諔詭幻怪[3]之名聞 不知至人之以是爲己桎梏[4]邪 老聃曰 胡不直使彼以死生爲一條 以可不可爲一貫者 解其桎梏 其可乎 無趾曰 天刑之 安可解

1) 叔山無趾(숙산무지) : 창작된 가공 인물로서 지(趾)는 발가락으로, 무지는 발가락이 없는 불구자를 말하며 올자(兀者)와 같은 뜻임.
2) 胡不入乎(호불입호) : 어찌 들어가지 않는가. 호불(胡不)은 하불(何不)과 같아서 '어찌……아니하는가?'로 푼다.
3) 諔詭幻怪(숙궤환괴) : 숙궤·환괴는 사람의 눈을 속이는 괴상한 속임수.
4) 桎梏(질곡) : 질(桎)은 차꼬, 곡(梏)은 수갑으로서 자유를 속박한다는 뜻이다.

노의 올자인 숙산무지가 중니를 찾아뵈었다. 중니왈 "그대는 지난 날 근신하지 않아 이미 환을 범하여 이렇게 되었네. 지금에 와서 어찌 하겠다는 것인가." 무지가 가로되 "저는 오직 힘씀을 알지 못하여 내 몸을 가볍게 써 왔습니다. 이로써 다리를 잃었습니다. 지금 제가 온 것은 다리보다 귀중한 것이 있어 그것을 힘써 온전하게 하고자 함입니다. 무릇 하늘은 덮지 않는 것이 없고 땅은 싣지 않음이 없습니다. 저는 선생님을 천지로 여겼는데 어찌 선생님이 이와 같으신 줄 알았겠습니까." 공자왈 "내가 고루하였소. 선생 부디 들어오시오. 들은 바를 말씀드리지요." 무지가 갔다. 공자왈 "제자들아, 이를 힘써라. 대저 무지는 올자인데도 오히려 배움에 힘씀으로써 전날의 잘못을 보충하려 한다. 하물며 온전한 덕을 가진 사람에 있어서랴!"

무지가 노담에게 말하였다. "공구의 지인됨은 아직 멀었는데 그는 어째서 자주 가르치려 하는 것입니까? 그는 또한 숙궤환괴로써 명성을 바라고 있습니다. 지인에게는 이것이 질곡임을 알지 못하는 것같습니다." 노담이 가로되 "어째서 바로 그에게 죽고 삶이 한 줄기고 옳고 그름이 하나로 꿰인다는 것을 깨닫게 하여 그 질곡에서 풀어 주지 않았소? 그것이 옳지 않겠소." 무지가 가로되 "천형인데 어찌 풀 수 있겠습니까."

4. 덕이 겉으로 나타나지 않는 사람이면 만물은 그로부터 떠날 수 없다.

노(魯)나라의 젊은 임금인 애공(哀公)이 어느 때 공자에게 물었다.

"이웃 나라인 위(衛)에 아주 추악한 사람이 있는데 이름을 애태타(哀駘它)라고 하였습니다.

남자들이 그와 더불어 생활하면서 그를 사모하여 마음이 끌리는 바 떠나지를 못하고 여자들이 그를 보기만 하면 자기 부모들에게 청하여 말하기를 '다른 사람의 처가 되기보다는 그의 첩이 되겠다'고 하는 사람이 수 십명이나 되었다고 합니다.

그렇지만 그가 자기 주장을 내세우는 것은 아무도 들은 적이 없으며, 언제나 남들과 어울려 그들의 뜻에 화합하기만 할 따름이라 합니다.

그는 남의 죽음을 구해줄 만한 임금의 권력이 있는 것도 아니고, 사람들의 굶주림을 채워줄 만한 많은 재산을 모아둔 것도 아니었소.

게다가 그의 추악한 몰골은 세상을 깜짝 놀라게 할 정도이며, 남에게 동조만 할 뿐 자기의 주장을 내세울 줄 모르기에 사방으로 그의 이름이 알려진 것도 아니오. 그런데도 많은 남녀들이 그에게로 모여드는 것은 반드시 그에게 남과 다른 점이 있어서일 것이오.

그래서 나도 그를 불러 만나보았더니, 과연 그 추악한 꼴이란 세상을 놀라게 할 만했습니다.

내가 그와 더불어 지내기를 한 달이 못되어 그에 이끌려 사모하게 되었고, 한 돌이 되지 않았는데도 그를 완전히 믿게 되었습니다.

그때 마침 나라 안에 재상 자리를 맡길 만한 인재가 없어서 나는 그에게 국정(國政)을 맡도록 의견을 떠 보았습니다. 그는 자못 못마땅하다는 듯 겨우 응낙했으나, 뜻이 없어 곧 사양할 것도 같았습니다.

나는 그래서 내가 모자라 그런가 부끄러운 생각이 들기는 했으나 끝내는 그에게 나라 일을 맡겼습니다.

그러다가 얼마 못가서 그는 나를 버리고 어디론가 떠나가 버렸는데, 나는 어째서인지 마음 한 구석이 텅 빈 것처럼 무엇인가 소중한 것을 잃어버린 듯하였습니다.

그것은 마치 이 나라를 다스리는 즐거움을 함께 나눌 사람이 없어진 것같았습니다. 대체 그는 어떤 사람이기에 그럴까요?"

공자가 말하였다.

"저는 언젠가 초(楚)나라에 사신으로 간 일이 있습니다. 중도에서 마침 새끼 돼지들이 죽은 어미의 젖을 빨고 있는 모습을 보았습니다.

새끼들은 조금 있더니 놀라서 어미를 버리고 달아나 버렸습니다. 그것은 어미 돼지가 지금까지처럼 자기들을 돌봐주지도 않을 뿐 더러, 이미 자기들과는 다른 꼴이 되어 버렸기 때문입니다.
　무릇 그들이 어미를 사랑했던 것은 그 겉모습을 사랑했던 것이 아니라 그 겉모습을 움직이는 그 내면의 덕을 사랑했던 것이라고 말할 수 있을 것입니다.
　전쟁터에 나가 싸우다 죽은 사람의 장례식에는 온전히 천수를 다한 보통 사람들처럼 화려하게 꾸민 관(棺)을 쓰지 않으며, 발뒤꿈치를 깎인 형벌을 받고 절름발이가 된 사람에게는 신발에 대한 애착이 없는 법입니다. 그것은 모두 그 근본이 없어졌기 때문입니다.
　이와는 반대로 천자를 모시는 궁녀가 되면 그 아름다운 육체를 상하지 않기 위해 손톱도 깎지 않고 귀도 뚫지 않습니다. 또한 새로 장가를 들어 처를 맞이한 신하는 밖의 일을 시키지 않으며 공적인 일을 면제 받습니다.
　겉모습만 온전하여도 이와 같이 사랑할 가치가 있는 것이어늘, 하물며 내면의 덕을 충분히 갖춘 사람들이야 말할 나위가 있겠습니까?
　지금 애태타는 아무 말을 하지 않아도 남이 그를 믿어 주고, 아무런 공적이 없어도 남들과 친해지며, 한 나라의 군주로 하여금 자신의 나라를 맡기면서도 혹시나 받지 않을까 염려하는 마음까지 일어나게 했습니다.
　이는 반드시 그 재능이 온전하면서도 덕이 겉으로 드러나지 않는 사람일 것입니다."
　애공이 말했다.
　"그대가 말하는 재능이 온전하다는 것은 어떤 것을 말합니까?"
　공자가 대답하였다.
　"우리들 인간의 죽음과 삶, 곤궁과 영달, 현명과 우둔, 비방과 칭찬, 굶주림과 목마름, 추위와 더위들은 모두가 만물의 변화이며 운명적인 필연의 움직임입니다. 그래서 낮과 밤이 교차하듯 쉬지 않고 우리 눈앞에서 펼쳐지는 이러한 순환들의 처음과 끝을 사람의 지혜로는 근본 원인을 헤아리지 못합니다.

재능이 온전한 사람에게는 그러한 것들이 내면에 있는 덕의 조화(調和)를 어지럽히지 못하며, 마음 깊이 영혼을 흔들어 놓지는 못할 것입니다.
　이렇듯 만사 만물이 잘 조화되어 거침없이 흘러가는대로 맡겨 두면 즐거운 마음을 잃지 않을 것이며, 밤과 낮으로 생기는 변화와 함께한다면 자신도 변화하는 만물과 하나가 되어 만물을 생성하는 봄기운을 받아 새로운 조화를 창조해 나갈 수 있으니 이런 사람이야말로 재능이 온전하다고 하는 것입니다."
　"그렇다면 무엇을 일러 덕이 드러나지 않고 마음 깊숙히 갖추어져 있다고 합니까?"
　"예를 들면 지극히 평평한 것의 극치는 물(水)이 잔잔하게 멈춰 있는 상태를 말합니다.
　이것으로 높고 낮음을 가늠하는 기준을 삼을 수 있으니 내면에 본성을 지니고 있으면서 밖으로 나타내지 않기에 흔들리지 않는 것입니다.
　이와 같이 덕이란 것은 그 내면이 평정(平靜)하여져 사물과 조화를 잘 이루는 것입니다.
　덕(德)을 마음 깊이 간직한 사람은 모든 사물이 존재하는 근원(根原)이 되는 것이므로, 어떠한 존재도 그에게서 떠나지 못하는 것입니다."
　뒷날 애공은 이 일을 공자의 제자인 민자건(閔子騫)에게 말하였다.
　"지금까지 나는 남면(南面)하여 천하에 군림하며 천자의 권세로 백성을 다스리고, 그들이 굶주려 죽지나 않는가 늘 그들의 생활을 걱정하는 것으로 스스로 정치를 다했다고 생각했습니다.
　이제 나는 공자로부터 지인(至人)에 대한 이야기를 듣고 나니 나는 임금이라는 허울만 있을 뿐 덕을 갖추고 있지 못하면서 가볍게 처신하여 급기야는 나의 나라를 망칠까 두렵습니다.
　나와 공자는 임금과 신하 사이가 아니라 덕으로 맺어진 참다운 벗일 따름입니다."

▨ 이 이야기의 주인공으로는 애태타(哀駘它)라는 세상에 다시 없는 추남을 내세웠다.

앞의 세 가지 이야기에 나오는 절름발이 전과자들, 왕태·신도가·숙산무지는 덕이 안으로 가득찬(德充) 초월자로 설정하고, 참다운 덕이란 형체를 초월하는 세계에서 노닌다는 것을 분명하게 설명한 장자는 여기에서 사지(四肢)를 갖추고는 있으나 세상에서 가장 못생긴 추남(醜男) 애태타를 도를 터득한 사람으로 내세워 노나라의 애공(哀公)과 공자의 문답에서 그의 덕을 찬미하게 하였다.

여기에서 우리는 노나라 애공을 현실 세계에 있어서의 정치적 권력의 상징으로, 또 공자를 세속 세계에 있어서의 도덕적 가치의 상징으로 그려 놓았음을 알 수 있다.

마지막 글에서 공자의 제자로 알려진 민자건은 『논어』속에서 안연(顏淵)과 함께 그 덕행이 칭송된 사람이다.

그의 앞에서 애공이 공자를 군신(君臣)사이가 아닌 덕우(德友)로 내세워 준 장자는 말할 나위도 없이 세속적 권력에 대한 도덕적 가치를 우위로 강조하고 있기는 하나, 다시 그 공자가 애태타의 위대함을 칭찬하게 하는 데에서 장자의 공자적 도덕에 대한 대담한 야유와 도전을 엿볼 수 있다.

장자는 자기의 절대자를 공자에게 "재능이 온전하면서도 덕이 겉으로 드러나지 않는 사람(才全而德不形者)"이라고 설명시켰다.

자신의 절대자를 이렇게 설명시킨 장자는 공자적 유덕자(有德者)와 유가적 도덕주의의 형식성과 세속성을 비난하였다.

때문에 장자는 세상에 다시 없는 추남 애태타를 장자적 절대자로 내세워 그 덕이 가득한 위대한 내면성을 칭찬하고, 형체에 붙들려 세속적 가치에 구애받는 유가적(儒家的) 예교주의(禮敎主義)를 통렬하게 풍자했다.

천하의 추남인 애태타를 장자적 절대자로 내세우는 곳에 상식적인 아름다움(美), 단순히 예쁜(麗) 것에 대한 장자의 반발과 반속(反俗)정신을 볼 수 있음은 물론, 또 상식으로는 기괴한 것,

추악한 것이 오히려 새로운 아름다움을 창조한다는 그의 적극적인 뜻을 간파할 수 있다.
 근대의 그림인 회화(繪畵)는 소박한 사실주의를 타파하고, 시각적 원근법(遠近法)의 괴상(Grotesque)한 과장과 물체의 합리적 관계의 불합리한 대치 속에서 사물의 본질을 표현하려고 한다.
 그 새로운 미(美)의 창조와 통하는 것을 우리들은 장자에서도 지적할 수 있을 것이다. 장자도 또한 초현실주의(Surrealism)의 거장들과 같이 인간의 타성적인 감각과 이지(理智)에 도전하고 평속한 사실주의에 반역하는 것이다.

　魯哀公[1]問於仲尼曰 衛有惡人[2]焉 曰哀駘它[3]　丈夫與之處者 思而不能去也 婦人見之 請於父母曰 與人爲妻 寧爲夫子妾者[4] 十數而未止也 未嘗有聞其唱者也 常和人而已矣 無君人之位以濟乎人之死 無聚祿以望人之腹 又以惡駭天下 和而不唱 知不出乎四域 且而雌雄合乎前 是必有異乎人者也 寡人召而觀之 果以惡駭天下 與寡人處 不至以月數 而寡人有意乎其爲人也 不至乎期年 而寡人信之 國無宰 而寡人傳國焉 悶然而後應 汜而若辭 寡人醜乎卒授之國 無幾何也 去寡人而行 寡人卹焉[5]若有亡也 若無與樂是國也 是何人者也 仲尼曰 丘也嘗使於楚矣 適見㹠子[6]食於其死母者 少焉 眴若 皆棄之而走 不見已焉爾 不得類焉爾 所愛其母者 非愛其形也 愛使其形者也 戰而死者 其人之葬也 不以翣資[7] 刖者之屨[8] 無爲愛之 皆無其本矣 爲天子之諸御 不爪翦 不穿耳 取妻者 止於外 不得復使 形全猶足以爲爾 而況全德之人乎 今哀駘它 未言而信 無功而親 使人授己國 唯恐其不受也 是必才全而德不形者也 哀公曰 何謂才全 仲尼曰 死生存亡 窮達貧富 賢與不肖毀譽 飢渴寒暑 是事之變 命之行也 日夜相代乎前 而知不能規乎其始者也 故不足以滑和[9] 不可入於靈府 使之和豫通 而不失於兌 使日夜無郤[10] 而與物爲春 是接而生時於心者也 是之謂才全 何謂德不形 曰 平者 水停之盛也 其可以爲法也 內保之而外不蕩也 德者 成和之修也 德不形者 物不能離也 哀公異日以告閔子[11]曰 始也 吾以南面而君

天下 執民之紀而憂其死 吾自以爲至通¹²⁾矣 今吾聞至人之言 恐吾無其實 輕用吾身 而亡吾國 吾與孔丘 非君臣也 德友而已矣

1) 魯哀公(노애공) : 춘추시대 말기의 노나라 군주. 정공(定公)의 아들로 이름은 장(蔣). 서기전 494년부터 469년까지 재위. 공자는 신하로서 애공을 섬겼다.
2) 惡人(악인) : 추한 남자. 악(惡)은 추악하다, 더럽다는 뜻이다.
3) 哀駘它(애태타) : 가공 인물. 애태는 추한 모습이라는 뜻이고, 이름이 타라고 했다. 풀이하는 이마다 다르다.
4) 寧爲夫子妾者(영위부자첩자) : 차라리 선생의 첩이 되겠다는 자. 영(寧)은 오히려, 차라리, …일지언정으로 새겨서, 무엇무엇보다는 차라리라고 해석함.
5) 卹焉(술언) : 걱정하는 것.
6) 豚子(돈자) : 돈(豚)은 돈(豚)과 같으며 돼지란 뜻이다.
7) 不以翣資(불이삽자) : 삽과 자를 관(棺)의 장식물이라 풀이하는데 정설은 없고, 삽(翣)만은 관의 장식품이라는 것이 틀림없다.
8) 刖者之屨(월자지구) : 월자는 올자(兀者)와 같은 뜻으로 발뒤꿈치를 자르는 형벌을 받은 절름발이 전과자이고 구(屨)는 신발이다.
9) 滑和(골화) : 마음의 화합을 어지럽게 함. 골(滑)은 어지러울 골, 또는 미끄러질 활.
10) 無郤(무극) : 틈이 없다.
11) 閔子(민자) : 공자의 제자로 성은 민(閔)이고 이름은 손(損)이며, 자는 자건(子騫)이다. 『논어』에는 십철(十哲)의 한 사람이며, 안연(顏淵)에 버금가는 덕행을 가진 선비로 나와 있다.
12) 至通(지통) : 최상의 도에 이르렀다는 것.

노의 애공이 중니에게 묻기를 "위나라에 추하게 생긴 자가 있는데 애태타라 합니다. 장부가 그와 더불어 처하면 사모하여 능히 떠나지 못하고, 부인이 그를 보면 자기들 부모에게 청하기를 '다른 사람의 처가 되느니 차라리 그 사람의 첩이 되겠다'라고 하는 사람이 수 십명에 이른다고 합니다. 아직 그 주장을 들은 자가 없고, 언제나 남들과 화합할 따름이라 합니다. 그는 임금의 지위에 있어 죽을 자를 구제하는 것도 아니고 모아 놓은 재물로 남의 배를 채워주는 것도 아닙니다. 또한 추악함은 천하를 놀라게 하고 화하면 주창함이 없고 그 앎이 사방에 떨쳐지지도 않았는데 남녀가 그 앞에 모이는 것은 반드시 남과 다르기 때문일 것입니다. 과인이 불러 그를 보니 과연 추함이 천하를 놀라게 할 만하였습니다. 과인이 그와 더불어 처함에 몇 달 안되어 그 사람됨에 마음이 이끌렸고, 한 돌이 되지 않아서 그를 믿게 되었습니다. 나라에 재상이 없어 과인은 나라를 맡기려 하였는데 민망한 듯 후에 응하는데 망설이는 품이 사양하는 것같았습니다. 나는 부끄러웠으나 마침내 나라를 맡겼는데 얼마 있지 않아 과인을 떠났습니다. 과인은 멍하니 무엇을 잃은 듯하고 더불어 이 나라를 즐길 사람이 없어진 것같으니 그는 어떤 사람입니까?"

중니왈 "구가 일찍이 초나라에 사신으로 갔을 때 마침 돼지 새끼들이 죽은 어미의 젖을 빠는 것을 보았습니다. 조금 있으려니 놀라서 모두 버리고 달아났습니다. 자기들을 돌보지 않고 자기들과는 달랐기 때문입니다. 그 어미를 사랑하는 바는 그 형체를 사랑하는 것이 아니라 그 형체를 부리는 것을 사랑하는 것입니다. 싸우다 죽은 자는 그를 장사지낼 때 장식품으로써 하지 않으며, 월자는 신에 대한 애착이 없습니다. 모두 그 근본이 없기 때문입니다. 천자를 섬기는 자는 손톱도 자르지 않고 귀에 구멍도 뚫지 않습니다. 장가 든 자는 밖의 일을 그치고 다시 부리지 않습니다. 형체를 보전함도 이와 같거늘 하물며 덕을 온전히 하는 사람에 있어서이겠습니까. 지금 애태타는 말이 없어도 믿음을 주고, 공로없이도 친함이 있으며 사람으로 하여금 자기 나라를 주면서도 오직 그 받지 않음을 두려워하게 만듭니다. 그는 반드시 재능은 온전하면서도 덕을 나타내지 않는 사람입니다."

애공이 가로되 "무엇을 일컬어 재능이 온전하다 합니까?" 중니왈 "사생존망, 궁달빈부, 현명함과 불초, 훼예, 기갈한서는 모두 사물(事物)의 변화이며 명의 운행입니다. 밤낮으로 앞에서 서로

엇바뀌어 일어나지만 그 시작을 알지 못합니다. 그러므로 조화를 어지럽히지 못하며, 마음 속으로 스며들지도 못합니다. 이것으로 즐겁게 통하여 기쁨을 잃지 않게 하면, 밤낮으로 틈이 없게 하여 만사를 봄과 같이 합니다. 이는 접하여 마음에 때를 이르게 하니 이것을 재능이 온전하다고 말합니다." "무엇을 덕이 나타나지 않는다고 말합니까?" "평평한 것은 물의 멈춤이 성한 것입니다. 그것으로써 법도를 삼습니다. 안으로 보존하고 밖으로 움직이지 않아서입니다. 덕이란 수양으로 조화를 이루는 것입니다. 덕이 나타나지 않으므로 만물이 떠나지 못합니다."

애공이 다른 날 이 이야기를 민자에게 말했다. "처음에 내가 남면하여 천하의 임금이 되어, 백성의 기강을 잡고 그들의 죽음을 걱정하는 것으로 나는 스스로 지극한 도에 통하였다고 생각했소. 이제 나는 지인의 말을 듣고 나에게 그 실이 없고 경솔하게 내 몸을 써서 내 나라를 망치게 될까 두려워하게 되었소. 나와 공구는 더불어 군신이 아니라 덕으로 맺은 벗일 따름이오."

5. 내면의 덕이 뛰어나면
   외형 따위는 잊게 되는 것이다.

그 이름 마저도 신체장애자라는 것을 실감케 하는 인기지리무신(闉跂支離無脤)이라는 사람이 위나라 영공을 만나 도(道)에 대한 이야기를 했더니 영공은 마음으로 그를 퍽 좋아하게 되었다. 그 뒤로부터 영공은 몸이 완전한 사람을 보게 되면, 오히려 그들의 목이 길고 가냘프게 보였다.

또 목에 물동이 같은 큰 혹을 단 옹앙대영이라는 불구자는 제(齊)나라 환공을 찾아가 도를 이야기하였는데 환공 역시 마음 속으로 그를 몹시 좋아했다. 그 뒤로부터 몸이 완전한 사람을 보면 오히려 그들의 목이 길고 가냘프게 보이고 미워보였다.

이와 같이 내면의 덕이 높으면 자연히 겉으로 나타나는 외형은 잊혀지는 것이다.
　그러나 세상 사람들은 잊어야 할 일은 잊지 아니하고, 잊어서는 안될 일을 잊어버린다. 이러한 것이야말로 진짜로 잊는다(忘却)고 한다.
　그러므로 성인은 잊어야 할 일은 그 흔적도 남김이 없이 잊어버리고 초월의 경지에 머무는 것이다.
　그것은 지식을 모든 화근의 뿌리로 보고, 사회의 규범을 아교풀과 같은 것으로 생각하여 무리하게 얽매어 놓는 속박이라 여겼으며, 상식적인 덕행은 교제의 허식에 불과하다고 보았고, 기교는 상업 수단으로 여겼다.
　성인은 본시 일의 도모하는 바가 없으므로 지식이 필요하지 않으며, 자연에 따르므로 구속되지 아니하고, 본래 자기를 잃음이 없으니 덕이 소용되지 않고, 이욕을 바라지 않으므로 어찌 장사 수단이 필요하겠는가?
　지식과 규범, 덕행과 기교, 이 네 가지는 하늘이 기르는 것이다. 하늘이 기른다는 것은 자연히 먹여 살린다는 뜻이다.
　이미 하늘이 먹여 길러 주는데 어찌 또 인위적인 작용이 필요하겠는가?
　또 성인(聖人)은 사람의 형체는 가졌으되 사람의 정은 잊어버리고 갖고 있지 않다. 인간의 형체를 가지고 있으므로 인간 사회에 살고는 있지만, 인간의 정은 가지고 있지 않기 때문에 옳고 그름의 세속적 선악이 그에게 미치지 못한다.
　성인도 인간이라는 점에서는 작고 작은 미미한 존재이지만 그가 크고도 큰 위대한 존재라는 것은 홀로 그 하늘(天然)의 덕을 안으로 성취시켰기 때문이다.
　▨ 왕태와 신도가와 숙산무지와 애태타 등 네 사람의 신체장애인 전과자를 주인공으로 등장시켜 네 가지의 이야기를 통하여 덕을 갖춘 초월자의 모습을 그렸던 장자가 마지막에는 지상 최대의 그로테스크한 인기지리무신(闉跂支離無脤)과 옹앙대영(甕瓮大癭)

을 내세워, 장자적 절대자는 요컨대 형체를 초월한 세계, 세속적 편견을 버린 만물이 제동(齊同)하는 세계에, 자기 본래의 자유를 소요(逍遙)시키는 존재라는 것으로 결론지었다.

위에서 든 몇 사람의 덕(德)이 충만하고 위대한 불구자들의 이야기에서 밝혀졌듯이, 자기 자신의 내면에 뛰어난 덕을 갖추고 있는 사람은 형체의 미추(美醜), 완불완(完不完) 따위는 잊어버리는 것이다.

그러나 범속(凡俗)한 인간들이란 그러하지 못하니 늘 장자는 반발하고 도전하고 다시 설득하려고 애쓴다.

闉跂支離無脤[1] 說衛靈公[2] 靈公說之 而視全人 其脰肩肩[3] 甕㼜大癭[4] 說齊桓公[5] 桓公說之 而視全人 其脰肩肩 故德有所長 而形有所忘 人不忘其所忘 而忘其所不忘 此謂誠忘 故聖人有所遊 而知爲孽 約爲膠 德爲接 工爲商 聖人不謀 惡用知 不斲[6] 惡用膠 無喪 惡用德 不貨 惡用商 四者天鬻也 天鬻也者天食也 旣受食於天 又惡用人 有人之形 無人之情 有人之形 故群於人 無人之情 故是非不得於身 眇乎[7]小哉 所以屬於人也 警乎[8]大哉 獨成其天

1) 闉跂支離無脤(인기지리무신) : 인기의 인(闉)은 굽었다(曲)와 같은 뜻으로서 다리가 굽은 병신을 말하고, 지리(支離)는 꼽추, 무신(無脤)은 언청이를 말한다. 그래서 갖가지 병신이라는 뜻이다. 장자의 가공적인 인물이다.
2) 衛靈公(위령공) : 춘추시대 후기의 위나라 군주. 퍽 어리석은 임금이었으나 공문자같은 보좌역이 있어서 좋은 정치를 했다고 한다. 기원전 534년에서 493년까지 재위하였고『논어』에도 등장하며 인간세편에는 태자로 쓰여 있다.
3) 肩肩(견견) : 가늘고 여위어서 긴 모양.
4) 甕㼜大癭(옹앙대영) : 장자가 내세운 가공 인물이며, 옹앙은 모든 그릇 이름으로 항아리 같은 것을 말하며, 대영은 큰 혹을 뜻함.
5) 齊桓公(제환공) : 춘추시대 중기의 제나라 군주로 재위는 서기전 685년에서 643년까지, 이른바 오패(五覇)의 첫째 임금으로서 관중

(管仲)같은 보좌역이 그를 잘 보필하여 패도정치로 유명하다.
6) 不斲(불착) : 착은 '깎다', '쪼개다'. 불착은 쪼개지 않는다는 뜻.
7) 眇乎(묘호) : 작고도 작다. 아주 미세하다.
8) 謷乎(오호) : 크고도 크도다. 아주 크다.

인기지리무신이 위나라 영공에게 유세하였더니 영공이 그를 기뻐하였다. 그런 후에 온전한 자를 보니 그 목이 가늘게 보였다. 옹앙대영이 제나라 환공에게 유세하였는데 환공이 그를 기뻐하였다. 그런 후에 온전한 자를 보니 그 목이 야위어 보였다. 그러므로 덕이 뛰어난 바 있으면 형체는 곧 잊는 바 된다. 사람들은 잊어야 할 바를 잊지 아니하고, 잊지 않아야 할 바를 잊는다. 이것을 정말로 잊는 것이라 이른다. 그러므로 성인은 노니는 바가 있다. 그래서 지식을 번거롭게 보고, 약을 아교로 보고, 덕은 허식으로 보고, 공을 상으로 안다. 성인은 도모하지 않으니 어찌 지식을 쓰겠으며, 깎지 않으니 어찌 아교를 쓰랴. 잃는 것이 없으니 어찌 덕을 쓰겠으며, 팔고 삼이 없는데 어찌 장사를 하겠는가? 이 네 가지는 천육(天鬻)인데 천육이란 하늘이 기르는 것이다. 이미 하늘로부터 식을 받았는데 또 어찌 사람이 소용되겠는가? 사람의 형체는 있으나 사람의 정은 없다. 사람의 형체가 있기에 사람들과 어울린다. 사람의 정이 없기 때문에 시비를 몸에 얻지 않는다. 묘호하여 작음은 사람에 속한 까닭이요, 덩그렇게 큼은 홀로 그 하늘을 이루었기 때문이다.

6. 도가 사람에게 그 용모를 부여하고 이법인 하늘이 사람의 형체를 부여했다.

어느 때 이름 높은 논리학자인 혜자(惠子)가 장자를 향하여 논쟁을 벌였다.

"인간이면서 본래부터 인간으로서의 정(情)이 갖추어져 있지 않다는 것은 사실인가?"

장자가 말하였다.

"사실이네."

혜자가 다시 물었다.

"사람이면서 정이 없다면 무엇으로써 그를 사람이라고 말하겠는가?"

장자가 대답하여 말했다.

"만물의 근원인 도(道)가 사람에게 그 용모를 부여하고, 세계의 이법(理法)인 하늘이 사람의 형체를 부여하였는데 어찌 그를 사람이 아니라 하겠는가?"

혜자가 다시 물었다.

"이미 그를 사람이라고 부른다면, 어찌 정을 갖추지 않았다고 할 수 있겠는가?"

장자가 말하였다.

"아니네. 자네가 말하는 정은 내가 말하는 정(情)과는 다르네. 내가 정이 갖추어져 있지 않다고 말한 것은 사람이 좋아하고 미워하는 감정에 빠져서 안으로 자기의 몸을 해치는 어리석음을 일으키지 않고, 언제라도 세계의 이법(理法)의 핵심인 자연을 따라 인위적으로 자기의 생명에 도움을 주려고 하지 않는 것이라네."

혜자가 말하였다.

"그러나 인위적으로 삶에 이익되게 하지 않는다면 어떻게 그 몸을 보존할 수 있겠는가?"

장자가 대답하였다.

"그렇기 때문에 만물의 근원인 도(道)로부터 그 용모를 받았고, 세계의 이법인 하늘에서 인간의 육체를 받았으니, 다만 좋아하고 미워하는 감정으로써 안으로 그 몸을 상하게 하지 않아야 한다.

지금 자네는 자기의 감정을 하나로 하여 내면적인 것에 쏟지 않고, 외면적인 것에 향하게 하여 정신을 괴롭히고 있네. 나무에 기대어 서서 사상을 읊조리고, 책상에 기대어 앉아 철학을 명상하면서 졸고 있네.

하늘이 자네에게 사람의 형체를 만들어 주었는데도 자네는 쓸데없는 견백론(堅白論)따위의 궤변으로 세상을 요란하게 하겠는가? 역시 자네는 사람의 정을 갖추었네."

▨ 이 장은 덕충부편(德充符篇)의 마지막을 맺는 글로서 지금까지는 온갖 괴상한 초월자를 내세워 장자적 초월자로 그려 놓았는데 이 장에서는 장자와 혜자의 직접 문답의 형식을 취하였다.

이 문답의 핵심을 이루고 있는 것은 다름아닌 '성인(聖人)에게도 정(情)이 있느냐? 없느냐?'이다.

이 테마는 뒷날 위·진(魏晋)시대에 들어와서 당시의 청담(淸談)에 의하여 재론되는 중요한 논제가 되었었다.

그 대표적인 논의의 하나로서 왕필(王弼)과 하안(河晏)의 문답이었다.

그 요지만을 다음에 적어 보면

하안이 말하기를 "성인은 초월적인 인격이므로 그에게는 본래 범속(凡俗)한 희노애락(喜怒哀樂)같은 감정은 없다."하였다.

왕필은 "그렇지 않다. 성인도 본질적으로는 범속한 사람과 같다. 성인에게도 희노애락의 감정은 있는 것이다.

단지 그들은 속인(俗人)들이 갖지 못한 영묘(靈妙)한 정신의 작용이 있기 때문에 그 뛰어난 정신의 작용으로 밖의 사물과 접촉하고 자기의 마음을 희노애락의 정에 의하여 흐트러지지 않게 할 따름이다. (삼국지 제 28 권 왕필전주)"하였다.

위의 두 사람에 관한 문답에서는 왕필의 주장이 장자의 뜻과 가까운 것을 알 수 있다.

惠子[1]謂莊子曰 人故無情乎 莊子曰 然 惠子曰 人而無情 何以謂之人 莊子曰 道與之貌 天與之形 惡得不謂之人 惠子曰 旣謂之人 惡得無情 莊子曰 是非吾所謂情也 吾所謂無情者 言人之不以好惡內傷其身 常因自然而不益生也 惠子曰 不益生 何以有其身

莊子曰 道與之貌 天與之形 無以好惡內傷其身 今子外乎子之神 勞乎子之精 倚樹而吟 據槁梧²⁾而瞑 天選子之形 子以堅白鳴³⁾

1) 惠子(혜자) : 혜시(惠施)를 말함. 견백론(堅白論)의 궤변으로 유명하며 이 책 소요유편에도 나와 있다.
2) 槁梧(고오)) : 오동나무로 만든 책상.
3) 堅白鳴(견백명) : 견백은 궤변론자인 공손룡자(公孫龍子)의 견백동이론(堅白同異論)을 말하며, 명(鳴)은 '지껄이다'의 뜻이다.

혜자가 장자에게 일러 가로되 "사람에게 본래 정이 없는가?" 장자왈 "그러하네." 혜자왈 "사람이면서 정이 없다면 무엇으로써 사람이라 하겠는가?" 장자왈 "도가 모습을 주고 하늘이 형체를 주었는데, 어찌 사람이라 하지 않을 수 있겠는가?" 혜자왈 "이미 사람이라 부르는 한 어찌 정이 없을 수 있겠는가?" 장자왈 "그것은 내가 말하는 정이 아니네. 내가 말하는 바 무정은 사람들이 호오(好惡)하는 것으로써 안으로 그 몸을 상하지 않게 하고, 언제나 자연을 따를 뿐 삶(生)을 보태려 하지 않음을 말하네." 혜자왈 "삶을 보태지 않으면 무엇으로써 그 몸이 있겠는가?" 장자왈 "도가 모습을 주고, 하늘이 그 형체를 주었으니 호오로써 안으로 그 몸을 상하게 함이 없게 하는 것이네. 지금 자네는 자네의 정신을 밖으로 하여 자네의 정(精)을 지치게 하네. 나무에 기대어 읊조리고, 책상에 기대어 명상에 잠기네. 하늘이 자네에게 형체를 선별하여 주었는데도 자네는 견백으로써 떠들고 있는 것이네."

제6편 대종사(大宗師)

대종사(大宗師)란 크게 받들어야 할 스승이라는 뜻으로
도(道)를 가리킨 것이다.
도는 우주의 실재로서의 자연이며,
이 도를 스승으로 한다는 것은 곧 자연에 순종하고
우주의 실재와 하나(一)가 되어
그 무엇에도 구애받지 않는
참답고 자유로운 인간의 삶을 현실화하는 것이다.
이러한 도를 스승으로 하여 진실로
자유로운 삶을 살아가는 인간을 진인이라 불렀다.
화(化)는 '물(勿)'이 그 물로서는 죽지만
다른 물로서 생겨나는 변화, 전생(轉生)이며,
그것이 영겁을 통하여 한없이 거듭한다는 이른바
윤회(輪廻)와 같은 것이지만
화(化)하는 모든 물의 총화(總和)로서의
'만물(萬物)'은 끊임없이 자기동일을 간직하고 있다.
그렇기 때문에 하나의 개(個), 물(物)로서의
사람의 삶과 죽음 따위는 전혀 문제되지 않는다.
'물(物)'을 '화(化)'하게 하는
것이나 일체의 만물(萬物) 가운데 있을
'도(道)'만이 추구되어야 할 것이라고 설파했다.

제 6 편 대종사(大宗師)

1. 세상에 삶을 기뻐할 줄도 모르고 죽음을 또한 싫어할 줄도 모른다.

 하늘이 하는 일을 알고 또 사람이 해야 할 일을 힘써 알고 있는 사람이야말로 사리를 통찰하는 데 있어 완전한 존재라고 할 수 있다.
 하늘이 하는 일을 아는 사람은 순수한 자연을 따라 그대로 사는 사람이요, 사람의 힘써야 하는 바를 아는 사람은 이미 자기의 지혜로 알아낸 것으로써 아직도 알아내지 못한 바를 구명(究明)하게 된다.
 모든 지혜를 부려서 하늘에서 타고난 천수를 다하며 도중에 요절하지 않는 것이 곧 완성된 지혜라고 하는 것이다.
 비록 그렇기는 하지만 여기에는 하나의 걱정이 있다. 무릇 지혜라는 것은 우선 그 대상이 있은 다음에야 비로소 앞날을 미루어 알아 맞히는 것인데, 그 대상이라는 것은 끊임없이 변화하여 일정한 것이 아니기 때문에 명확한 인식을 할 수 없다.
 그러할지니 내가 먼저 말한 하늘(自然)이 실로 정반대인 인위를 뜻하며, 내가 말한 인위적인 것이 실은 자연을 가리키고 있는지도 모를 일이 아닌가?
 또한 지혜라는 것은 도를 터득한 진인(眞人)이 있은 다음에야 참된 지혜(眞知)가 있게 된다.
 그렇다면 어떤 사람을 두고 진인이라 말하는가?

옛날에 활약하던 진인은 역경을 당하여도 거기에 안주하여 거스르지 않으며, 영달을 하여도 별로 뽐내지도 않고, 또 구태여 일을 꾀하려고도 하지 않는다.

이러한 사람은 비록 잘못 되어도 뉘우치지 않으며, 잘 되어도 얻은 체를 하지 않는다.

또 이러한 경지에 이른 사람은 아무리 높은 데 올라가도 두려워 떨지 않고, 물 속에 들어가도 젖지 않으며, 불 속에 뛰어들어도 뜨거워하지 않는다.

이것은 그 지혜가 도의 극치에까지 오른 결과로 위대한 승화라고 볼 수 있는 것이다.

옛날의 진인은 마음과 몸이 함께 밖의 사물에 이끌리는 일이 없기 때문에, 잠을 잘 때에도 꿈을 꾸지 않고, 깨어 있어도 걱정이 없다.

음식에도 유달리 맛을 찾지 않으며, 그의 숨결은 깊게 들이마시고 고요하게 내쉰다. 진인은 발뒤꿈치로 숨쉬고, 범인(凡人)은 목구멍으로 숨을 쉰다.

남과 다투어서 패하여 굴복한 사람의 목구멍 소리는 목이 막혀 있는 것같고, 욕심이 많은 사람은 그의 타고난 그릇이 천박할 뿐이다.

또 옛날의 진인은 삶을 기뻐할 줄도 모르고, 죽음을 싫어할 줄도 몰랐다. 이 세상에 태어났음을 기뻐하지도 않았으며, 저 세상으로 끌려들어가 죽는 것도 거부하지 않았다.

아무런 생각없이 선선히 자연을 따라가고, 선선히 따라올 뿐이다. 자기의 삶이 도로부터 시초 되었음을 알려고도 하지 않았고, 그 끝나는 바를 추구하지도 않았다.

삶은 이미 받았는지라 그저 기뻐할 뿐이며 죽으면 그것을 되돌려 줄 뿐이었다.

이러한 경지를 말하여 '좁은 사람의 마음으로 도를 저버린다거나 작은 사람의 힘으로 자연의 운행을 돕지 않는다'는 것이다. 곧 진인(眞人)이란 이러한 존재이다.

이와 같은 사람은 그 마음을 하나에 모아서 다른 모든 것을 잊고 요동하지 않으며, 그 얼굴은 평온하고 그 이마는 활짝 펴져 널찍하다.

그의 엄함은 가을과 같고, 그의 따뜻함은 봄날 같다. 그의 기쁨이나 노여움은 사계절의 온량한서(溫涼寒暑)의 자연과 통하여, 밖의 사물(事物)에 잘 조화하면서 적당하게 응하므로 그 한계를 짐작할 수 없다.

그러므로 자연 그대로 따라 처신하는 성인(聖人)은 군사를 일으켜 남의 나라를 멸망시켜도 그 나라 민중들의 인심을 잃지 않으며, 만세(萬世)에까지 미치는 큰 은혜를 베풀면서도 스스로 민중을 사랑한다고 떠벌리지 않는다.

그러므로 밖의 사물에 정통하여 제 뜻대로 하기를 바라는 사람은 성인이 아니며, 특별히 남에게 친애(親愛)의 정을 쏟는 사람은 인자(仁者)가 아니다.

일부러 자연의 때를 시세(時勢)에 맞추려고 함은 현인(賢人)이 아니며, 이해(利害)의 타산을 버리지 못하여 이것을 하나로 보지 못하면 군자(君子)가 아니다.

밖의 명성(名聲)에 사로잡혀 행동하다가 자기 자신의 진실을 잃으면 선비가 아니며, 자신을 망쳐 참된 삶에 일관하지 못하면 남을 부릴 만한 사람이 되지 못하고 남에게 부림을 당할 신세 밖에 못된다.

그러므로 저 청렴결백(淸廉潔白)한 선비로 옛날부터 유명한 호불해(狐不偕)·무광(務光)·백이(伯夷)·숙제(叔齊)·기자(箕子)·서여(胥餘)·기타(紀他)·신도적(申徒狄)같은 역역한 사람들도 언제나 남의 고역(苦役)을 맡아 일했고, 남의 즐거움에 만족하면서 남에게 부림을 당하며 지냈지 끝내는 스스로 좇을 바를 좇아 즐기지는 못하였다.

옛날의 진인(眞人)은 그 모습이 우뚝하고 당당하여 지극히 높이 솟아도 허물어짐이 없었다. 또 무엇인가 모자라는 듯하면서도 보충할 것이 없었다.

너그럽고 고고(孤高)하였으나 과장(誇張)되거나 편벽한 마음은 조금도 없었으며, 반드시 그 마음이 크고 넓어서 텅 빈 것같지만 가볍지 않았다. 화락하여 언제나 싱글벙글 기쁜듯 하지만 진정한 진인의 기쁨이라 할 수 없고 세상일에 쫓기는듯 하지만 도리를 좇아 어쩔 수 없이 행동하는 것이었다.

덕이 가득차 얼굴에 환한 홍조를 띄고 언제나 안으로 간직한 덕(德)에 머물렀다.

그 정신세계는 아득하게 멀어 초연하여 세상일에 속박되는 일이 없다. 느릿느릿하여 항상 게으르게 보이고, 자기의 내면 깊숙한 곳에서 일어나는 것을 사랑하는듯 보이지만, 사실은 멍하니 할 말을 잊은듯 하다.

이와 같은 진인(眞人)은 현실의 정치적 지배에서 무조건 도피하는 것이 아니라 오히려 무위자연(無爲自然) 속에 절대한 힘을 행사하는 존재이다.

그는 형벌에 의한 지배를 첫째의 본체로 삼고 예의에 의한 교화를 그 보조로 삼았다.

지식은 때의 변화에 따르고, 덕은 사물의 자연을 본받아 단호히 천하에 군림하는 사람이다.

형벌을 자기 몸처럼 생각한다는 것은 사형을 집행하는데 관대하여 질서를 유지하기 위한 것이다.

예의를 교화의 날개로 삼는다는 것은 세상에서 행해지는 대로 따라 사회에 효력을 발휘하기 위한 것이다.

지식은 때를 따름과 같이 한다고 하는 것은 정치적 실무를 처리하기 위한 것이며, 지식은 버릴 수가 없기 때문이다.

사물을 헤아리는 것과 같이 덕을 헤아리는 것은 두 다리를 갖춘 안내역을 세워서 목표한 언덕을 향하여 착실하게 걸어 간다는 것과 같다.

그러나 세상 사람들은 이러한 진인의 무위자연의 정치를 보고 참으로 힘써 부지런히 간다고들 오해한다.

그러므로 진인에게는 그가 좋아하는 것도 하나이고, 그가 싫어

하는 것도 하나이다. 도와 하나인 것은 말할 나위도 없겠지만 도와 하나가 아닌 것도 그에게 있어서는 도와 하나다.
 그처럼 항상 도와 하나인 것은 하늘과 짝한 무리가 되는 것이고, 때에 따라 도에서 떨어져나가 도와 하나가 아니라는 것은 사람과 한 무리가 되는 것이다.
 그러나 그는 하늘(自然)의 입장과 사람(人爲)의 입장이 서로 다투는 것이라고 보지 않으며, 서로 조화(調和)를 가지는 존재라고 여기는 그를 일러 진인이라 한다.
 그러나 인간에게는 죽음과 삶이 있어서 이것을 피할 수 없는 운명이라 한다.
 아침과 밤이 규칙적으로 거듭하는 것은, 바꿀 수 없는 자연의 법칙으로 그것은 하늘이 하는 바로서 사람은 간여할 수 없는 것과 같이, 존재하는 모든 사물의 진실된 모습이다.
 사람들은 특히 그 하늘(自然)을 아버지처럼 여기며 몸소 그를 사랑하는데 하물며 그보다 더 뛰어난 존재인 도(道)에 대하여 보다 큰 사랑을 쏟는다는 것은 말할 나위가 있겠는가?
 또 사람들은 자기가 섬기는 임금을 자기보다 뛰어나다고 여기기에 그를 위하여 죽음도 아끼지 않거늘 하물며 임금보다 한층 근원적인 진실에 있어서랴.
 샘물이 마르면 물고기들은 진흙 위에 모여 서로 물기를 뿜어 주고, 물거품으로 적셔 준다. 그러나 물이 풍부한 강이나 호수 속에서 서로를 잊고 있던 때만 못할 것이다.
 이와 같이 요임금을 성군으로 기리고 걸왕을 폭군으로 비난하는 쓸데없는 시비(是非)에 붙들리는 것은 그 어느 것이나 다 잊고 올바른 도에 동화하는 것만 같지 못하다.
 무릇 자연의 도(道)인 대지(大地)가 인간의 육체를 우리에게 주어 나를 이 세상에 나게 해 주고, 힘들게 삶을 영위하도록 하고, 늙게 하고, 그래서 우리에게 조금은 즐겁게 편안한 삶을 주고, 끝내는 죽음으로 우리를 쉬게 한다.
 이와 같이 나의 삶과 죽음도 모두 대지(大地)인 도가 만들어낸 결과이다. 그러므로 우리가 삶을 좋다고 긍정하는 것은 그대로 우리가 죽음도 좋다고 긍정하는 까닭이 된다.
　무릇 배를 산골짜기에 감추어 두고, 산을 깊은 늪에 감추어 둔 사람은 우선 든든하다고 생각할 것이다. 그러나 한밤중에 어떤 힘센 사람이 와 그것을 짊어지고 달아날 수도 있는데 어리석은 사람은 이를 알지 못한다. 이처럼 작은 것을 큰 곳에 감추는 것은 마땅한 일이기는 하지만 그래도 잃어버릴 염려는 그대로 남아 있다.
　그러나 천하 만물은 천하 그 자체 속에 감추어져 있어서 모든 사물들이 어디로 빠져나가려 해도 빠져나갈 수가 없는 존재이다. 그래서 이것만이 항상 불변하는 만물 전체의 위대한 진실의 모습이다.
　사람들은 어쩌다가 인간의 형체를 가지고 이 세상에 온 것만으로도 기뻐하지만, 사람의 형체같은 것은 여러 가지로 변화를 거듭하여 영원히 그칠 줄을 모른다. 거기에서 그만한 것으로 즐거워할 것같으면 이 세상 즐거움은 헤아릴 수 없을 것이다.
　그러므로 성인은 아무것도 빠져나갈 수 없는 곳에서 유유자적하며 자기를 해방시켜 도와 더불어 노닌다.
　만물 전체인 천하에 있어서 그는 단지 하나의 물(物)에 지나지 않는 자기를, 일찍 죽는 것도 오래 사는 것도 좋다고 하며, 새로 태어나는 것도 끝내는 죽는 것도, 그러한 변화를 하나로 보아 좋은 것으로 긍정한다.
　사람들은 이 정도의 것으로도 본받게 마련인데 하물며 만물의 존재를 근원적으로 규정하여 그 일체의 변화를 일어나게 하는 도에 있어서랴?
　무릇 도는 진실로 실재(實在)하고 신실(信實)하게 작용하고 있지만 무위(無爲)의 작용이기에 실재하는 증거는 있으나 작위한 형체는 없다.
　그러면서도 그것을 마음으로 전할 수는 있으나 물건처럼 주고받을 수는 없고, 그것을 스스로 체득할 수는 있으나 눈으로 볼 수는 없다.

또 도는 자신 속에 존재 근거를 가지고 천지가 생기기 이전부터 이미 존재하고 있어서, 귀신들을 영묘하게 하고, 제왕(帝王)에게 신성함을 주는 것과 함께 하늘과 땅을 낳았다.

그것은 우주의 끝간 데 없이 더 높은 자리에 있고, 세계가 닿아 있는 제일 밑바닥보다도 깊은 자리이며, 천지가 생긴 훨씬 먼 저부터 존속하여, 아주 옛날(上古)에서 자라서 지금까지 있으면서 영겁(永劫)의 미래로 작용을 이어갈 시간과 공간을 벗어난 존재인 것이다. 그래서 도(道)의 효능은 거의 무한인 것이다.

그 옛날 희위씨(豨韋氏)는 그 도를 터득하여 하늘과 땅을 두 손으로 받들어 연결시켰고, 복희(伏戲)는 그 도를 터득하여 만물의 어미(母)인 기운을 얻어 음양을 화합시켰다.

북두성(北斗星)은 그 도를 얻어서 영원히 어그러짐이 없이 방향을 잡아 운행하였고, 해와 달은 그것을 터득하여 끝없이 쉬지 않고 돌면서 빛과 열을 내보냈다.

감배(堪坏)는 도를 터득하여 곤륜산을 지키는 신(神)이 되었고, 풍이(馮夷)는 도를 얻어 큰 황하에서 노니는 신이 되었다.

그리고 견오(肩吾)는 도를 터득하여 제(齊)나라의 태산을 다스리며 살았고, 황제(黃帝)는 도를 터득하여 구름을 타고 하늘에 올랐다.

전욱(顓頊)은 도를 터득하여 현궁(玄宮)이 있는 북쪽 나라를 다스렸고, 우강(禺强)은 도를 터득하여 북극의 바다에 서서 신이 되었다.

서왕모(西王母)는 도를 터득하여 소광산(少廣山)에 살았으나 언제 나서 언제 죽었는지 모를 정도로 오래 살았고, 팽조(彭祖)는 도를 얻어 위로는 우나라 순임금 때부터 아래로는 춘추 오패(五覇) 때까지 오래 살았다.

그리고 부열(傅說)은 도를 터득하여 은나라 왕, 무정(武丁)의 재상이 되어 온 천하를 다스렸고, 곧이어 동유성(東維星)을 올라타고 기와 미(箕尾)의 별자리에 걸터앉아 하늘의 뭇 별들과 나란히 빛나게 되었다.

▨ 이 장에서 장자는 간결하면서도 인간의 지혜, 즉 인식능력(認識能力)에 대한 비판을 시도하였다.

그것은 칸트의 인식비판과 같이 치밀한 논리적 전개는 없다. 그러나 칸트가 궁극적인 문제로 삼았던 것을 장자는 이미 수 천년 전에 문제 삼았던 것이다.

장자에 있어서 지(知)란 대상 세계의 인과적(因果的), 통일적(統一的) 파악의 노력이었다. 인간은 이 대상 세계의 인과적, 통일적 파악 속에 인류의 행복을 건설하는 것이다. 그리고 확실하게 인류는 이 지적 노력 가운데 많은 행복을 추구하게 된다.

이 점에 있어서는 장자도 인정하고 있다. 그러나 또 장자는 인지(人知)의 한계와 그 상대성(相對性)마저 날카롭게 반성한다.

그는 인간의 인식과 실재와의 사이에 메꾸어지지 않는 골(滑)을 자각한다. 모든 인식은 그 골 앞에서 한계 지어진다.

장자는 모든 판단이 여기서는 그 절대성을 잃고, 상대화(相對化)한다고 말했다.

그러나 장자의 절대자가 참다운 절대자가 되기 위하여는 그는 이 인식의 한계를 초월하여 실재(實在)에 들어가지 않으면 아니 된다.

이 장의 끝 부분에서 말한 내용을 보면, 장자의 사상과 신선사상(神仙思想)과의 사이에는 확실하게 현저한 유사성이 있음을 볼 수 있다.

즉 신선(神仙)은 본래 세속 세계를 초월한 존재이며, 장자에 있어서의 절대자 또한 세속 세계를 초월한 것이라는 점이다.

또 장자의 초월자가 시간과 공간을 초월한 절대 자유한 세계를 소요비상(逍遙飛翔)하는 것과 같이, 신선(神仙) 또한 신통력을 얻어서 공중을 자유 자재롭게 비상하여 모든 시간을 그 밖으로 초월하는 점에 있어서도 유사한 점이 없지 않다.

그러나 이와 같은 몇 가지 유사점이 있음에도 불구하고 장자적 절대자와 신선과의 사이에는 보아 넘겨서는 안될 하나의 근본적인 차이점이 있다.

 그것은 신선이 인간의 시간을 한탄하여 늙고(老), 죽음(死)을 수명(壽命) 연장으로 극복하려고 하는데 반하여 장자적 절대자는 시간 그 자체를 초월하고자 하는 점이다.

 시간을 초월한다는 것은 곧 유한(有限)과 무한(無限)으로 하는 것이 아니라 유한(有限) 속에서 무한을 찾아 내는 것이며, 유한과 무한을 그 대립의 근원에 있어서 하나(一)로 보는 데 있다.

 신선은 그 삶(生)을 무한(無限)으로 계속시킴을 바라고 그 삶에 집착한다. 그러나 장자는 그 집착이 미망(迷妄)이라 하여 물리친다.

 위와 같이 몇 가지 유사점이 있음에도 불구하고 여기에는 양자의 사이에 사상으로서는 무한의 거리가 있다.

 단지 장자는 신선(神仙)의 초월성을 사랑한다. 그 바람을 마시고, 이슬을 머금어서 늘 요약(淖約)하게 아름다운 처녀와 같이 청순한 것과 땅 위의 모든 추한 것을 더 높은 공중으로 날려 인간의 탄식을 흰 구름 저 쪽에서 비웃는 탈속(脫俗)을 사랑한다.

 장자는 신선이란 그의 높은 초월의 상징에 지나지 않는 것이다. '황제는 도를 터득하여 신선이 되었고, 팽조는 도를 얻어 불로장생하였다'라고 말했을 때, 그는 황제나 팽조에게서 불로장생을 동경한 것이 아니다. 그는 모든 시간과 공간을 자기 속에 포용하여 초월하는 도의 위대한 것을 상징적으로 설명하는 데 지나지 않았다.

　　知天之所爲 知人之所爲者 至矣 知天之所爲者 天而生也 知人之所爲者 以其知之所知 以養其知之所不知 終其天年 而不中道夭者 是知之盛也 雖然 有患 夫知有所待而後當 其所待者 特未定也 庸詎知吾所謂天之非人乎 所謂人之非天乎 且有眞人 而後有眞知 何謂眞人 古之眞人 不逆寡 不雄成[1] 不謨士[2] 若然者 過而弗悔 當而不自得也 若然者 登高不慄 入水不濡 入火不熱 是知之能登假[3]於道也 若此 古之眞人 其寢不夢 其覺無憂 其食不甘 其息深

深 眞人之息以踵 衆人之息以喉 屈服者 其嗌言若哇 其耆欲深者
其天機淺 古之眞人 不知說生 不知惡死 其出不訢 其入不距 翛然[4]
而往 翛然而來而已矣 不忘其所始 不求其所終 受而喜之 忘而復
之 是之謂不以心捐道 不以人助天 是之謂眞人 若然者 其心志 其
容寂 其顙頯 凄然[5]似秋 煖然[6]似春 喜怒通四時 與物有宜[7] 而莫
知其極 故聖人之用兵也 亡國而不失人心 利澤施乎萬世不爲愛人
故樂通物[8] 非聖人也 有親 非仁也 天時 非賢也 利害不通 非君子
也 行名失己 非士也 亡身不眞 非役人也 若狐不偕[9] 務光[10] 伯夷
叔齊[11] 箕子[12] 胥餘[13] 紀他[14] 申徒狄[15] 是役人之役 適人之適 而
不自適其適者也 古之眞人 其狀義 而不朋[16] 若不足而不承 與乎
其觚而不堅也 張乎 其虛而不華也 邴邴乎[17] 其似喜乎 崔乎[18] 其不
得已乎 滀乎[19] 進我色也 與乎止 我德也 厲乎[20] 其似世乎 謷乎[21]
其未可制也 連乎 其似好閉也 悗乎[22] 忘其言也 以刑爲體 以禮爲
翼 以知爲時 以德爲循 以刑爲體者 綽乎[23] 其殺也 以禮爲翼者
所以行於世也 以知爲時者 不得已於事也 以德爲循者 言其與有足
者至於丘也 而人眞以爲勤行者也 故其好之也一 其弗好之也一 其
一也一 其不一也一 其一與天爲徒 其不一與人爲徒 天與人不相勝
也 是之謂眞人

死生 命也 其有夜旦[24]之常 天也 人之有所不得與 皆物之情也
彼特以天爲父 而身猶愛之 而況其卓乎 人特以有君爲愈乎己 而身
猶死之 而況其眞乎 泉涸 魚相與處於陸 相呴以濕 相濡以沫 不如
相忘於江湖 與其譽堯而非桀也 不如兩忘而化其道 夫大塊[25]載我
以形 勞我以生 佚我[26]以老 息我以死 故善吾生者 乃所以善吾死
也 夫藏舟於壑 藏山於澤 謂之固矣 然而夜半有力者 負之而走 昧
者不知也 藏小大有宜 猶有所遯 若夫藏天下於天下 而不得所遯
是恒物之大情也 特犯人之形 而猶喜之 若人之形者 萬化而未始有
極也 其爲樂 可勝計邪 故聖人將遊於物之所不得遯而皆存 善夭善
老 善始善終 人猶效之[27] 又況萬物之所係[28] 而一化之所待乎 夫道
有情有信 無爲無形 可傳而不可受 可得而不可見 自本自根 未有
天地 自古以固存 神鬼神帝 生天生地 在太極之先而不爲高 在六

極²⁹⁾之下而不爲深 先天地生而不爲久 長於上古而不爲老 狶韋氏³⁰⁾
得之 以挈天地³¹⁾ 伏戱³²⁾得之 以襲氣母³³⁾ 維斗³⁴⁾得之 終古不忒 日
月得之 終古不息 堪坏³⁵⁾得之 以襲崑崙 馮夷³⁶⁾得之 以遊大川 肩
吾³⁷⁾得之 以處大山 黃帝³⁸⁾得之 以登雲天 顓頊³⁹⁾得之 以處玄宮
禺强⁴⁰⁾得之 立乎北極 西王母⁴¹⁾得之 坐乎小廣 莫知其始 莫知其終
彭祖得之 上及有虞⁴²⁾ 下及五伯⁴³⁾ 傳說得之 以相武丁⁴⁴⁾ 奄有天下
乘東維⁴⁵⁾ 騎箕尾⁴⁶⁾ 而比於列星

1) 不雄成(불웅성) : 이루었음을 자랑하지 않는다. 웅(雄)은 자랑하다.
2) 不謨士(불모사) : 일을 도모하지 않는다. 모(謨)는 도모(圖謀)한다
   는 꾀(謀)와 같은 뜻이며, 사(士)는 일(事)과 같다.
3) 登假(등격) : 가(假)는 격(格)과 같은 뜻의 글자로 등격(登假)은 이
   르렀다(至也)로 풀이한다.
4) 翛然(유연) : 아무 생각없이 자연에 따르는 것(自然無心而自爾). 오
   고 감에 아무 어지러움이 없이 자연스럽다. (往來不亂之貌).
5) 凄然(처연) : 쓸쓸한 모양. 엄한 모양. 서늘하다.
6) 煖然(난연) : 훈훈한 모양. 온화한 모양. 따뜻하다.
7) 與物有宜(여물유의) : 만물과 더불어 잘 조화되다. 유의(有宜)의 의
   (宜)는 '유순하다'로 다른 것과 잘 조화(調和)되는 것을 뜻함.
8) 故樂通物(고요통물) : '그러므로 만물을 알고자 하는 것은'에서 요
   (樂)는 '하고자'의 뜻이며, 통(通)은 안다로 통한다.
9) 狐不偕(호불해) : 성은 호(狐), 자는 불해(不偕)로 요임금이 황제의
   자리를 물려주려 하자 이를 탄식하여 강물에 빠져 죽었다는 전설적
   인 현인(賢人).
10) 務光(무광) : 전설적인 현인으로서 은나라 탕임금이 임금 자리를
    물려주려 하자 이를 부끄럽게 여기고 여수에 빠져 죽었다는 설이
    있다. 다른 문헌에는 모광(牟光)으로도 나온다.
11) 伯夷叔齊(백이숙제) : 백이와 숙제 형제는 고죽국(孤竹國)의 왕자
    로 은나라 말기의 현자다. 주(紂)임금을 치려는 무왕을 간하다가
    듣지 않자 수양산에 들어가 굶어 죽었다는 절개의 상징인 사람들.
12) 箕子(기자) : 전설적인 현인. 군자로서 은나라 왕족으로 전하며,

주왕의 무도를 간하다가 체포되었으나 미친 사람 노릇으로 죽음을 면하였다는 일화가 있다.
13) 胥餘(서여) : 『석문』에는 '기자서여(箕子胥餘)'로 나와 있어, 기자의 이름이라는 설도 있다. 그러나 기자와는 별개의 사람임은 틀림없으며, 한편으로는 이 책의 소요유편에 나오는 접여(接輿)와 같은 사람이라고도 한다.
14) 紀他(기타) : 탕임금 때의 현인으로 무광(務光)이 임금 자리를 물려받는다는 말을 듣고, 자기에게도 그 일이 미칠까봐 겁내어 물에 빠져 죽었다는 이야기가 있다.
15) 申徒狄(신도적) : 은나라 때의 현인으로 돌을 짊어지고 강물에 빠져 죽었다는 전설적인 사람. 『장자』 잡편 도척에 보면 임금에게 간하다가 듣지 않자 물에 몸을 던졌다는 이야기가 나온다.
16) 其狀義而不朋(기상의이불붕) : 의(義)는 의(宜)와 같은 뜻으로 '좋다' '조화하다'로 풀이하는 경우도 있으나 여기서는 '지극히 높다'로 풀며 붕(朋)은 '허물어지다(崩)'와 같은 뜻으로 푼다.
17) 邴邴乎(병병호) : 밝고 기쁜 모습.
18) 崔乎(최호) : 재촉하는 모양. 최(崔)는 최(催)의 빌린 글자로서 촉(促)·박(迫)의 뜻이 담겼다.
19) 滀乎(축호) : 축(滀)을 축(㵅)으로 쓴 원전도 있으며, '물이 괸다', '풍족하다'로 풀이한다. '모인다(聚也)', '충분하다(充也)'.
20) 厲乎(여호) : 이 '여호'에 대하여는 주석이 여러 가지 있으나 '마음 아파하다'로 푼다. 참고하면 『석문』에는 '여(如)'로 보았고, 『설문』에는 '해(懈)'로 썼다.
21) 謷乎(오호) : 초연한 모습. 뜻을 믿고 높이 가지는 모양. 『석문』에서 사마(司馬)는 '지원모(志遠貌)'라 하였다.
22) 忨乎(만호) : 무심한 모양.
23) 綽乎(작호) : 너그러운 모양(寬也).
24) 夜旦(야단) : 밤과 아침. 단(旦)은 아침을 뜻함.
25) 大塊(대괴) : 대괴(大塊)는 제물론편에 이미 나왔다. 자연(自然)을 가리킨다. 온 세상.

26) 佚我(일아) : 나를 편하게 하다. 일(佚)은 편하다(樂).
27) 效之(효지) : 이를 본받다. 효(效)는 '본받다'의 뜻.
28) 所係(소계) : 매이는 바 된다. 계(係)는 '귀속(歸屬)'되는 것.
29) 六極(육극) : 육합(六合)과 같은 뜻으로 천지 사방을 뜻한다.
30) 狶韋氏(희위씨) : 전설적인 제왕으로서 천지를 창조하였다는 신(神)으로 받든다. 『춘추좌씨전』 양공 24년 『국어』에는 시위씨(豕韋氏)를 말한다고 되어 있기도 하다.
31) 以挈天地(이설천지) : 설(挈)은 '달아 올리다', '들어 올리다'의 뜻이며, 이설천지는 하늘과 땅을 들어 올린다는 뜻. 여기서는 설(挈)을 '설(契)', '합(合)'으로 보아서 천지를 하나로 연결하여 조화케 한다로 보는 것이 옳다.
32) 伏戲(복희) : 복희(伏羲)를 잘못 기록한 것으로 상고 시대의 제왕. 인간세편에 이미 나와 있다.
33) 以襲氣母(이습기모) : 천지를 이루는 기운의 근원(母)으로 돌아간다. 습(襲)은 '들어간다', '제 것으로 만든다', '합친다'는 뜻이 있다.
34) 維斗(유두) : 유두(維斗)는 북두칠성(北斗七星)의 북극성을 말하며, 이른바 천하 운행의 중심점을 뜻한다. 『한비자(韓非子)』에도 '유두득지 이성기위…(維斗得之以成其威…)'란 말이 나온다.
35) 堪坏(감배) : 신(神)의 이름으로 얼굴은 사람이고 몸은 짐승과 같으며 『산해경(山海經)』 서산경에 나오는 짐승과 같다고 했다.
36) 馮夷(풍이) : 황하(黃河)의 물귀신.
37) 肩吾(견오) : 이 책 소요유편과 응제왕편에도 나오는 실재(實在)하는 사람으로 전하여진다.
38) 黃帝(황제) : 고대 중국의 전설적 임금으로 득도(得道)하여 하늘에 있는 임금으로서 『사기(史記)』 봉선서(封禪書)의 전한(前漢) 원정4년에 제나라 공손경(公孫卿)이 무왕(武王)에게 말한 내용에 자세히 쓰여져 있다.
39) 顓頊(전욱) : 황제와 더불어 전설적인 인물로, 오행설(五行說)에 의한 북쪽(北方) 현궁(玄宮)을 다스리던 임금으로서 오제(五帝)중

의 둘째로 황제의 손자. 이름은 고양(高陽)이라 불렀다 함.
40) 禺强(우강) : '우강(禺强)은 북쪽 바다 기슭에 살며, 얼굴은 사람이고 몸은 새(鳥)인데, 두 마리의 푸른 뱀을 귀에 달고, 두 마리의 붉은 뱀을 발로 밟고 산다'라고 『산해경(山海經)』해외북경과 대황북경에 쓰여 있다.
41) 西王母(서왕모) : 『산해경(山海經)』에 보면 서왕모는 사람과 같은 모습을 하고, 머리는 봉두난발이며, 꼬리는 개 모양같이 생긴 짐승을 잘 타고 다니는 아주 아름다운 신선(神仙)으로 그렸다. 『회남자(淮南子)』 남명훈편(서기전 139년 성립) 등에는 서쪽에 사는 불로·불사하는 선녀(仙女)로 등장시켜 아름다움의 표상으로 삼았으며 또한 산해경처럼 반인 반수(半人半獸)의 괴물로 그려놓았다.
42) 有虞(유우) : 순(舜)임금을 말함.
43) 五伯(오백) : 백(伯)을 패(覇)로 보아, 춘추시대에 나타난 다섯 사람의 패자(覇者)를 말한다.
44) 武丁(무정) : 은나라 고종(高宗)의 이름. 부열(傅說)을 재상으로 썼다는 기록은 『묵자(墨子)』 상현 중·하편에 있고 『사기』 은본기에도 나와 있다.
45) 東維(동유) : 별자리 이름.
46) 箕尾(기미) : 기와 미. 다같이 별 이름으로 본다.

하늘이 하는 바를 알고, 사람이 하는 바를 아는 자는 지극하다. 하늘이 하는 바를 아는 자는 하늘과 더불어 산다. 사람이 하는 바를 아는 자는 그 지식의 아는 바로써 그 지식의 모르는 바를 키운다. 그 천수를 다하고 중도에 요절하지 않는 자는 그 앎이 뛰어났기 때문이다. 비록 그러하나 근심이 있다. 대저 앎이란 기대하는 바가 있은 후에야 타당하다. 그 기대하는 바는 아직 확정되지 않았다. 그런데 어찌 내가 하늘이 사람과 다르고, 사람이 하늘과 다름을 알겠는가. 그러므로 진인이 있은 뒤에야 진지가 있는 것이다.

무엇을 진인이라 하는가. 옛날의 진인은 작은 일에 거스르지 않고 성공을 뽐내지 않으며, 아무 일도 꾀하지 않았다. 그와 같은 자는 잘못이 있어도 뉘우치지 않고, 당하여도 득하지 않는다. 그와 같은 자는 높은 곳에 올라도 무서워하지 않고, 물에 들어도 젖지 않으며 불에 들어도 뜨거워하지 않는다. 앎이 능히 도를 이룬 것이 이와 같다.

옛날의 진인은 그 잠에서 꿈을 꾸지 않으며, 깨어 있어도 근심이 없다. 먹는 데 단 것을 찾지 않으며, 그 숨결은 깊고 깊었다. 진인은 종으로써 숨쉬는데 뭇 사람은 후로써 숨쉰다. 굴복자는 그 목소리가 막히는 것같고, 욕심이 많은 자는 그 천기가 박하다.

옛날의 진인은 삶을 기뻐할 줄 모르고 죽음을 싫어할 줄 모른다. 그 나옴을 기뻐하지 않고, 그 들어감을 거부하지 않는다. 유연하게 가고, 유연하게 올 뿐이다. 그 시작하는 바를 잊지 않고, 그 끝나는 바를 구하지도 않는다. 받아서 이를 기뻐하고, 잃음에 이를 돌려준다. 이것을 일러 마음으로써 도를 버리지 않고, 사람으로써 하늘을 돕지 않음이라 한다. 이를 일컬어 진인이라 한다. 그와 같은 자는 그 마음은 잊고, 그 모습은 고요하며, 그 이마는 널찍하다. 처연하기 가을같고, 난연하여 봄같다. 희노는 사시와 통하고 만물과 더불어 조화되어 그 극을 알지 못한다. 그러므로 성인은 군사를 써 나라를 멸망시켜도 인심을 잃지 않는다. 이익과 혜택을 만세에 베풀어도 사람을 사랑하지 않는다고 한다. 그러므로 만물에 통하려 함은 성인이 아니다. 친하려 함은 인(仁)이 아니다. 천시를 따르려 함은 현이 아니다. 이해에 통하지 못함은 군자가 아니다. 명을 행하여 자기를 잃음은 사가 아니다. 몸을 망쳐 진실치 못하면 남을 부리지 못한다. 호불해·무광·백이·숙제·기자·서여·기타·신도적과 같은 자들은 남의 일에 부림을 당하고, 남의 즐거움을 즐겼을 뿐 스스로의 즐거움은 즐기지 못하였다.

옛날의 진인은 그 모습이 높아도 무너지지 않고 부족한듯 하면서도 받는 것이 없다. 유연하게 고고한 듯하면서도 완고하지 않고, 넓게 허해도 화려하지 않다. 화락함은 기뻐서인가, 초조함은 부득이 하여서인가. 자신의 얼굴빛이 윤기가 더해 감은 자신의 덕이 머물러 있음인가. 세상을 닮은 듯하지만 초월하여 제약에 얽매이지 않는다. 오래도록 침묵을 즐기는 듯하지만 무심하여 그 말을 잊은 것 뿐이다. 형으로써 몸을 삼고 예로써 날개를 삼으며, 지혜로써 때에 맞추고 덕으로써 순한다. 형을 몸으로 삼음은 그를 죽임에 관용할 수 있다. 예로 날개를 삼음은 세상에 행하는 까닭이다. 지혜로 때를 삼음은 일을 부득이하게 처리하기 때문이다. 덕으로 순하게 함은 발 있는 자와 언덕에 이르는 것을 말한다. 그런데도 사람들은 참으로 힘써 행한다고 생각한다. 그러므로 좋아하는 것도 하나이고 좋아하지 않는 것도 하나이다. 그 하나도 하나이고 하나 아닌 것도 하나이다. 그 하나는 하늘과 더불어 무리가 되고 그 하나 아닌 것은 사람과 더불어 무리가 된다는 것이다. 하늘과 더불어 사람은 서로 다툴 수 없는 것이다. 이것을 진인이라 말한다. 사생은 명이고 그 야단이 늘 있음은 천이다. 사람이 간여할 수 없는 바 있음은 모두 만물 정이다. 그는 오직 하늘로써 아버지를 삼고 몸소 이를 사랑하니 하물며 더욱 뛰어난 것에서랴. 사람은 오직 임금을 자기보다 뛰어나다하여 몸소 목숨을 바친다. 하물며 그 진실한 것에 대해서랴.

물이 말라 물고기가 서로 뭍에 처하면 서로 물기를 뿜어주고, 서로 물방울로 적셔주지만 강호에 살면서 서로 잊고 사느니만 같지 못하다. 그처럼 요를 기리고, 걸을 비난하는 것은 그 둘을 잊고 도에 화하는 것만 같지 못하다. 무릇 자연은 형체로써 나를 실어주고, 삶으로써 나를 수고롭게 하며, 늙게 함으로써 나에게 휴식을 주고, 죽음으로써 나를 쉬게 한다. 그러므로 내 삶을 좋다고 하는 것은 내 죽음을 좋다고 하는 바다.

대저 배를 골짜기에 감추고 산을 못 속에 숨기면 든든하다고 한다. 그러나 밤중에 힘 있는 자가 짊어지고 달아날 수 있는데, 어리석은 자는 알지 못한다. 소(小)를 대(大)에 감추면 적당하지만 달아날 수 있다. 그러나 만약 천하를 천하에 감추면 달아날 수 없다. 이것이 항물의 대정이다. 특히 사람의 형체를 취한 것을 기뻐하는데, 사람의 형체는 끝없이 변화하여 처음부터 다함이 없었다. 그 즐거움을 어찌 다 헤아릴 수 있겠는가. 그러므로 성인은 만물이 달아날 수 없는 곳에 노닐며 모두를 그대로 두려 한다. 요절도 좋고 늙음도 좋으며 시작도 좋고 끝도 좋아한다. 사람이 이를 본받으려 한다. 하물며 만물이 매이고 변화가 의지하는 바에 있어서랴.

　무릇 도는 정이 있고 믿음이 있지만 무위·무형이다. 전할 수는 있어도 받을 수 없고, 터득할 수는 있어도 볼 수 없다. 스스로 본이 되고, 스스로 뿌리가 되며 천지가 있기 전부터 본래 있었다. 귀를 신령하게 제를 신성하게 하였으며, 하늘을 낳았고 땅을 낳았다. 태극의 위에 있으면서 높다 하지 않고, 육극의 아래에 있으면서 깊다 하지 않는다. 천지보다 먼저 생겼어도 오래지 않고, 태고부터 성장해도 늙었다 하지 않는다. 희위씨는 이를 얻어 천지를 들었고 복희씨는 이를 얻어 기모를 합하였다. 유두는 이를 얻어 영원히 변함이 없었고 일월은 이를 얻어 영원히 쉬지 않는다. 감배는 이를 얻어 곤륜에 들어갔고 풍이는 이를 얻어 대천에서 노닐었다. 견오는 이를 얻어 태산에 살고, 황제는 이를 얻어 하늘 높이 구름에 올랐다. 전욱은 이를 얻어 현궁에 살며 우강은 이를 얻어 북극에 섰다. 서왕모는 이를 얻어 소광에 앉았는데 그 시작도 알지 못하고 그 끝도 알지 못한다. 팽조는 이를 얻어 위로 우에 이르고 아래로 오백에 이르렀다. 부열은 이를 얻어 무정의 재상으로써 천하를 다스렸고, 동유에 올라 기미를 타고 열성에 끼었다.

2. 죽여도 죽지 아니하고
　　살아도 살지 아니한 것과 같다.

　어느 때 저 유명한 철학자인 남백자규(南伯子葵)가 여우(女

偶)를 찾아가 말하였다.
 "선생은 연세가 많으신데도 얼굴빛이 어린아이와 같으니 어찌된 까닭입니까?"
 여우가 이에 대답하여 말했다.
 "나는 도를 들었기 때문이오."
 남백자규가 다시 말하였다.
 "도라는 것을 배울 수 있습니까?"
 여우는 대답하였다.
 "아, 아니되오. 그대는 그럴 만한 사람이 되지 못하오. 그대와는 다른 저 복량의(卜梁倚)라는 사람은 성인의 재질은 가졌지만 성인의 도는 갖고 있지 못하였고, 나는 성인의 도는 갖고 있으나 성인의 재질은 가지지 못하였소.
 내가 그를 가르쳐서 성인의 도를 전수하려고 생각하였지만 과연 성인이 될 수 있을까 미심쩍었소. 그렇다 하더라도 성인의 도만은 성인의 재질을 가진 사람에게 가르치는 것이 쉬우리라 여기고 그를 가르쳤소.
 나는 신중하게 지키고 앉아 그를 가르친 지 사흘만에 그는 천하의 존재를 잊은 경지에 들었소.
 이미 천하를 잊은 뒤에 나는 또 그를 지키고 앉아서 도를 가르쳤더니 이레만에 그는 만물의 존재를 잊은 경지에 들게 되었소.
 이미 사물을 잊은 뒤에 나는 다시 그를 지키고 앉아 도를 가르치기 아흐레만에야 그는 자기의 삶을 잊게 되었소.
 이미 삶을 잊고 난 뒤에는 비로소 마음이 아침 햇살처럼 밝고, 공기처럼 맑아졌소. 이렇게 마음이 아침처럼 맑아진 뒤에야 모든 것이 서광과 같은 경지, 곧 자기가 독립된 주체로 참답게 실재(實在)하는 경지를 볼 수 있고, 그것을 본 뒤에라야 때(시간)의 추이를 초월한 경지, 즉 고금의 한계를 벗어난 영원한 지경에 들어갈 수 있소.
 고금의 한계가 없어진 뒤에라야 죽지도 않고 살지도 않는 도 그 자체의 절대적인 세계에 들어가는 것이오. 그러나 삶을 죽이는 이는 그 자신도 죽지 않고, 삶을 살리는 이는 그 자신도 살지 못하는 것이오.
　이렇듯이 성인의 도는 생사를 초월하는 자만이 만물의 생사를 담당할 수 있는 것이오.
　이러한 사람의 모습은 그 만물을 영위하는 것에 있어 사라져 가는 것은 사라져가는 대로 보내고, 오는 것은 오는 대로 맞아들이는 것이오. 허물어지는 것은 허물어지는 그대로 맡기고, 생겨나는 것은 생겨나는 그대로 맡겨 두는 것이오.
　이것을 영녕(攖寧)이라고 하며, 영녕이라는 것은 끊임없이 만물과 어지럽게 접촉하면서 생사・훼명하는 가운데 편안을 얻는 것을 뜻하오."
　이 말을 듣고 남백자규가 말하였다.
　"선생은 대체 어디서 그러한 도를 들었습니까?."
　여우가 대답하였다.
　"나는 부묵(副墨)의 아들에게서 들었소. 부묵이란 곧 모든 문헌(文獻)・서책(書冊)으로서 그것에서 배웠다는 뜻이오. 부묵의 아들은 또 낙송(洛誦)의 손자 즉 오랜 선조(先祖)들의 구송(口誦)・전승(傳承)에서 배웠고, 낙송의 손자는 첨명(瞻明) 즉 눈으로 밝게 보는 것에서 배웠으며, 첨명은 또한 섭허(聶許) 즉 사리를 분별하는 귀로 들어 배웠고, 섭허는 또 수역(需役) 즉 실천에 따른 체득으로 들었고, 수역은 다시 오구(於謳) 즉 사물에서 솔직하게 느끼는 감동에서 들었고, 오구는 다시 현명(玄冥) 즉 세계 그 자체의 깊숙한 어둠에서 들었으며, 현명은 다시 참료(參寥) 즉 허무하면서 실재하는 것에서 듣고, 그 참료는 다시 의시(疑始) 즉 근원인 허무에 서서 다하는 곳에서 들었다 하였소."
　▨ 앞 장에서 진인(眞人)에 대한 것과 그 진인이 가진 '참(眞)' 즉 도(道)의 위대함을 찬미한 장자는 이것을 대종사편의 전제로 하여 이 장부터 일곱 가지 문답형식의 설화로 앞서 밝힌 주장을 한층 더 구체적으로 쉽게 설명하였다.
　우선 남백자규(南伯子葵)와 여우(女偊)의 문답을 빌려 도의 체득으로 절대 세계에 참입(眞入)하는 실천적 프로세스(과정-process)를 말한다.

이른바 영녕(攖寧)이 그 실천의 궁극적 경지이며, 이 말은 문답 전체의 안목을 일별할 수 있는 것이다.

'영녕(攖寧)'이란 장자 스스로가 정의하고 있는 바와 같이, 자기와 도(道)가 하나로 얽혀서 서로 포옹하여 실현하는 경지이지만 그러한 경우의 자기 자신이란 '이외물의 이외생의(已外物矣已外生矣)'한 자기, 단순한 개체적인 나(小我)의 마음과 몸을 던져 없애고 우주적인 나(大我) 즉 자아(自我)라고 하는 것에 순수화된 자기이다.

도(道)란 생멸 변화하는 실재 그것이므로 자기와 도가 하나로 포옹하여 나타나는 경지란 만상(萬象)의 생멸 변화를 생멸 변화로서 순수하게 관조하는 입장, 인간세편에서 말하는 '허이대물(虛而待物)'의 경지, 제물론편에서 말한 '만물여아위일(萬物與我爲一)'의 경지인 것이다.

'조철(朝徹)'이나 '견독(見獨)'이라고 하는 것도 요컨대 그 우주적 자아(自我)의 순수한 관조의 입장을 나타내는 말이다. 또한 제물론편에서 남곽자기(南郭子綦)가 말한 '오상아…문천뢰부(吾喪我…聞天籟夫)'도 순수관조와 같은 경지인 것이다.

거기에는 고금(古今)의 시간적 관념이나 죽고 삶(死生)의 존재적 관념도 없으며, 일체의 생멸 변화를 포함하여 영겁(永劫)의 시간과 무한의 공간을 자발 자전(自發自展)하는 도(道)와 명합(冥合)하는 것에 있어서 자기 안에 확실히 쥐고 나가는 것이 있을 뿐이다.

거기에서는 자기에게 안긴 도가 불생불사(不生不死)인 동시에 자기도 또한 불생불사가 되지 않으면 안된다.

자기가 도를 안고, 도가 자기를 안아서, '탑언사상기우(嗒焉似喪其耦)'의 경지가 영녕(攖寧)인 것이다.

요컨대 영녕이란 장자의 절대 세계이며, 그의 해탈(解脫)이며, 자유 자재인 것이다. 장자는 그 해탈을 남백자규와의 이야기를 통해 여우(女偊)의 답으로 설명하였다.
 여기에서는 절대 세계에 깨달아 들어가는 것을 지극히 경험적인 입장으로 설명하고 있다.
 특히 끝 부분에서 '문제부묵지자(聞諸副墨之子)'부터 끝의 '참료문지의시(參寥聞之疑始)'까지는, 아는 바와 같이 근세 중국 철학에 있어서는 주자(朱子)의 경험주의와 왕양명(王陽明)의 직관주의가 대립하여 있고, 중국선(中國禪)에 있어서도 점수(漸修)와 돈오(頓悟)가 서로 대립되어 있지만 여기에서 논한 해탈론(解脫論)은 분명히 왕양명적인 것이 아니라 주자적인 것, 돈오적인 것 보다는 점수적인 것이다.
 그래서 이러한 경험주의·점수주의(漸修主義)가 장자 본래의 사상인지 아닌지를 원초 장자의 원전에서 찾아 보기란 많은 문제가 있겠지만 우리는 중국에 있어서 해탈론의 경험주의적 입장에 있는 하나의 원형(原型)을 이루고 있음이 충분한 주목거리가 된다고 본다.
 특히 이 장에서 해탈의 경로를 의인화(擬人化)한 점이 재미있는 부분이다.
 '부묵(副墨)', '낙송(洛誦)'부터 '참료(參寥)', '의시(疑始)'까지에서 이들을 사제(師弟) 간으로 설정하고, 서로 도(道)를 전하는 계보(系譜)로 썼음은 그 후대에 와서 송학(宋學) 등에서 시끄럽게 논쟁된 바 있었다.
 도통(道通) 사상의 하나를 이룬 원류라고 볼 수도 있는 것이다. '참료(參寥)'는 뒷날 도사(道士)의 호 등으로 많이 애용되었고, 이백(李白)과의 교제가 있었다는 '참료자(參寥子)'와 송나라 때의 『참료자집(參寥子集)』의 저자 석도잠(釋道潛) 등도 그 호를 참료자(參寥子)라 하여 유명한 바 있다.

　　南伯子葵[1] 問乎女偊[2] 曰 子之年長矣 而色若孺子 何也 曰 吾聞道矣 南伯子葵曰 道可得學邪 曰惡 惡可 子非其人也 夫卜梁倚[3] 有聖人之才 而無聖人之道 我有聖人之道 而無聖人之才 吾欲以敎

之 庶幾其果爲聖人乎 不然 以聖人之道 告聖人之才 亦易矣 吾猶守而告之參日 而後能外天下 已外天下矣 吾又守之七日 而後能外物 已外物矣 吾又守之九日 而後能外生 已外生矣 而後能朝徹[4] 朝徹 而後能見獨[5] 見獨 而後能無古今 無古今 而後能入於不死不生 殺生者不死 生生者不生 其爲物 無不將也 無不迎也 無不毁也 無不成也 其名爲攖寧 攖寧也者 攖而後成者也 南伯子葵曰 子獨惡乎聞之 曰 聞諸副墨[6]之子 副墨之子聞諸洛誦[7]之孫 洛誦之孫聞之瞻明[8] 瞻明聞之聶許[9] 聶許聞之需役[10] 需役聞之於謳[11] 於謳聞之玄冥[12] 玄冥聞之參寥[13] 參寥聞之疑始[14]

1) 南伯子葵(남백자규) : 이 책 제물론편에 나온 '남곽자기', 인간세편에 나온 바 있는 '남백자기'와 동일인으로 추측되는 역시 가공적인 인물이다.
2) 女偊(여우) : 도를 터득한 가공의 인물로서 여자라는 설이 있다.
3) 卜梁倚(복량의) : 복량은 성이고, 의는 이름으로 실재한 인물은 아닌 듯하다.
4) 朝徹(조철) : 조(朝)는 아침(旦)이고, 철(徹)은 밝게 깨달았다는 뜻.
5) 見獨(견독) : 독(獨)은 홀로 상대가 없는 것으로 본성(本性)을 말하며, 견독은 '본성을 보다', '도를 터득하다'는 뜻으로 풀이한다.
6) 副墨(부묵) : 책을 의인화한 이름.
7) 洛誦(낙송) : 책을 읽고 외우는 것을 의인화한 것.
8) 瞻明(첨명) : 밝게 꿰뚫어 본다는 뜻으로, 이(理)를 총명하게 듣고, 바른 말로 전하는 것으로 역시 의인화한 이름이다.
9) 聶許(섭허) : 잘 알아 듣는다는 뜻이 있으며, 이것도 의인화된 이름이다.
10) 需役(수역) : 마음으로 터득한 도를 실천한다는 뜻으로 역시 의인화된 이름.
11) 於謳(오구) : 어(於)는 땅 이름이나 사람 이름으로 쓸 때는 '오'로 읽어서 '오구'라고 하였으며, 찬양하여 노래 부른다는 뜻이다. 이것도 의인화된 이름이다. 구(謳)는 구(嘔)로도 본다.
12) 玄冥(현명) : 진리 그 자체인 도(道)를 말한다. 의인화된 이름.

13) 參寥(참료) : 참(參)은 높다(高)로 보는 견해도 있으며, 요(寥)는 공허(空虛)로 보아 고요한 도(道)를 말한다.
14) 疑始(의시) : 처음이 있는 듯하면서도 처음이 없는(無是始也) 자연의 도(道)를 뜻함. 역시 의인화된 이름.

남백자규가 여우에게 물었다. "선생은 나이가 많은데도 빛이 아이와 같음은 어째서입니까?" 왈 "나는 도를 들었기 때문이오." 남백자규가 왈 "도를 배울 수 있습니까." 왈 "아아, 어찌 가하리오. 그대는 그럴 사람이 못되오. 저 복량의는 성인의 재질은 있으나 성인의 도가 없었다. 나는 성인의 도는 있으나 성인의 재질이 없다. 내 이로써 가르치려 하지만 그가 과연 성인이 될지는 모르겠소. 그렇지 않다 하여도 성인의 도로써 성인의 재질을 가르치는 것은 쉬운 일이다. 나는 신중하게 가르치기를 사흘만에 능히 천하를 잊게 하였소. 이미 천하를 잊게 하였으나 나는 또 이를 지켜보았는데 이레만에 능히 사물을 잊게 하였소. 이미 만물을 잊게 하였으나 나는 또 그를 지켜보기 아흐레만에 능히 삶을 잊게 하였소. 이미 삶을 잊게 한 뒤에는 능히 조철하였다. 조철(朝徹)한 뒤에는 능히 홀로 볼 수 있었고, 홀로 본 뒤에는 능히 고금(古今)이 없어졌소. 고금이 없고 난 뒤에 능히 불사불생에 들어갔소. 삶을 죽이는 자 불사며 삶을 낳는 자 불생이다. 그것이 이루어지면 보내지 않음이 없고 맞아들이지 않음이 없다. 허물어지지 않음이 없고 이루어지지 않음이 없다. 그 이름을 영녕(攖寧)이라 하는데 영녕이란 얽힌 뒤에 이루어지는 것이다."
남백자규왈 "선생은 홀로 어디서 이를 들었소." 왈 "부묵의 아들에게서 들었소. 부묵의 아들은 낙송의 손자에게서 들었으며, 낙송의 손자는 첨명으로부터 들었소. 첨명은 섭허로부터 들었고, 섭허는 수역에게서 들었소. 수역은 오구에게서 들었고, 오구는 현명으로부터 들었소. 현명은 참료로부터 들었고, 참료는 의시로부터 들었소."

3. 얻은 것은 이 시대이며
잃은 것은 순리일 따름이다.

자사(子祀)・자여(子輿)・자려(子犂)・자래(子來)라는 네 사람이 함께 모여 이야기하였다.

"누가 능히 무(無)로써 머리로 삼고, 삶을 등뼈로 여기고, 죽음을 뒤꽁무니로 삼을 수 있겠는가? 또한 누가 죽음과 삶, 있음과 없음을 하나로 여길 수 있는 사람이 있을까? 만일 있다면 나는 그와 더불어 친구가 될 것이다."

네 사람은 서로 바라보며 웃었는데 마음에 거리낌이 없이 서로 벗이 되었다.

얼마 뒤에 자여가 갑자기 병으로 앓아 눕게 되자 자사가 그를 문병하였다.

이때 문병 온 자사를 보고 자여가 말하였다.

"위대하고 영묘하도다, 조물주여. 장차 내 몸을 곱사등이로 만들려 하는구나."

자사가 보니 과연 그의 등은 불쑥 튀어 나오고, 오장은 위로 올라가 있으며, 턱은 배꼽을 가리고, 어깨는 정수리보다 높으며, 목뼈는 하늘을 가리키고 있었다.

그런데 몸속의 음양의 두 기운은 어지러워졌지만 그의 마음은 고요하여 아무 일도 일어나지 않은 것같았다.

자여는 비틀거리며 우물가로 가서 자기의 모습을 비추어보며 말하였다.

"아아, 저 조물주는 장차 나를 곱사등이로 만들려 하는구나!"

이에 자사가 말하였다.

"자네는 그것이 싫은가?"

자여가 대답하였다.

"아니네. 내가 어찌 미워하겠는가?

 만일 내 병이 점점 깊어져 왼팔을 닭으로 만든다면 나는 그것으로 사람들에게 새벽 때가 된 것을 알려 줄 것이네. 또 오른팔이 변하여 팔매쇠(탄환)가 된다면 나는 그것으로 비둘기를 잡아서 구워 먹을 것이네.

 또 다시 내 엉덩이가 수레바퀴처럼 변하고 내 정신이 말같이 된다면 나는 그대로 그를 잡아타고 다니기만 하면 그뿐이네. 어찌 번거롭게 달리 수레와 말이 필요하겠는가?

 또한 사람이 이 세상에 삶을 얻은 것은 그러한 때를 만난 것 뿐이고, 세상을 떠나는 것도 죽는 차례에 순응하는 것일 따름이네. 그래서 죽고 사는 때에 맞춰 편안히 지내며 변화에 순응하는 사람에게는 슬픔이나 즐거운 감정따위가 능히 끼어들지 못하는 것이네.

 이러한 경지야말로 옛부터 말해오던 속박으로부터의 해방(縣解)이라는 것일세. 다만 스스로 모든 속박에서 벗어나지 못함은 사물에 얽매여 있기 때문이네.

 무릇 인간이라는 존재가 하늘이 하는 일을 이기지 못하는 것은 오래전부터의 정해진 진리라네.

 내 또한 어찌 그것을 미워하겠는가?"

 갑자기 이번에는 자래가 병이 나서 숨을 헐떡거리며 곧 죽을 것같았다. 그의 처자들이 둘러싸고 울고 있었다. 자려가 문병을 가서 말하였다.

"쉬이, 모두들 저리로 물러가시오. 자연의 변화를 슬퍼할 것 없소."

 가족을 물리친 자려가 방문에 기대어 서서 자래에게 말했다.

"하늘의 조화는 위대하고도 영묘하도다. 자네를 무엇으로 만들고 어디로 데려가려는 것일까? 자네를 쥐의 간으로 만들려는가? 아니면 벌레의 팔뚝으로 만들려는 것일까?"

 자래가 말하였다.

"자식은 부모가 동서남북 어디로 가라 하던지 그대로 따를 뿐이네. 하물며 인간이 음양의 두 기운을 따르지 않으면 안되는 것이니 부모에 대한 자식의 정도(正道)가 아니기 때문이지. 자식은 절대 복종만이 있을 뿐이네.

그 음양의 조화가 나에게 죽음을 요구하는데도 내가 따르지 않는다면 나는 곧 횡포자가 될 것이지만 음양의 조화에게야 무슨 허물이 있겠는가?

무릇 천지는 나에게 형체를 주어 태어나게 하고, 삶을 주어 수고롭게 하였으며, 곧 늙게 하여 나를 한가롭게 하였고, 결국에는 죽음으로써 나를 쉬게 하네. 그러므로 나의 삶과 죽음은 모두 자연의 조화가 만들어낸 결과이므로, 내가 삶을 좋다고 하는 것은 이내 죽음도 좋다고 하는 것과 같은 까닭이네.

예컨대 지금 뛰어난 대장장이가 있어서 쇠를 녹여 주물을 만들려는데, 그때 쇠가 펄펄 뛰면서 '나는 막야(鏌鋣)같은 명검이 되겠다'고 한다면, 대장장이는 반드시 상서롭지 못한 쇠라고 생각할 것일세.

마찬가지로 내가 한번 사람의 형체를 쓰고 나왔다고 말마다 '나는 사람으로만 있겠다. 사람으로만 있겠다'고 한다면 저 조물주도 반드시 상서롭지 못한 인간으로 여길 것이네.

만물을 남김없이 안아 포용하는 이 천지를 커다란 용광로라 생각하고, 사람의 삶과 죽음의 조화를 뛰어난 대장장이라 생각한다면 어디를 가거나 안될 것이 있겠는가? 깜빡 잠이 들었다가도 문득 깨어날 뿐이지."

▨ 여기서는 자사, 자여, 자려, 자래 네 사람을 등장시켜 그들의 문답을 빌려 삶(生)과 죽음(死)이 요컨대 하나이며, 죽음을 두려워하는 것은 오직 미망(迷妄)에 지나지 않음을 밝히고 있다.

이러한 이야기는 장자의 여러 가지 설화 가운데서도 특별하게 유머러스한 필치로 그려져 있고, 서술 또한 경쾌하여 장자적 기지와 표일의 행동이 엿보이는 통쾌한 문장이다.

子祀子輿子犂子來[1]四人 相與語曰 孰能以無爲首 以生爲脊 以

死爲尻 孰知死生存亡之一體者 吾與之友矣 四人相視而笑 莫逆於心 遂相與爲友 俄而子輿有病 子祀往問之 曰 偉哉 夫造物者 將以予爲此拘拘也[2] 曲僂[3]發背 上有五管 頤隱於齊 肩高於頂 句贅指天 陰陽之氣有沴 其心閒而無事 跰𨇤而鑑于井 曰 嗟乎 夫造物者 又將以予爲此拘拘也 子祀曰 女惡之乎 曰 亡 予何惡 浸假[4]而化予之左臂以爲鷄 予因以求時夜 浸假而化予之右臂以爲彈 予因以求鴞炙 浸假而化予之尻以爲輪 以神爲馬 予因而乘之 豈更駕哉 且夫得者 時也 失者 順也 安時而處順 哀樂不能入也 此古之所謂縣解[5]也 而不能自解者 物有結之 且夫物不勝天久矣 吾又何惡焉 俄而子來有病 喘喘然將死 其妻子環而泣之 子犂往問之 曰 叱 避 無怛化 倚其戶 與之語 曰 偉哉 造化 又將奚以汝爲 將奚以汝適 以汝爲鼠肝乎 以汝爲蟲臂乎 子來 曰 父母於子 東西南北 唯命之從 陰陽於人 不翅於父母 彼近吾死 而我不聽 我則悍矣 彼何罪焉 夫大塊載我以形 勞我以生 佚我以老 息我以死 故善吾生者 乃所以善吾死也 今大冶鑄金 金踊躍 曰 我且必爲鏌鋣[6] 大冶 必以爲不祥之金 今一犯人之形 而曰 人耳 人耳 夫造化者 必以爲不祥之人 今一以天地爲大鑪 以造化爲大冶 惡乎往而不可哉 成然[7]寐 蘧然[8]覺

1) 子祀子輿子犂子來(자사·자여·자려·자래) : 장자가 도담(道談)을 시키기 위하여 등장시킨 가공 인물들.
2) 此拘拘也(차구구야) : 구구(拘拘)는 '펴지지 않는 것'을 말함.
3) 曲僂(곡루) : 곱사등이.
4) 浸假(침격) : 침(浸)은 차츰, 격(假)은 이른다(至也)로 차츰차츰 이른다는 뜻. 침격(浸假)을 '침가'로 읽어서 '자연스럽게 변화됨을 나타낸다'라고도 풀이함.
5) 縣解(현해) : 양생주편에 이미 나와 있는 말로써 현(縣)은 현(懸)과 같은 뜻으로 '매달리다'. 현해는 '매달린 것을 푼다'는 것으로 '속박에서 해방시킨다'는 뜻이다.
6) 鏌鋣(막야) : 『석문』에는 칼 이름으로 나와 있다. 오왕이 합여에게 바쳤다는 명검으로 전한다.

7) 成然(성연) : 불이 꺼지는 조용한 모양. 『석문』에서는 '현해(縣解) 하는 모습'이라 하였다.
8) 蘧然(거연) : 깜짝 놀라서 기뻐하는 모습(驚喜之貌).

　자사·자여·자려·자래 네 사람이 모여 서로 이야기하였다. "누가 능히 무(無)로써 머리를 삼고, 생으로써 등을 삼고, 사로써 엉덩이를 삼겠는가. 누가 사생존망이 일체인 줄 알겠는가. 내 그와 더불어 벗이 되리라." 네 사람은 서로 보고 웃었다. 마음에 거리낌이 없어 마침내 서로 벗이 되었다.
　갑자기 자여가 병이 나서 자사가 문병하러 갔다. 자여왈 "위대하다. 저 조물주여. 나를 장차 구구하게 만들다니!" 등은 곱사등이 되고, 오장은 위쪽에 있고, 턱은 배꼽을 가리고, 어깨는 머리보다 높고, 구췌는 하늘을 가리켰다. 음양의 기운이 어지러워졌지만 그 마음은 한가하여 무사하였다. 뒤뚱뒤뚱 걸어가 우물에 그 모습을 비추어 보고 말하였다. "아아, 저 조물주는 나를 이토록 구부러지게 만들었구나." 자사왈 "그대는 이를 미워하는가." "아니네. 내 어찌 미워하겠는가. 내 왼팔을 점점 변화시켜 닭으로 만들면 나는 새벽의 때를 알려주겠네. 내 오른팔을 점점 변화시켜 활로 만들면 나는 새구이를 바라겠네. 내 엉덩이를 점점 변화시켜 수레바퀴로 만들고 마음을 말로 만들면 그것을 탈 것이니 어찌 다른 수레가 필요하겠는가. 무릇 얻음은 때이고 잃음은 순리이다. 때에 안주하고 순리에 처하면 슬픔과 즐거움이 끼어들지 못한다. 이것이 옛사람이 말한 현해(縣解)이다. 그런데 스스로 풀지 못함은 외물에 얽매여 있기 때문이다. 무릇 외물이 하늘을 이기지 못함이 오래인데 내 어찌 미워하겠는가."
　얼마뒤 자래가 병이 들어 헐떡거리며 곧 죽을 것같았다. 그의 처자가 둘러앉아 울고 있는데 자려가 문병을 가서 말하였다. "쉬, 피하시오. 죽는 자를 놀라게 하지 마시오." 그리고 문에 기대어 말했다. "위대하다, 조화여. 장차 그대를 어디로 데리고 가 무엇으로 만들 것인가. 그대로써 쥐의 간을 만들려는가. 그대로써 벌레의 팔뚝을 만들려는가." 자래왈 "부모가 자식에게 동서남북을 명하면 오직 따를 뿐이니. 음양이 사람에게 따르게 함은 부모가 따르게 함 이상이네. 그가 나를 죽음에 가깝게 하는데 내가 듣지 않는다면 나는 곧 고집쟁이이네. 그에게 무슨 죄가 있겠는가. 무릇 자연은 나를 형체로써 싣고, 나를 생으로써 수고하게 하고, 나를 늙게 함으로써 편하게 하고, 나를 사로써 쉬게 하네. 그러므로 내가 삶을 좋다고 함은 곧 죽음도 좋다고 함이네. 지금 대장장이가 쇠를 녹이는데 그 쇠가 날뛰면서 말하기를 '나 또한 반드시 막야(鏌鋣)가 되리라.' 한다면 대장장이는 반드시 상서롭지 못한 쇠라고 할 것이네. 지금 내가 사람 형체를 범하고 말하기를 '사람이다. 사람이다' 한다면 무릇 조화자는 반드시 상서롭지 못한 사람이라 할 것이네. 지금 천지로써 대로라 하고 조화로써 대야라 하면 어디로 간들 안될 곳이 있겠는가. 조용히 잠들었다가 거연히 깨어날 뿐이네."

4. 하늘이 보기에는 소인배지만 사람이 보기에는 군자이다.

자상호(子桑戶)·맹자반(孟子反)·자금장(子琴張) 세 사람이 서로 더불어 벗이 되자고 이야기하였다.

"새삼스럽게 벗이 되고자 하지 않아도 서로 벗이 되지 않을 수 없고, 새삼스럽게 돕지 않으려고 해도 서로 돕게 되지 않을 수 있을까?

누가 능히 하늘에 높이 올라 안개 위에 노닐며, 끝없이 넓은 무궁한 곳에서 돌아다니고 영겁의 삶을 누리는 그러한 경지에 들어갈 수 있을까?"

세 사람은 서로 마주보고 웃으며 마음에 거리낌이 없는지라 곧 벗이 되었다.

아무 일 없이 한동안 지내다가 자상호(子桑戶)가 죽었다. 아직 장례를 치르기 전에 공자(孔子)는 이 소식을 듣고 제자인 자공(子貢)을 보내 장례일을 돕도록 했다.

그가 가서 보니 맹자반과 자금장 두 사람이 와 있었는데, 한 사람은 노래의 곡을 짜고, 한 사람은 거문고를 타면서 두 사람이 소리에 맞추어 노래를 부르고 있었다.

"아아 상호여, 아아 상호여!

그대는 이미 참다운 길로 돌아갔건만 우리는 아직도 사람으로 이 세상에 남아 가짜 꿈에서 깨어나지 못하고 있구나."

이것을 본 자공은 총총걸음으로 나아가서 말했다.

"죄송하지만 감히 여쭙건대 시신 앞에서 노래를 부르는 것이 예의입니까?"

두 사람은 얼굴을 서로 마주보고 웃으면서 말하였다.

"이 친구가 어찌 예의의 참뜻을 알겠는가?"

자공이 돌아와 공자에게 아뢰어 말하였다.

"그들은 대체 어떤 사람입니까? 아무런 수행(修行)도 없이 예의를 잊은 채로 죽음 앞에서 노래를 하면서도 얼굴빛조차 변하지 않더군요. 저로서는 도대체 그들을 어떤 사람이라고 말해야 좋을지 모르겠습니다. 그들은 대체 어떤 사람입니까?"

공자가 대답하였다.

"그들은 이 세상 밖에서 노니는 사람들이고, 나는 이 세상 안에서 노니는 사람이다. 밖과 안은 도무지 서로 통하지 않는 이질적인 세상인데, 내가 자네를 시켜 문상하게 했으니 내가 생각이 모자랐네.

그들은 지금 조물주와 더불어 벗이 되어, 천지간의 일체만물을 사생존망(死生存亡)케 하는 궁극의 원소·기운에 깊이 들어가 노닐고 있는 것이네.

때문에 그들은 삶을 마치 붙어 있는 사마귀나 달려 있는 혹으로 생각하고, 죽음은 마치 따버린 부스럼이나 터져 버린 종기로 보아 넘기네. 그런 사람들이 어찌 죽음과 삶의 우열이나 전세(前

世)나 내세(來世) 따위가 어떻다는 둥의 일에 아랑곳하겠는가?
　그들에게 있어서 나의 몸뚱아리는 그때마다 달리 하는 형체를 잠시 빌려 이 세상에 존재하고 있기는 해도 사실은 그 하나인 본체에 기탁한 것이다. 사람이라는 형체에서 안으로 간이나 쓸개도 잊어버리고 밖으로는 귀나 눈과 같은 감각기관에는 염두에 두지 않는다.
　죽음과 삶과, 처음과 끝과, 가고 오는 것의 순환은 끝없이 되풀이되고 있지만 그 한계를 모른다. 아득히 속세를 벗어나 유유히 돌아다니며 무위하는 가운데 몸을 맡겨 소요하고 있다.
　그러한 그들이 어찌 번거로운 세속의 예의에 얽매여 세상 사람들의 이목에 들어 박수갈채를 받을 수 있겠는가?"
　자공이 다시 여쭈었다.
　"그렇다면 선생님은 어떤 세계를 따르고 계십니까?"
　공자가 말했다.
　"나는 하늘로부터 벌을 받고 이 세상 안에 묶여있는 사람이지만 그렇더라도 자네들과 함께 이 길(道)을 나아가고자 하네."
　자공이 다시 여쭈었다.
　"감히 그 나아가는 방법을 알고자 합니다."
　공자가 말하였다.
　"가뭄에 견디는 물고기는 서로 도와서 물고기끼리 물에서 살고, 난세에 시달리는 사람은 사람끼리 도에 의지하여 사는 것이다. 물에 의지하여 사는 물고기는 못을 파 물을 고이게 하면 먹고 사는 것과 같이, 도에 의지하여 사는 사람은 세상 일에서 벗어나면 얽매일 것이 없게 되어 편안하게 살 수 있다.
　그러므로 '물고기는 강과 호수에서 서로 잊고 살듯이, 사람들 또한 도(道)의 세계에서 서로 그 존재 따위를 잊고 산다.'고 한 것이다."
　자공이 다시 말하였다.
　"죄송하지만 저 세 사람과 같은 기인(畸人)에 대하여는 어떻게 생각하십니까?"

이에 공자가 대답하였다.

"기인이란 세상 사람과는 다르고 세상 밖의 천지자연과 어울리는 존재이다. 인간과 하늘은 전혀 통하지 않는 존재이므로 '하늘에서 본 소인은 인간 세상에서 보면 군자이고, 인간 세상에서 본 군자는 하늘에서 보면 소인이다.'라고 하는 것이다."

▨ 여기에는 자상호와 맹자반과 자금장이라는 세 사람의 초월자가 등장했다.

그들이 서로 속세에 얽매이지 않는 생활, 생사를 초월하여 구애되지 않는 세계에 대한 동경과 결의를 서로 이야기하는 처음 부분의 서술은 둘째 이야기와 거의 같으나, 뒷 부분에서 공자와 그 제자인 자공을 등장시켜 초월자의 우주적 위대함을 예교사회(禮敎社會)의 왜소한 것에 대비하여 찬탄하는 데에서 설화로서 새로운 취향으로 전개시켰다.

우리는 이 장에서 장자에 있어서 초월자의 성격을 다시 한 번 확인할 필요가 있겠다. 장자에 있어 초월자란 절대적인 자유인이며, 이 자유인은 일체의 대립을, 따라서 안과 밖과의 대립마저도 초월하는 존재가 아니면 안된다.

안(內)과 밖(外)과의 대립을 초월한다는 것은 무엇인가? 안도 아니고 밖도 아닌, 그러면서도 안(內)이면서 밖(外)일 수밖에 없는 것이기 때문에 참 초월자는 진실로 방외(方外)이면서 방내(方內)인 존재인 것이다.

바꿔 말하면 '무방지인(無方之人)'이 아니면 안된다. '무방지인'이 되어야 비로소 참다운 자유인 즉 초월자가 되는 것이다.

만일 방외(方外)의 입장을 고집하면 그것은 방내(方內)의 입장에 속박된 부자유와 같은 것이 된다.

때문에 여기에서 공자가 스스로를 방내자(方內者)로 일컫고 장자적 초월자를 방외자(方外者)로 불렀을 때, 그것은 어디까지나 하나의 구별이며 장자적 절대자는 이 구별에 구애되지 않고, 엄밀하게는 방내나 방외를 동시에 포함하여 초월하는 '무방지인'인 것이다.

'방내'에 대하는 '방외'는 이러한 한계를 가지는 개념에 불과하다.

이와 같이 '방외'의 개념의 한계를 충분하게 이해할 때에 우리들은 처음으로 '제물론편'이나 '인간세편'의 논설에서 일관하는 장자적 초월자의 본질을 파악할 수 있으리라 생각된다.

　　子桑戶孟子反子琴張[1]三人 相與友曰 孰能相與於無相與 相爲於無相爲 孰能登天遊霧 撓挑[2]無極 相忘以生 無所終窮 三人相視而笑 莫逆於心 遂相與友 莫然有間 而子桑戶死 未葬 孔子聞之 使子貢往待事焉 或編曲[3] 或鼓琴 相和而歌曰 嗟來[4] 桑戶乎 嗟來桑戶乎 而已反其眞 而我猶爲人猗 子貢趨而進 曰 敢問臨尸而歌禮乎 二人相視而笑 曰 是惡知禮意 子貢反 以告孔子 曰 彼何人者邪 修行無有 而外其形骸 臨尸而歌 顔色不變 無以命之 彼何人者邪 孔子曰 彼遊方之外[5]者也 而丘遊方之內者也 外內不相及 而丘使女往弔之 丘則陋矣 彼方且與造物者爲人 而遊乎天地之一氣 彼以生爲附贅縣疣 以死爲決疴潰癰 夫若然者 又惡知死生先後之所在 假於異物 託於同體 忘其肝膽 遺其耳目 反覆終始 不知端倪[6] 芒然彷徨乎塵垢之外 逍遙乎無爲之業 彼又惡能憒憒然[7]爲世俗之禮 以觀衆人之耳目哉 子貢曰 然則夫子何方之依 曰 丘天之戮民[8]也 雖然 吾與汝共之 子貢曰 敢問其方 孔子曰 魚相造乎水 人相造乎道 相造乎水者 穿池而養給 相造乎道者 無事而生定 故曰 魚相忘乎江湖 人相忘乎道術 子貢曰 敢問畸人 曰 畸人者 畸於人而侔於天 故曰 天之小人 人之君子 人之君子 天之小人也

1) 子桑戶孟子反子琴張(자상호·맹자반·자금장) : 이 세 사람 모두 공자의 제자들 이름을 비슷하게 딴 가공 인물들이다. 이 편의 자상호 (子桑戶), 외편 산목의 자상호(子桑雽), 『초사』구장편의 상호(桑扈) 등이 같은 인물 표현이다. 『논어』의 옹야편에 나오는 자상백자 (子桑伯子)를 가리킨다는 설도 있다.
2) 撓挑(요조) : 자유로이 다니다. '요도(橈桃)'로 된 원전도 있다.
3) 或編曲(혹편곡) : 혹은 곡을 짓다. 편곡(編曲)의 곡(曲)은 잠박(蠶

箔) 즉 누에를 치는 대나무 발을 뜻하나, 여기서는 노래의 곡을 엮는다(編次歌曲)로 풀이하는 것이 마땅하다.
4) 嗟來(차래) : 차(嗟)는 감탄사로서 '아아'를 뜻하며 내(來)는 말의 중간에 오는 어조사(句中語助也)다.
5) 方之外(방지외) : 방외(方外)라고도 하며 방(方)은 구역·범위, 즉 세속적인 도덕이 지배하는 세계를 말한다. 세속적인 지배를 받는 범위를 방내(方內), 지배를 받지 않는 범위를 방외(方外)로 함.
6) 端倪(단예) : 처음과 끝.
7) 憒憒然(궤궤연) : 호들갑스러운 모양. 과장된 행동의 모습.
8) 戮民(육민) : 형벌을 받은 백성.

  자상호, 맹자반, 자금장 세 사람이 서로 더불어 말하였다. "누가 능히 서로 사귀지 않으면서 사귀고, 서로 위함이 없으면서 서로 위할 수 있겠는가. 누가 능히 하늘에 올라 안개 속에 노닐고, 무극에 요조하며 서로 삶도 잊은 채 다함이 없을 수 있겠는가?" 세 사람이 서로 보고 웃었다. 마음에 거리낌이 없어 마침내 서로가 벗이 되었다. 아무 일 없이 얼마를 있다가 자상호가 죽었다. 아직 장례를 치르지 않았는데 공자가 이를 듣고 자공을 보내어 일을 돕게 하였다. 혹은 곡을 엮고 혹은 거문고를 타면서 서로 맞추어 노래하기를 "아아 상호여, 아아 상호여, 그대는 이미 진(眞)으로 돌아 갔는데 우리는 아직도 사람으로 있구나." 자공이 뛰어 들어가 말하였다. "감히 묻는데 시체 앞에서 노래함이 예입니까?" 두 사람이 서로 보고 웃으며 가로되, "저 사람이 어찌 예의 뜻을 알겠는가."
  자공이 돌아와 공자에게 아뢰기를 "그들은 어떤 사람입니까? 수행한 일이 없고 그 형해를 잊은 채, 시체 앞에서 노래 부르면서도 안색이 변하지 않습니다. 이들을 이름 지을 수 없는데 어떤 사람입니까?" 공자왈 "그들은 방외에서 노니는 자이다. 그리고 구는 방내에서 노니는 자이다. 바깥과 안은 서로 미치지 못하는데 내가 자네로 하여금 조문케 하였다. 이는 구가 고루한 탓이다. 그들은 바야흐로 조물주와 더불어 천지의 기운과 하나가 되어 노닐고자 한다. 그들은 생을 부췌현우로 여기고 사를 결환궤옹으로 여긴다. 무릇 그와 같은 자가 또한 사생선후의 소재를 알겠는가. 다른 물체를 빌려 동체에 의탁하여 그 간담을 잊고 그 이목을 잊는다. 반복되는 끝남과 시작을 알려고 하지 않는다. 망연히 속세 밖에서 방황하고 아무 하는 일 없이 소요한다. 그들이 어찌 능히 번거로운 세속의 예를 꾸며 뭇 사람의 이목을 끌고자 하겠는가." 자공이 왈 "그렇다면 선생님은 어찌 방에 의지하십니까?" "구는 하늘의 육민(戮民)이다. 비록 그러하나 나는 그대와 더불어 함께 하고자 한다." 자공이 왈 "감히 그 방법을 묻겠습니다." 공자왈 "물고기는 서로 물에 이르고 사람은 서로 도에 이른다. 서로 물에 이르는 자는 못을 파면 얻게 되고 서로 도에 이르는 자는 무사하면 생이 안정된다. 그러므로 말하기를 '물고기는 강호에서 서로 잊고 사람은 도술에서 서로 잊는다'고 한다." 자공이 왈 "감히 기인을 묻겠습니다." 공자왈 "기인이란 사람으로서는 기이하지만 하늘과는 어울린다. 그러므로 말하기를 '하늘의 소인은 사람의 군자이고, 사람의 군자는 하늘의 소인이라' 한다."

5. 태어난 까닭도 죽는 까닭도 모르며 앞을 모르고 어떻게 뒤를 알겠는가?

제자인 안회(顔回)가 그의 스승인 중니(仲尼)를 뵙고 물었다.
"맹손재(孟孫才)라는 사람은 그의 어머니가 죽었을 때 곡은 하되 눈물은 흘리지 않았고, 마음 속 깊이 슬퍼하지도 않았으며, 상중에도 별로 애통해하지 않았습니다. 이렇듯이 예의에 어긋나는 짓을 세 가지나 했는데도 그가 상을 잘 치루었다는 소문이 온 노나라에 자자했습니다.
대체 그럴만한 일을 한 것도 아닌데 세상에는 이처럼 실상이 없으면서도 이름을 얻게 되는 일이 있을 수 있는 일입니까? 저는 그것이 도무지 이상하기만 합니다."
　중니가 대답하였다.
　"무릇 맹손씨는 상례의 도리를 다했을 뿐만 아니라 상례를 잘 안다는 세상 사람보다 더 나아간 것이다. 그는 세상 사람이 줄이려고 해도 줄일 수 없었던 상례를 이미 그는 줄일 대로 줄였다.
　맹손씨야말로 인간이 어째서 살며 또한 어째서 죽는가를 알려고도 하지 않으며 생전의 형체에 대하여 알려고도 않고, 죽은 뒤의 형체에도 걱정할 줄도 몰랐다. 자연의 변화를 따라 사람이 된 것이니 자기는 알 수 없는 변화를 기다리고 있을 따름이라 생각했던 것이다.
　지금 당장 변했다고 보는 것이 변하지 않은 것인지 어찌 알며, 지금 당장 변하지 않은 것이 변한 것인지 누가 알겠는가? 이러한 이치에 어두운 나와 그대만이 처음부터 꿈속에서 깨어나지 못하고 있는 것이 아닐까?
　또한 맹손씨 같은 이는 만물의 하나로서의 인간은 형체만은 여러 가지로 변화하더라도 그것 때문에 마음이 닳아 없어지지는 않는다고 보며, 나날이 달라지는 형체는 있어도 실제의 죽음은 없다고 본다.
　남들이 깨닫지 못하는 이러한 이치를 맹손씨만은 깨달아 남들이 곡을 하니까 그저 따라서 자기도 곡을 했을 뿐이다. 이것이 그가 곡을 한 까닭인데 세상 사람들은 모두 자기가 본 것이 옳다고 하지만 어떻게 자기가 본 것을 꼭 옳다고만 하겠는가?
　또한 그대부터도 꿈에 새가 되어 하늘로 날아오르거나 혹은 고기가 되어서 못 밑에 깊이 가라앉을 때가 있을 것이다.
　그 새나 물고기의 입장에서 본다면 지금 이렇게 말하고 있는 그대는 바로 그 깨어 있는 사람인지 아니면 꿈속의 사람인지를 나는 알 수가 없는 것이다.
　이러한 까닭으로 인생에 있어서 순간의 즐거움을 탐하는 것은 스스로 즐거워서 웃는 것에 미치지 못하고, 그 즐거운 웃음도 만물에 스스로 몸을 맡기는 것에는 미치지 못한다.
 그러므로 모두를 자연의 뜻에 편안하게 맡겨 변화를 따라 산다면 비로소 텅 빈 자연과 하나되는 것을 이룰 수 있는 것이다."
 ▨ 안회(顔回)와 공자(孔子)와의 문답을 빌려서 맹손재라는 초월자의 뛰어난 생활을 찬미하면서 요컨대 장자적 자유인에 있어서의 삶과 죽음, 만물과 나(我)와의 대립과 모순을 하나로 보고, 꿈과 현실의 구별마저 분별의 망집(妄執)인 것을 밝히고 있다.
 여기에서 우리들은 '네가 꿈에 새가 되어 하늘로 오르기도 하고, 물고기가 되어 연못 속으로 잠긴 적이 있을 것이다. … 지금 말하고 있는 것이 꿈에서 깨어난 것인지 꿈인지 알 수 없는 것이다'고 한 공자의 말에 주목할 필요가 있다.
 '꿈에 새가 되어', '꿈에 물고기가 되어'는 제물론편의 '꿈에 나비가 되어'와 같은 발상이지만 '지금 말하고 있는 것이 꿈에서 깨어난 것인지 꿈인지 알 수 없는 것이다.'라는 것 또한 실재 세계와의 명합이, 꿈과 현실이 뒤섞인 황홀망매(恍惚茫昧)의 경지에 있어 처음으로 가능하다는 것을 말하고 있다.
 장자에 있어서 도(道) — 실재 세계(實在世界) — 란 인간의 인식을 초월하고 형상개념(形象槪念)을 단절한 '커다란 혼돈(渾沌)'이다. 이 혼돈은 인간이 자기의 분별심을 버리고 언어와 지혜를 잊는 곳에서, 말을 바꾸면 인간 정신의 혼돈화에서만이 처음으로 그와 하나가 될 수 있는 것이다.
 정신의 혼돈화에 있어 모든 시간적 의식(意識)이 무(無)가 되며, 일체의 공간적 의식이 허(虛)가 된다.
 거기에는 삶과 죽음, 만물과 나의 대립이 본래의 하나로 돌아갈 뿐 아니라 인간의 심지(心知)에 의해 찢겨진 꿈과 현실 또한 본래의 하나가 되는 것이다.
 때문에 장자는 공자에게 그와 안회의 문답을 꿈과 현실과의 뒤섞임 속에서 혼돈화시켰다.
 공자는 자기의 말을 꿈과 현실이 뒤섞인 속에서 혼돈화하면서 그 혼돈화된 속에서 장자적 절대자에 접근하였다.

顔回問仲尼曰 孟孫才[1]其母死 哭泣無涕 中心不憾 居喪不哀 無是三者 以善喪蓋魯國 固有無其實 而得其名者乎 回一怪之 仲尼曰 夫孟孫氏盡之矣 進於知矣 唯簡之而不得 夫已有所簡矣 孟孫氏不知所以生 不知所以死 不知就先 不知就後 若化爲物 以待其所不知之化已乎 且方將化 惡知不化哉 方將不化 惡知已化哉 吾特與汝 其夢未始覺者邪 且彼有駭形而無損心 有旦宅而無情死 孟孫氏特覺 人哭亦哭 是自其所以乃 且也相與吾之耳矣 庸詎知吾所謂吾之乎 且汝夢爲鳥而厲乎天 夢爲魚而沒於淵 不識今之言者 其覺者乎 其夢者乎 造適不及笑 獻笑不及排 安排而去化 乃入於寥天一[2]

1) 孟孫才(맹손재) : 노나라의 현자라고 전하지만 실재 인물인지는 의문이다. 『논어』에 따르면 맹의자(孟懿子)·맹무백(孟武伯) 부자가 공자에게 효를 물었다(위정편)는 기사가 있다. 효와 관계되므로 맹손재가 그 일족이 아닌가 추측된다.
2) 寥天一(요천일) : 조용히 하늘과 하나가 된다. 생전의 세계와 사후의 세계가 하나가 된다는 뜻.

안회가 중니에게 물었다. "맹손재는 그 어머니가 죽었을 때 곡은 했으나 눈물은 없었고, 마음 속에 슬픔이 없었으며, 상중에도 애통해하지 않았습니다. 이 세 가지가 없었는데도 노나라에서는 상을 잘 치렀다 합니다. 본래 그 실이 없는데 그 이름을 얻은 자 있겠습니까. 회는 그것이 괴이합니다."

중니왈 "무릇 맹손씨는 할 바를 다했으며 아는 자보다 앞섰다. 사람들은 간단함을 얻지 못했는데 그는 이미 간단하게 치른 바 있다. 맹손씨는 생의 까닭도 알지 못하며 사의 까닭도 알지 못한다. 먼저 취함을 알지 못하였고 뒤를 취함도 알지 못했다. 변화에 따라 만물이 되니 자기는 알지 못하는 변화를 기다릴 따름이 아닌가? 또한 장차 변화한 것은 어찌 변화하기 전을 알겠는가. 변화하지 않은 것은 어찌 변화한 뒤를 알겠는가? 나와 자네만이 아직도 꿈에서 깨어나지 못한 사람이 아닐까? 또한 그는 형체의 변화가 있어도 마음을 상하지 않는다. 마음을 기탄한 몸의 바뀜은 있어도 참다운 죽음은 없다. 맹손씨는 홀로 깨달았다. 남들이 곡하니까 또한 곡을 했는데, 이는 저절로 그렇게 된 바이다. 또한 서로 나를 나라고 하지만 자기가 알고 있는 바의 나라는 것이 과연 자기인지 아닌지 알 수 있겠는가? 또한 자네는 꿈에 새가 되어 하늘로 오르거나 꿈에 물고기가 되어 못에 가라앉기도 한다. 지금 말하고 있는 자네가 깨어 있는 자네인지 꿈꾸고 있는 자네인지 어찌 알겠는가. 마땅함을 가리는 것은 웃음에 미치지 못하고, 좋아라 웃는 것은 배(排)에 미치지 못한다. 배(排)에 편히 맡긴 채 변화를 좇으면 고요한 천일에 들어간다."

6. 인의(仁義)로 얼굴에 묵형을 새겼고 시비로써 네 코를 베어 놓았다.

의이자(意而子)라는 사람이 현인인 은자(隱者) 허유(許由)를 만났을 때 허유가 물었다.
"성인으로 이름이 높은 요임금은 자네에게 무엇을 가르쳐 주었는가?"
의이자가 이에 대답하였다.
"요임금은 나에게 말하기를 '그대는 반드시 인의(仁義)를 극진히 행하고 시비(是非)・선악(善惡)을 분명히 가려야 한다'라고 가르쳤습니다."
이 말을 듣고 허유가 다시 물었다.
"그렇다면 자네는 무엇하러 나에게 왔는가?
요임금은 이미 자네에게 자세한 인의(仁義)의 덕(德)이라는 묵형(墨刑)을 새겨 놓고, 시비(是非)・선악(善惡)으로 코를 베는 형벌을 주었거늘 어째서 자네는 거리낌 없이 멀고 넓으며 자유분방하고 변화무쌍한 도의 세계에서 노닐고자 하는가?"

의이자가 대답하였다.
"비록 그렇기는 합니다만 저는 그 도(道)의 세계에 들어가는 입구나 울타리에서라도 노닐고 싶습니다."
허유가 말했다.
"그럴 수는 없네. 무릇 장님은 미인(美人)의 아름다운 눈썹과 눈과 안색을 알지 못하네. 또한 눈 먼 사람은 푸르고 누른 여러 가지 옷의 채색이나 바느질의 모양은 구경할 수 없는 것이라네."
의이자가 다시 말하였다.
"그러나 저 미인인 무장(無莊)은 얼마가지 않아서 그 아름다움을 잊고, 거량(據梁)같은 장사도 뒤에는 그 힘이 줄고, 황제(黃帝)의 지혜도 결국에는 잊게 된 것은 모두 노력하는 사이에 그렇게 된 것입니다. 마치 조물주의 용광로 속에서 저절로 녹아버린 결과가 아니겠습니까?
그러한 가운데 저의 묵형(墨刑)은 지워지고 코 잘린 형벌을 보완해 주어 저를 오체(五體) 완전한 몸으로 만들어 선생을 따를 수 있게 할지 어떻게 알겠습니까?"
이에 허유는 감탄하여 말했다.
"어허, 참 그럴지도 모르겠구나. 좋아 그렇다면 내가 자네를 위해 그 대강을 일러 주겠네.
내 스승이시여, 내 스승이신 도(道)여.
스승께서는 만물의 하나하나를 세밀하게 이룩해 놓으시면서도 의(義)로운 덕(德)을 행하였다고 여기지 않으셨고, 만세에 그 혜택을 미치게 하셨으면서도 인(仁)의 덕을 베풀었다고 여기지 않으셨으며, 천지보다 오래되어 태고적부터 사셨으면서도 늙었다 하지 않으셨고, 하늘을 덮고 땅을 실어 온갖 만물의 형상을 빚어 놓으시면서도 교묘하다고 콧대를 높여 뽐내지 않으셨네. 이것이 바로 마음이 노니는 진실한 도(道)의 세계라네."

▨ 이 이야기는 의이자(意而子)와 허유(許由)의 문답이다.
허유는 이미 이 책의 소요유편에서도 본 옛날의 은자이다.
의이자라는 가공 인물을 내세워 도의 위대한 것을 찬양하면서 인간 생활의 참다운 규범은 인간들의 작위(作爲)에 의한 인의예지(仁義禮智)가 아니라 무위자연(無爲自然)의 도인 것을 밝혀 놓았다.

意而子[1]見許由[2] 許由曰 堯何以資汝 意而子曰 堯謂我 汝必躬服仁義 而明言是非 許由曰 而奚來爲軹 夫堯旣已黥汝以仁義 而劓汝以是非矣 汝將何以遊夫遙蕩 恣睢轉徙之塗乎 意而子曰 雖然 吾願遊於其藩 許由曰 不然 夫盲者 無以與乎眉目顔色之好 瞽者 無以與乎青黃黼黻之觀 意而子曰 夫無莊[3]之失其美 據梁之失其力 黃帝之亡其知 皆在鑪捶之間耳 庸詎知夫造物者之不息我黥[4] 而補我劓[5] 使我乘成以隨先生邪 許由曰 噫 未可知也 我爲汝言其大略 吾師乎 吾師乎 韲萬物而不爲義 澤及萬世而不爲仁 長於上古而不爲老 覆載天地刻彫衆形 而不爲巧 此所遊已

1) 意而子(의이자) : 상고 시대의 현인으로 전하여지나 실재 인물은 아닌 것같다.
2) 許由(허유) : 이 책에서 요임금으로부터 천하를 물려받아주기를 바랐으나, 사양했다는 이야기로 유명한 바 있었다. 소요유와 잡편의 양왕, 도척 등에서도 보인다.
3) 無莊(무장) : 제물론편에 나오는 모장(毛嬙)과 같은 인물로 보는 견해도 있다. 『성소』에서는 아름다운 사람의 표상으로 내세운 인물로 나와 있다.
4) 黥(경) : 형벌의 하나로 이마에 문신을 새기는 것.
5) 劓(의) : 형벌의 하나로 코를 베어버리는 것.

의이자가 허유를 만나니 허유가 말하였다. "요는 그대에게 무엇을 주었소." 의이자왈 "요가 나에게 말하기를 너는 반드시 인의를 실천하고, 시비를 밝게 하라 하였습니다." 허유왈 "그대는 무엇 때문에 왔소? 무릇 요가 이미 그대에게 인의로써 경(黥)하였고 시비로써 의(劓)하였다. 그대는 장차 무엇으로써 저 거리낌 없고 자유로우며 변화 많은 도에 노닐려 하는가?" 의이자왈 "비록 그렇더라도 저는 그러한 경지에서 노닐고자 합니다."
　허유왈 "그렇지 않소. 대저 장님은 얼굴의 아름다움과 상관 없고, 눈 먼 사람은 아름다운 채색과 무늬를 볼 수 없소." 의이자왈 "무릇 저 무장이 그 아름다움을 잃고 거량이 그 힘을 잃고 황제가 그 지혜를 잃었던 것은 모두 노추의 사이에서 이루어진 것입니다. 어떻게 해서 저 조물주가 내 문신을 지워주고 내 코를 원상태로 고치고 내 몸을 완전한 모습으로 되돌려 선생님을 따르게 하실지 누가 알겠습니까?" 허유왈 "아아, 알 수 없는 일이지. 내 그대에게 그 대략을 말하겠네. 나의 스승이여, 나의 스승이여. 만물을 바르게 하고도 의롭다 하지 않고, 혜택을 만세에 미치고도 어질다 하지 않는다. 상고보다 오래도 늙었다 하지 않고, 하늘을 덮고 땅을 실어 뭇 형체를 깎고 만들었어도 교로 여기지 않으시니 이것이 우리가 노니는 바다."

7. 하나면 좋아하는 것이 없고
　　화(和)하면 떳떳한 것이 없다.

　어느 때 제자인 안회(顏回)가 스승인 중니(仲尼)와 마주앉았다. 안회가 공자에게 말하였다.
　"저는 한 걸음 나아간 바가 있습니다."
　이 말을 듣고 공자가 말하였다.
　"무엇을 말하는 것인가?"
　안회가 대답하여 아뢰었다.
　"저는 인의(仁義)를 잊을 수 있게 되었습니다."
　공자가 대답하였다.
　"그것은 잘 된 일이다. 그러나 아직 미흡하다."
　뒷날 다시 안회는 공자를 만나서 말씀을 여쭈었다.
　"저는 더욱 진보된 바가 있습니다."

공자가 물었다.
"무엇을 말하고 있는 것이냐?"
안회가 말했다.
"저는 예악(禮樂)마저 잊게 되었습니다."
공자가 다시 말했다.
"그것은 잘 된 일이다. 그러나 아직 미흡하다."
또 다른 날 다시 공자를 찾아온 안회가 말하였다.
"저는 다시 한 걸음 나아간 바가 있습니다."
공자가 말하였다.
"무엇을 말하는가?"
안회가 말하였다.
"저는 좌망(坐忘)을 할 수 있게 되었습니다."
공자가 이를 듣고 흠칫 놀라서 물었다.
"좌망을 했다니 그것이 무슨 말인가?"
안회가 공자에게 아뢰었다.
"예. 손발과 몸의 존재를 잊어버리고 눈이나 귀의 감각작용을 멈추고, 형체가 있는 육체를 떠나 마음의 지각을 버리고 모든 사물의 차별을 초월하여 자유 자재하는 저 위대한 도(道)와 일체가 되는 것, 이것을 좌망(坐忘)이라고 합니다."
공자가 이를 듣고 말하였다.
"과연 그렇다. 도와 하나가 되면 좋고 싫어하는 마음이 없어져서 하나의 물에 편애하지 않게 되고, 만물의 변화에 참여하면 하나의 사물에만 집착하지 않게 된다. 너는 정말 훌륭하구나. 나도 네 뒤를 따라 배우고 싶구나."

▨ 이 이야기는 유명한 좌망(坐忘)에 대한 문답이다.
좌망이란 가만히 앉아서 세상만사 일체를 잊어버리는 것이다. (인간세편의 좌치(坐馳)의 반대)
장자 자신의 설명에 따르면 지체(肢體)를 털어 버리고, 심지(心知)마저 놓아 버리며, 심신 일체의 속박을 벗고 도와 하나(一體)가 되는 경지이지만 요컨대 제물론편에서 말한 '오상아(吾喪

我 : 나는 나 자신을 잊었다)'의 경지, 선가(禪家)에서 말하는 '신심타실(身心打失)'의 경지에 지나지 않는다.

여기에서 장자는 공맹(孔孟)의 슬로건인 인의와 예악을 비웃으면서 초월자의 세계는 일체의 인간적인 경영의 왜소한 것을 초월하는 곳에서 성립되는 것을 강조한다.

만물 제동(齊同)의 도와 일체(一)가 되면, 호오애증(好惡愛憎)의 망집에 마음이 어지럽혀지지 않고, 변화 유전하는 도와 하나가 되면 어느 한 곳에도 못 박을 수 없는 자유무애(自由無碍)한 생활인 것이다.

이 이야기의 끝맺음에서 '구야청종이후야(丘也請從而後也 : 나도 네 뒤를 따라 배우고 싶구나)'하여 공자를 그 재치 속에서 야유하여 희롱하고 있다.

  顔回曰 回益矣 仲尼曰 何謂也 曰 回忘仁義矣 曰 可矣 猶未也 它日 復見曰 回益矣 曰 何謂也 曰 回忘禮樂矣 曰 可矣 猶未也 它日 復見曰 回益矣 曰 何謂也 曰 回坐忘矣 仲尼蹵然曰 何謂坐忘 顔回曰 墮肢體 黜聰明 離形去知 同於大通 此謂坐忘 仲尼曰 同則無好也 化則無常也 而果其賢乎 丘也請從而後也

안회왈 "회는 나아감이 있었습니다." 중니왈 "무엇을 말하느냐?" "회는 인의를 잊었습니다." "가하지만 아직 멀었다." 뒷날 다시 뵙고 가로되, "회는 더 나아갔습니다." "무엇을 말하느냐?" "회는 예악을 잊었습니다." "좋지만 아직 멀었다." 뒷날 다시 뵙고 말하였다. "회는 더 나아갔습니다." "무슨 말이냐?" "회는 좌망(坐忘)하게 되었습니다." 중니가 놀라며 물었다. "무엇을 좌망이라 하는가?" 안회왈 "지체를 잊고 총명을 물리치며 형을 떠나고 앎을 버려 대통과 같아지는 것을 좌망이라 합니다." 중니왈 "같아지면 좋아함이 없고 화하면 무상이다. 과연 어질도다. 구가 청하여 그대 뒤를 따르리라."

8. 이 꼴로 만든 것이 아버지인가?
   어머니인가? 하늘인가? 사람인가?

자여(子輿)와 자상(子桑)은 가까운 벗이었다. 어느 때에 마침 장마로 비가 열흘이나 계속 내렸다.
자여가 혼자 중얼거리면서 말하였다.
"아마 자상이 배가 고파 굶주려 병이 났을지도 모르겠군."
하고 밥을 싸가지고 그에게 먹이려고 집을 나섰다.
막상 자상의 집 문앞에 이르니 집안에서 노래하는 것도 같고, 곡하는 소리와도 같은 목소리로 거문고를 타면서 말하는 소리가 들려 왔다.
"아버지인가! 어머니인가! 하늘인가! 사람인가!"
곡조에 맞지도 않는 슬픈 소리로 혼자 읊조리고 있었다.
자여가 들어서면서 말하였다.
"자네가 부르는 노래가 어찌 이와 같은가?"
자상이 대답하여 말하였다.
"나는 나를 이 궁극에 빠지게 한 이가 누구인지 생각해 보았으나 도무지 알 수가 없었네.
아버지나 어머니가 어찌 내가 가난하기를 바라겠는가? 하늘은 공평하게 만물을 덮어 주고, 땅도 공평하게 만물을 실어 주니, 하늘과 땅도 나를 가난하게 하지는 않았겠지? 결국 누군가 나를 이런 꼴로 만들었는지 찾아 보았지만 찾지 못했네. 그런데도 이 지경에 이른 것은 아마도 운명 탓이지!"

▨ 대종사편의 끝맺음인 이 이야기는 둘째와 셋째의 이야기와 그 취지는 거의 같다. 자여(子輿)는 둘째 이야기에 나오는 사람이고, 자상(子桑)은 세째 이야기에 나오는 자상호(子桑戶)와 같은 인물로 추정된다.

여기에서 두 사람의 말을 빌려, 인간의 빈부(貧富)·귀천(貴賤)·궁달(窮達)·수요(壽夭) 등 어느 것이나 다 운명(天命)이며, 이 명에 따르는 곳에 모든 슬픔과 무서움과 두려움과 탄식을 초극한 평안한 기쁨이 있음을 밝혀 놓았다.

마지막으로 '아마도 명(天命)이겠지(命也夫)'란 인간의 가장 큰 스승(大宗師)이며 이 한 글자인 명(命)에 깊은 여운을 남기고 '대종사편(大宗師篇)'을 끝맺는다.

　　子輿與子桑友　而霖雨十日　子輿曰　子桑殆病矣　裹飯而往食之[1]
至子桑之門　則若歌若哭　鼓琴曰　父邪　母邪　天乎　人乎　有不任其
聲　而趨擧其詩焉　子輿入曰　子之歌詩　何故若是　曰　吾思夫使我至
此極者　而弗得也　父母豈欲吾貧哉　天無私覆　地無私載　天地豈私
貧我哉　求其爲之者　而不得也　然而至此極者　命也夫
 1) 食之(사지) : 먹이다. 먹이려 하다.

자여와 자상은 벗이었다. 마침 장마가 열흘이나 계속되었다. 자여가 가로되 "자상은 아마도 병이 들었으리라." 밥을 싸들고 이를 먹이려고 갔다. 자상의 문에 이르자 노래 하듯 곡을 하듯 거문고를 타면서 왈 "아버지인가! 어머니인가! 하늘인가! 사람인가!" 그 소리도 내기 힘겨운듯 빠르게 그 시를 읊고 있었다. 자여가 들어가 말하기를 "자네의 부르는 시가 어찌 그와 같은가?" 하니 가로되 "나는 나로 하여금 이러한 극에 이르게 한 자를 생각해 보았으나 알 수가 없네. 부모가 어찌 내 가난을 바라겠는가. 하늘은 사사로운 덮음이 없고 땅은 사사로이 싣지 않으니, 천지가 어찌 사사로이 나를 가난하게 하겠는가. 이렇게 만든 자를 찾아 보았지만 찾지 못하였네. 그러니 이렇게 극에 이른 것은 아마 명이겠지."

제 7 편 응제왕(應帝王)

응제왕(應帝王)이란
장자적 초월자를 설명한 것으로
그는 정신세계의 절대자라는 것과
동시에 그 절대성으로 말미암아
현실 세계의 최고 지배자—제왕(帝王)—가
되지 않으면 안된다는 뜻을 갖는다.
장자적 절대자의 지배란 어떤 것인가?
그것은 지배하는 일 없는 지배
정치를 부정하는 정치에 지나지 않는다.
일체의 만물을 그 자연성에서 긍정하고
모든 인간적인 작위를 버리는 곳에
참 평화의 사회가 건설되며,
일체 만물이 절대자를 본받아
그가 체득한 도에 포용되고 감화되어
모든 인간이 도와 일체가 될 때
참 자유의 세계가 실현된다고 말했다.
'응제왕'은 이러한 절대 자유, 무지배(無支配)의 지배,
그 '무위자연의 다스림'을 밝히고 있다.

제7편 응제왕(應帝王)

1. 말이라 생각하면 말이 되고
소라고 생각하면 소가 된다.

설결(齧缺)이 참 지인(知人)으로 유명한 왕예(王倪)에게 찾아가 도에 관하여 물었으나 네 번 다 모른다고 대답하였다.

설결은 여기에서 모른다(無知)만이 참앎(眞知)이라는 것을 깨닫고 뛸듯이 기뻐하며 포의자(蒲衣子)에게 달려가서 이 사실을 알렸다.

이에 포의자는 말하였다.

"무엇이라고. 그대는 이제야 그것을 깨달았는가? 예컨대 저 성천자(聖天子)로 평판이 자자했던 유우씨도 태씨에게는 미치지 못하였다.

유우씨는 비록 인의(仁義)의 덕을 마음에 지니고 그것을 베풀어 사람들을 따르게 하거나 또 실제 사람들을 얻기도 하였으나, 애당초 시비를 가리는 사람을 잊고 사람을 초월한 세계에까지 오르지는 못하였다.

그런데 태씨는 잠잘 때는 고요하여 평화스러웠고, 깨어서는 덤덤하여 유유자적하였다. 어떤 때는 자기를 말이라 생각하였고, 어떤 때는 자기를 소가 아닌가도 의심하였다.

그러나 그 무지(無知)의 앎(知)은 진실로 미덥고 정확하여 그 만물을 움직이는 힘은 심히 근본적인 것으로서 태씨는 애당초부터 무엇이나 사람을 잊고, 사람을 벗어난 초월된 세계에 새삼스럽게 들어 가려고 하지도 않았다."

▨ 이 응제왕편은 여섯 가지 이야기를 주로 엮었다. 첫째 이야기는 설결과 포의자의 문답을 빌려서 절대자의 지배는 일체의 인간적인 것을 부정하는 비인(非人)의 입장, 즉 인의(仁義)를 버리고 시비(是非)를 잊는 만물 제동(齊同)의 경지에서 성립되는 것을 밝히고 있다.

여기에서 비인(非人)이란 사람이 아닌, 즉 하늘을 말하는 것이지만 애당초 '비인의 입장을 벗어났다(而未始出於非人)'는 표현은 장자적 절대자의 성격을 요약한 말이다.

장자에 있어서 절대자란 인간 세계를 구만리 장천을 비상하는 초월자라는 것과 동시에, 현실의 세계에 내려 서서 속세의 먼지(塵介)와 더불어 하는 '오독의 유희자(汚瀆之遊戲者)'였다.

인간을 벗어나면서 인간 속에 살고, 속세를 초월하면서 속세에서 소요하는 곳에 장자적 절대자만이 가지는 자유가 있다.

만약 인간 그 자체를 부정하고 높은 초월의 세계만을 유일하다고 고집한다면, 그 고집은 세속적인 고집과 같은 부자유(不自由)로 떨어지고 말 것이다. 때문에 장자는 '출어비인(出於非人)'을 말하는 것과 동시에 '입어비인(入於非人)'인 현실에의 하강(下降)을 말했다.

하늘에 들면서 하늘에 붙들리지 않고, 사람에 들면서 사람에 붙들리지 않는 곳에 장자적 절대자의 참 자유가 있는 것이다. 절대자의 지배(支配)는 참 자유에서 시작되어야 가능하다.

齧缺[1]問於王倪[1] 四問而四不知 齧缺因躍而大喜 行以告蒲衣子[2] 蒲衣子曰 而乃今知之乎 有虞氏不及泰氏[3] 有虞氏其猶藏仁以要人 亦得人矣 而未始出於非人 泰氏其臥徐徐 其覺于于 一以己爲馬 一以己爲牛 其知情信 其德甚眞 而未始入於非人

1) 齧缺(설결)·王倪(왕예) : 이 책의 제물론편에 이미 나왔음.
2) 蒲衣子(포의자) : 왕예의 스승으로 요임금 때의 현자(賢者)로 알려져 있는 인물임.

3) 泰氏(태씨) : 복희씨란 설도 있으나 『석문』에는 옛날의 상제(上帝)
   로 쓰여 있음.

   설결이 왕예에게 물었다. 네 번 물었는데 네 번 다 모른다고
하였다. 그러자 설결은 뛸듯이 크게 기뻐하고 포의자에게 가서
고하였다. 포의자왈 "지금에야 그것을 알았는가? 유우씨는 태씨
에 미치지 못한다. 유우씨는 아직 인(仁)을 간직하고 써 사람을
구하여 사람을 얻었지만 처음부터 비인(非人)에서 벗어나지 못하
였다. 태씨는 잠잘 때는 느긋하였고 깨어 있을 때는 멍청하였다.
어떤 때는 자기를 말이라 하였고 어떤 때에는 자기를 소라 하였
다. 그의 앎은 진실로 믿음이 있었고, 그의 덕은 매우 참되다.
그리하여 처음부터 비인(非人)에 들지 않았다."

2. 다스림은 밖을 다스리는 것이 아니요, 안을 바르게 한 뒤에 행하는 것이다.

   견오(肩吾)가 초나라의 은자(隱者)인 광접여(狂接輿)를 만났을
때, 그가 물었다.
   "일중시(日中始)가 자네에게 무엇이라 말하였는가?"
   견오가 대답하였다.
   "내게 말하기를, '남의 윗자리에 서는 군주가 스스로 법을 지
어내고 의(義)로써 사람을 지도한다면 누가 감히 복종하여 따르
지 않겠는가?'라고 했습니다."
   접여가 이에 말하였다.
   "그것은 덕을 속이는 것이다. 그러한 방식으로 천하를 다스리
고자 하는 것은 마치 큰 바다를 걸어서 건너거나, 큰 강물을 손
으로 파서 만들고, 모기에게 산을 짊어지우는 것처럼 어려운 일
이다.

무릇 성인이 천하를 다스리려 할 때 자기의 내면이 아닌 외면(外面)을 다스리겠는가?

먼저 자기의 본성에 따라 내면을 바르게 다스려 놓으면 저절로 그것이 상법(常法)과 규범(規範)이 되어 다른 사람을 감화시킬 수 있고, 각자의 소임을 다하게 해줄 수 있는 것이네.

또한 새는 높이 날아 그물이나 화살의 해를 피하고, 생쥐는 제단(祭壇) 밑 깊숙히 굴을 파 연기에 그을리거나 집이 파헤쳐지는 화를 피한다.

이 두 짐승은 지혜가 없어도 그러한데 하물며 사람들이 일중시와 같은 정치 재해에서 벗어나는 것은 이미 정하여진 일이 아니겠는가?"

▨ 이 둘째 이야기는 견오와 광접여의 문답을 빌려서 절대자의 지배는 번잡한 예의규범에 의한 간섭이나 강제의 정치가 아니고, 무엇보다도 지배자 자신이 참 절대자가 되어 그 절대성 속에 일체 만물의 자연성을 해방하는 자유와 방임의 정치라는 것을 밝히고 있다.

肩吾見狂接輿 狂接輿曰 日中始[1]何以語汝 肩吾曰 告我君人者以己出經式義度 人孰敢不聽而化諸 接輿曰 是欺德也 其於治天下也 猶涉海鑿河 而使蚊負山也 夫聖人之治也 治外乎 正而後行 確乎能其事者而已矣 且鳥高飛以避矰弋之害 鼷鼠深穴乎神丘[2]之下以避熏鑿之患 而曾二蟲之無知

1) 日中始(일중시) : 가공의 인물.
2) 神丘(신구) : 『성소』에 사단(社壇) 즉, 제단을 뜻한다고 하였다.

견오가 광접여를 만났다. 광접여가 가로되 "일중시가 그대에게 뭐라 말하였나?" 견오왈 "나에게 말하기를 '임금된 자가 스스로 법이나 제도를 만들어 지도한다면 누가 감히 듣고 화하지 않겠느냐?'고 하였습니다." 접여왈 "그것은 거짓 덕이다. 그렇게 천하를 다스린다면 바다를 걸어서 건너고, 큰 강물을 파서 만들며,

모기로 하여금 산을 짊어지게 하는 것과 같다. 무릇 성인의 다스림이 밖을 다스리는 것일까? 바르게 행한 뒤에 확실히 그런 일을 할 따름이다. 또한 새는 높이 날므로써 주살의 해를 피하고, 새앙쥐는 신당 아래 깊숙이 굴을 파서 훈착의 우환을 피한다. 그런데 어찌 이 두 벌레보다 무지한가."

3. 만물의 자연스러움에 따르면 사사로운 것은 끼어들지 않는다.

어느날 천근(天根)이라는 사람이 은양(殷陽) 땅을 지나다가 요수(蓼水)가에 이르렀을 때 마침 무명인(無名人)을 만나서 물어 보았다.
"여쭙건대 천하를 다스리는 법을 가르쳐 주십시오."
이에 듣는둥 마는둥 하다가 무명인이 대답하였다.
"저리 물러가시오. 당신은 천박한 사람이오. 어째서 그 따위의 즐겁지 않은 질문을 하는 것이오?
나는 지금 조물주와 더불어 벗이 되려 하고 있소. 그것에도 싫증이 나면 이번에는 곧 아득히 날아다니는 새를 타고 천지 사방 육합(六合)의 우주 밖으로 나아가 아무것도 없는 고장에 노닐며, 한없이 넓은 실재(實在)의 들판에서 살려는 참이었소.
그대는 무엇 때문에 천하를 다스리는 일로써 내 마음을 흔들어 놓으려 하오."
그래도 천근이 거듭 물으니 무명인이 부득이 대답하였다.
"그대의 마음을 사물이 닿지 않는 담담한 경지에 노닐게 하고, 그대의 기운은 적막하고 고요한 경지에 맞추어 모든 일을 만물의 자연에 따르게 하며, 그 안에 사심을 개입시키지 않으면 천하가 잘 다스려질 것이오."

▨ 이 이야기는 천근(天根)과 무명인(無名人)의 문답이다. 여

기에서 두 사람의 문답을 빌려 지배자는 자기 주장을 버리고 만물의 자생자화(自生自化)하는 데 맡겨 천하를 다스리면, 저절로 자연스럽게 잘 다스려짐을 밝혔다.

　　天根¹⁾遊於殷陽²⁾ 至蓼水³⁾之上 適遭無名人⁴⁾ 而問焉曰 請問爲天下 無名人曰 去 汝鄙人也 何問之不豫也 予方將與造物者爲人 厭則又乘夫莽眇之鳥 以出六極之外⁵⁾ 而遊無何有之鄕 以處壙垠之野 汝又何帠以治天下感予之心爲 又復問 無名人曰 汝遊心於淡 合氣於漠 順物自然 而無容私焉 而天下治矣

1) 天根(천근) : 자연의 근원을 의인화한 가공 인물.
2) 殷陽(은양) : 은(殷)은 산 이름이며 양(陽)은 남쪽을 뜻하므로 '은산의 남쪽'으로 풀이한다.
3) 蓼水(요수) : 강 이름. 조용한 음(陰)의 기운을 강의 이름으로 했다고 풀이하여 은양(殷陽)에 대한 요수(蓼水―陰)로 볼 수도 있다.
4) 無名人(무명인) : 가공 인물로서 세속적인 명예·명성을 가지지 않은, 그것에서 초월한 사람이란 뜻.
5) 六極之外(육극지외) : 육극의 밖. 육극(六極)은 대종사편에서도 보이며, 육합(六合)과 같은 뜻이다.

　천근이 은양에 놀며 요수 위에 이르러 마침 무명인을 만나게 되어 물었다. "천하를 다스리는 법을 묻고자 합니다." 무명인이 왈 "가시오. 그대는 천한 사람이다. 어찌 즐겁지 않은 질문을 하는가. 나는 바야흐로 조물주와 벗이 되려 한다. 그것도 싫증나면 다시 망묘의 새를 타고 이 육극의 밖으로 나가 무하유의 고장에 노닐며 광랑의 들에 처하려 한다. 그대는 또 어찌하여 천하를 다스리는 일로써 나의 마음을 흔들어 놓으려 하는가?" 또 다시 물으니 무명인이 가로되 "그대는 마음을 담에 노닐게 하고 기운을 막에 모아서 만물의 자연스러움에 따라 사사로움이 없게 하시오. 그러면 천하를 다스릴 수 있으리라."

4. 교화는 만물에 미치더라도
   민중은 그것을 의지하지 않는다.

어느 때에 양자거(陽子居)라는 사람이 노담(老聃)을 만나뵙고 물었다.

"지금 여기에 한 사람이 있는데 동작은 잽싸고 몸은 튼튼하며 사물의 도리에 밝아 박식하고 총명하여 도를 익히는 일에 게을리 하지 않습니다. 이와 같은 사람이면 현명한 임금에게 비할 수 있겠습니까?"

노담이 대답하였다.

"아니지, 그러한 사람은 성인 즉 명군의 입장에서 보면 너무 지혜만 앞세우고 재주에 얽매여 몸을 수고롭게 하며 마음을 불안하게 하는 사람이네.

호랑이나 표범의 가죽은 사냥꾼을 끌어들이고, 원숭이의 재주와 살쾡이를 잡는 개는 오히려 사람들에게 이리 저리 끌려다니는 자유롭지 못한 속박을 스스로 끌어들이게 되는 첩경이네.

이러한 사람을 어떻게 현명한 임금에 견줄 수 있겠는가?"

이 말을 들은 양자거는 감동한 듯 말하였다.

"감히 현명한 임금의 다스림이란 어떠한 것인지를 여쭈고자 합니다."

노담이 대답하여 말했다.

"현명한 임금의 다스림이란 그 공적이 널리 천하를 뒤덮을 만하여도 자기에서 나오지 않은 것인 양하고, 그 교화(敎化)가 만물에 두루 베풀어져도 별로 백성들은 그것을 느끼지 않는 양하는 것이네.

확실히 베풀어지고는 있지만 누구 하나 그의 이름을 들추는 사람은 없고, 모든 사물로 하여금 스스로 삶을 기쁘게 해 놓고도 인간들의 인식을 벗어난 깊은 근원 경지에 서서, 그 허무한 가운데서 아무런 거리낌 없는 세계에서 노니는 것이네."

▨ 이 이야기는 양자거(陽子居)와 노자(老子)의 문답이다.

양자거는 춘추시대 말기에 쾌락설(快樂說)을 주창한 양주(楊朱)를 말하는 것이며, 혹은 그 이름을 융(戎)이라 하여 별개의 사람으로 보는 경우도 있다.

이러한 내용의 문답은 『장자』 외편의 천지(天地)에도 보이는데 거기서는 공자와 노자와의 문답으로 개작되어 있기도 하다.

문답의 요지는 현명한 임금의 다스림 즉 절대자의 지배는 인간의 지교작위(知巧作爲)를 물리치고, 하늘(自然)의 무위 무언에 의거한 무심망아(無心忘我)의 지배라는 것을 밝히고 있다.

陽子居[1]見老聃[2]曰 有人於此 嚮疾彊梁 物徹疏明 學道不勌[3] 如是者 可比明王乎 老聃曰 是於聖人也 胥易[4]技係[5] 勞形怵心者也 且 也虎豹之文來田 獼狙之便 執斄之狗來藉 如是者 可比明王乎 陽子居蹴然曰 敢問明王之治 老聃曰 明王之治 功蓋天下 而似不自己 化貸萬物 而民弗恃 有莫擧名 使物自喜 立乎不測 而遊於無有者也

1) 陽子居(양자거) : 『석문』에는 거(居)는 이름이고 자(子)는 남자를 말하는 통칭이라 하였고, 『성소』에서는 성은 양(陽)이고 이름은 주(朱), 자가 자거(子居)라 하였다. 맹자와 같은 때(서기전 4세기)의 개인주의자로 유명한 양주(陽朱)라는 설이 유력함.
2) 老聃(노담) : 노자(老子)를 말한다.
3) 不勌(불권) : 게을리하지 않는다. 권(勌)은 게으름. 권(倦)과 같은 뜻으로 통한다.
4) 胥易(서역) : 서(胥)는 서리(胥吏)의 준말로서 잡된 일을 처리하는 관리를 뜻함. 역(易)은 다스린다는 뜻.
5) 技係(기계) : 일정한 기교에 얽매여 있는 것을 뜻함.

양자거가 노담을 뵙고 말하였다. "여기에 한 사람이 있는데,

향질강량 하고 물철소명 하며 도를 배움에 게을리하지 않습니다. 이와 같으면 가히 명왕과 견줄 수 있겠습니까?" 노담왈 "이를 성인이 보면 서역기계로 몸을 수고롭게 하고 마음을 상하게 하는 자이다. 또한 호표의 무늬는 사냥을 초래하고 원숭이의 날램이나 살괭이를 잡는 사냥개는 쇠사슬을 부른다. 이와 같은 자를 명왕에 견줄 수 있겠는가?" 양자거가 놀라며 가로되 "감히 명왕의 다스림을 묻고자 합니다." 노담왈 "명왕의 다스림은 그 공이 천하를 덮어도 자기가 아닌 것같이 하고, 교화가 만물에 베풀어져도 민중에게 의지하지 않는다. 있으되 이름이 드러나지 않고 만물로 하여금 스스로 즐겁게 한다. 불측에 서고 무유에 노닌다."

5. 암컷이 많아도 수컷이 없으면 어찌 알이 있을 수 있겠는가?

정(鄭)나라에 이름을 계함(季咸)이라고 부르는 매우 영험이 있는 무당이 있었는데, 인간의 생사존망(生死存亡)과 길흉화복(吉凶禍福)은 물론 수명의 길고 짧음 등의 운세를 예언하면서, 마치 귀신같이 그 연·월·일까지 알아 맞추었다. 때문에 정나라 사람들은 그를 보기만 하여도 모두 피해 달아났다.

그래서 열자(列子)가 그를 만나보고서 마음 깊이 흠뻑빠져 돌아와 그의 스승인 호자(壺子)에게 아뢰었다.

"지금까지 저는 선생님의 도(道)를 지극한 것이라고 생각하였는데, 알고 보니 그보다 더 지극한 사람이 있었습니다."

이 말을 듣고 스승인 호자가 말했다.

"나는 그대에게 도의 형체인 글은 가르쳤지만 그 내실(內實)에 있어서는 아직 가르치지 못한 모양이구나. 그런데도 그대는 도를 충분히 깨달았다고 생각했더란 말인가?

아무리 암컷을 모아 놓더라도 수컷이 없다면 어떻게 알이 생기겠느냐? 그러함에도 그대는 도를 가지고 세상 사람들과 맞서서 그들의 믿음을 얻으려 하는가? 그러니까 남이 그대의 관상을 보고 쉽사리 알아 맞출 수가 있는 것이네.

어디 시험 삼아서 그를 데리고 와 내 관상을 보도록 해보게나."

다음날, 열자는 계함을 데려와서 호자를 뵙게 하였는데, 그가 물러나와 열자에게 말하였다.

"아, 당신의 스승은 죽을 것이오. 결코 살지 못합니다. 아마 열흘을 넘기지 못할 것입니다.

나는 그에게서 괴상한 상을 보았소. 생기라고는 하나도 없는 축축하게 습한 재(灰)를 보았습니다."

이 말을 듣고 열자는 방으로 들어가 눈물로 옷깃을 적시며 그 이야기를 호자에게 아뢰었다.

그러자 호자는 말하였다.

"조금 전에 나는 그에게 땅의 모습을 한 상을 보여주었다.

그것은 멍하니 움직이는 것도 아니고, 멈춘 것도 아닌 큰 땅덩이의 깊숙한 곳에서 싹트는 듯한 모습이다. 그는 아마 나의 두덕기(杜德機)의 상, 즉 내 덕이 꽉 막힌 경지를 조금 보았을 것이다.

시험 삼아 다시 한 번 데려와 보게나."

다음날 또다시 열자는 무당인 계함을 데려와서 호자를 뵙게 하였다. 관상을 보고 나와서 계함은 열자에게 말하였다.

"참으로 다행한 일이오. 당신 스승은 어제 나를 만나 병이 나았소. 완전히 생기가 돌아왔으니, 나는 그에게서 두권(杜權)의 상을 보았소."

이 말을 듣고 열자는 방에 들어가 스승인 호자에게 아뢰었다.

호자는 말하였다.

"조금 전 나는 그에게 천양(天壤)의 상을 보여주었다.

그것은 아직 어떤 형체가 잡히지도 않으며, 그 이름도 붙여지지 않은 것으로 오직 한 가닥의 생기가 발꿈치에서 일어날 뿐이다. 그는 아마 나에게서 선자기(善者機)의 경지, 곧 천지 사이에 선한 생기가 점차 일어나는 기틀을 보았을 것이다.

시험 삼아 다시 데려와 보게나."
또 그 다음날, 세 번째로 계함을 데리고 와서 호자를 만나게 하였다.
계함이 상을 보고 나와서 말하였다.
"당신의 스승은 상(相)이 한결같지가 않아서 나는 도저히 볼 수가 없소. 좀 일정하게 진정되거든 다시 보도록 합시다."
열자가 이 말을 듣고 안으로 들어가서 스승에게 아뢰었다.
호자가 말하였다.
"나는 아까 그에게 태충막승(太沖莫勝)의 상을 보여주었다.
즉 어떠한 흔적도 찾아볼 수 없는 허무의 극치를 보여 준 것이다. 그는 아마 나의 형기기(衡氣機)의 경지, 곧 생기를 고르게 하여 일체가 조화되는 것을 보았을 것이다.
소용돌이치는 물이 모여 연못이 되고, 고여 있는 물도 연못이 되며, 흐르는 물도 연못이라 한다. 연못에는 아홉 가지가 있지만 나는 이제 겨우 그 세 가지만 들었네.
시험 삼아 한 번 더 데리고 와 보게나."
다시 그 다음날 네 번째로 계함을 데리고 와서 호자를 뵙게 하였다. 그러나 계함은 앉기도 전에 선 채로 그만 정신을 잃고 달아났다.
호자가 말하였다.
"그를 놓치지 말고 쫓아가라."
열자가 그를 뒤쫓았으나 따라가지 못하고 되돌아와서 호자에게 말하였다.
"이미 그는 그림자도 형체도 보이지 않습니다. 어쩔 수가 없어서 되돌아왔습니다."
호자는 말하였다.
"나는 조금 전에 그에게 미시출오종(未始出吾宗)의 상을 보여 주었다.
그것은 곧 나라는 인간 존재의 근원인 도(道)와 그대로 일체가 된 경지를 말하는 것이다. 이것은 자기를 완전히 비우고 오직 사물의 움직임에 따를 뿐이어서, 자기가 무엇인지도 모르며 다만 풀이 바람에 쓰러지듯, 물결의 흐름인 듯하는 것을 가리키는 것이다.

그는 이처럼 천변만화(千變萬化)하는 모습을 보고 두려워서 도망친 것이다."

그런 뒤로 열자는 비로소 제 학문이 모자람을 깨닫고 집으로 돌아와서 3년 동안을 두문불출하고, 아내를 위하여 밥을 짓기도 하고, 돼지 먹이기를 사람 먹이듯 소중히 하였고, 어느 일에나 치우치지 않았다.

뿐만 아니라 모든 허식을 버리고 본래의 소박한 것으로 돌아갔으며 인위적인 것에서 벗어나 우뚝이 홀로 태어난 그대로 섰으니 어지러운 속세에서 홀로 진실을 지키다가 그의 생애를 마쳤다.

▨ 덧붙여서 이 호자(壺子)와 계함(季咸)과의 사건은 육조(六祖) 이후 중국의 여러 가지 문헌에서 볼 수 있는 각시(角試)-복술(卜術) 견주기-의 원형을 이루는 내용이다.

한(漢)나라 명제(明帝) 때에 행하여졌다는 도사(道士), -중국 민족종교였던 도교의 승려- 비숙재(費叔才)와 사문(沙門)의 마등(摩騰)이 겨룬 각시(角試), 북제(北齊)의 문선제(文宣帝) 때에 행하여졌다는 도사 육수정(陸修靜)과 사문의 담현(曇顯)과의 각시 등은 유명한 이야기이다.

이 장에 쓰여진 이야기도 이러한 의미로서의 정신사적 의의를 가진 작품으로 볼 수도 있다는 점에서 관심을 끌 만하다.

鄭有神巫 曰季咸[1] 知人之死生存亡 禍福壽夭 期以歲月旬日 若神 鄭人見之 皆棄而走 列子見之而心醉 歸以告壺子[2]曰 始吾以夫子之道爲至矣 則又有至焉者矣 壺子曰 吾與汝旣其文 未旣其實 而固得道與 衆雌而無雄 而又奚卵焉 而以道與世亢必信夫 故使人得而相汝 嘗試與來 以予示之 明日 列子[3]與之見壺子 出而謂列子曰 嘻 子之先生死矣 弗活矣 不以旬數矣 吾見怪焉 見濕灰焉 列子入 泣涕沾襟 以告壺子 壺子曰 鄕吾示之以地文[4] 萌乎[5]不震不

正 是殆見吾杜德機⁶⁾也 嘗又與來 明日 又與之見壺子 出而謂列子
曰 幸矣 子之先生遇我也 有瘳矣 全然有生矣 吾見其杜權矣⁷⁾ 列
子入以告壺子 壺子曰 鄕吾示之以天壤 名實不入 而機發於踵 是
殆見吾善者機也 嘗又與來 明日 又與之見壺子 出而謂列子曰 子
之先生不齊 吾無得而相焉 試齊 且復相之 列子入以告壺子 壺子
曰 吾鄕示之以 太沖⁸⁾莫勝 是殆見吾衡氣機⁹⁾也 鯢桓¹⁰⁾之審爲淵
止水之審爲淵 流水之審爲淵 淵有九名 此處三焉 嘗又與來 明日
又與之見壺子 立未定 自失而走 壺子曰 追之 列子追之不及 反以
報壺子曰 已滅矣 已失矣 吾弗及已 壺子曰 鄕吾示之以未始出吾
宗 吾與之虛而委蛇¹¹⁾ 不知其誰何 因以爲弟靡 因以爲波流 故逃
也 然後 列子自以爲未始學而歸 三年不出 爲其妻爨 食豕如食人
於事無與親 彫琢復朴 塊然獨以其形立 紛而封戎¹²⁾ 一以是終

1) 神巫日季咸(신무왈계함) : 계함이라는 신령한 무당을 말함. 『석문』
   에는 여자 무당을 무(巫), 남자 무당을 격(覡)이라 하였기로 계함
   은 여자라고 했다. 그러나 다른 설에 의하면 남녀 무당을 통틀어
   무(巫)라고 부르는 예도 있으므로 계함을 굳이 여자로 볼 수만은
   없는 것이다.
2) 壺子(호자) : 이름은 임(林)이고, 정나라 사람으로 열자(列子)의 스
   승. 전국 말기의 『여씨춘추』 하현편에 정나라 자산(子産)이 호구자
   림(壺丘子林)의 제자로 들어갔다는 기록이 보인다.
3) 列子(열자) : 열자는 이 책의 소요유편에 이미 나왔었다.
4) 鄕吾示之以地文(향오시지이지문) : 향(鄕)은 향(嚮)과 같은 뜻으로
   '앞서'를 말하며 지문(地文)은 '대지의 모양', '땅덩이같은 모양'
   을 뜻한다.
5) 萌乎(맹호) : 끄떡도 하지 않는 부동(不動)의 모양.
6) 杜德機(두덕기) : 덕을 꽉 막는 조짐.
7) 杜權矣(두권의) : 모든 기능을 막아버리는 조짐.
8) 太沖(태충) : 크게 비운다.
9) 衡氣機(형기기) : 형은 평(平)을 뜻하므로, 일체를 평등하게 하는
   조짐.

10) 鯢桓(예환) : 예는 고래, 환 역시 큰 물고기의 이름을 말한다.
11) 委蛇(위이) : 상대의 변화에 따라 자기도 따라 변화한다.
12) 紛而封戎(분이봉융) : 분이(紛而)는 어지러운 모양(亂貌也)이고, 봉융(封戎)은 저본에 봉재(封哉)로 되어 있는 곳도 있다. 즉 호란을 일으키는 것을 뜻한다.

정(鄭)에 계함이라는 신무가 있었다. 사람의 사생존망과 화복수요를 알고 연월일까지 맞추는 것이 귀신같았다. 정인이 그를 보면 모두 달아났다. 열자가 그를 보고 심취하여 돌아와 호자에게 고하여 가로되 "처음에 저는 선생님의 도가 지극한 줄 알았는데, 더 지극한 자가 있었습니다." 호자왈 "나는 이미 너에게 형식은 가르쳤지만 그 실상은 가르치지 않았다. 그런데 어떻게 득도하였다 하겠느냐. 암컷이 많아도 수컷이 없으면 어찌 알이 생기겠느냐? 도로써 세상에 맞서 반드시 믿음을 얻으려 하니 사람이 너의 상을 보고 쉽사리 알아 맞히는 것이다. 시험 삼아 데리고 와서 나를 보이도록 하자."

다음날 열자는 그와 더불어 호자를 뵈었다. 밖으로 나와 열자에게 말하기를 "아아, 당신의 스승은 죽으리라. 살지 못하니 열흘을 넘기지 못하리라. 나는 괴를 보고 자회를 보았다." 열자는 들어가서 눈물이 옷자락을 적시도록 울면서 호자에게 고하였다. 호자왈 "조금 전에 나는 지문(地文)을 보였다. 터질 듯 움직이지 않고 그치지도 않는 것이다. 그는 아마 나의 두덕기를 보았으리라. 시험 삼아 다시 데려 오너라." 다음날 또 그와 더불어 호자를 뵈었다. 나와서 열자에게 말하기를 "다행이오. 당신의 스승이 나를 만나 병이 나았소. 온전하게 살아났는데 나는 두권을 보았소." 열자가 들어가서 호자에게 고하였다. 호자왈 "조금 전에 나는 천양으로써 보였다. 명실이 끼어들지 못하고, 기가 발뒤꿈치에서 발하는 것이다. 그는 아마 나에게서 선자기를 보았을 것이다. 시험 삼아 또 데려 오너라." 다음날 또 그와 더불어 호자를 뵈었다. 나와서 열자에게 말하기를 "당신의 스승은 고르지를 못하오. 나는 상을 볼 수가 없었소. 가지런히 하시오. 그러면 다시 상을 하리라." 열자가 들어가 호자에게 고하였다. 호자왈 "나는 조금 전에 태충막승으로써 보였다. 그는 아마 나에게서 형기기를 보았으리라. 소용돌이치는 물도, 고요한 물도, 흐르는 물도 다 연(淵)이라 한다. 연은 아홉 가지 이름이 있는데, 이것은 세 가지일 뿐이다. 시험 삼아 또 데려 오너라." 다음날 또 그와 더불어 호자를 뵈었다. 서기를 정하지도 못한 채 자실하여 달아났다. 호자왈 "그를 쫓아라." 열자가 쫓았으나 미치지 못하였다. 돌아와 호자에게 아뢰었다. "이미 없어져 잃었기에 저는 미치지 못했습니다." 호자왈 "조금 전 나는 미시출오종으로써 보였다. 나는 더불어 허로 위이(委蛇)하여 그 수하(誰何)를 알지 못하였다. 바람부는 대로 흔들리고, 물결치는 대로 흔들렸기에 도망친 것이다."

그런 뒤로 열자는 스스로의 배움이 모자람을 깨닫고 돌아가 33년을 나오지 않았다. 그 처를 위해 밥도 짓고, 돼지 먹이기를 사람 먹이듯 하고 일에 있어서 더불어 친함이 없었다. 조탁하여 박(朴)으로 돌아가 괴연히 홀로 형체만 서 있었으며, 혼란한 채로 두고 다스리려 하지 않았다. 이로써 일생을 마쳤다.

6. 보내지 않고 맞아들이지 않으며
응(應)하지만 감추지는 않는다.

명예를 추구하는 표적의 주체가 되지 말고, 계략을 일삼는 꾀의 창고가 되어서는 아니되며, 일을 맡아 처리하는 책임자가 되지도 말며, 지혜의 주인공이 되지 말라.

시간과 공간을 벗어나 무궁한 도(道)를 터득하여 아무런 형체와 흔적도 없는 세계에 노닐며, 하늘로부터 받은 자기의 본성을 온전하게 하되 그밖의 어떤 이해에도 따지고 들지 말라. 언제나 마음을 텅 비게 하고 있을 따름이다.

지인(至人)의 마음 작용은 언제나 거울과 같다. 무엇이나 비춰 오면 맞이하지 않음이 없고, 무엇이나 떠나면 굳이 그 자취를 남기려 하지도 않는다.

단지 물(物)에 대응하여 그 형체를 비춰줄 뿐이며, 안으로 감추지 아니한다.

그렇게 하므로써만이 만물의 위에 군림할 수 있고, 나의 몸을 상하지 않게 한다.

▨ 위에서 먼저 설결과 포의자의 문답으로부터 시작하여 다섯 가지의 이야기를 열거하였다. 이 다섯 가지의 이야기를 예로 들고 그 문답을 빌려 절대자의 지배, 그 무위 자연의 정치를 밝힌 장자는 여기에서 우화적 서술로 밝힌 다음 그 자신의 말같이 요약하였다.

無爲名尸[1] 無爲謀府[2] 無爲事任 無爲知主 體盡無窮 而遊無朕[3] 盡其所受乎天 而無見得 亦虛而已 至人之用心若鏡 不將不迎 應而不藏 故能勝物而不傷

1) 名尸(명시) : 시(尸)는 『성소』에서 주인(主也)의 뜻이라 했다. 명시(名尸)는 공명을 추구하는 주인공이란 뜻.
2) 謀府(모부) : 부(府)는 곳집, 즉 창고. 책모와 지략을 안으로 감추고 이것을 끝없이 짜내는 것.
3) 無朕(무짐) : 짐(朕)은 '징조(徵兆)'를 뜻함. 그러나 『성소』에서는 흔적(迹也)을 뜻한다고 하였다.

명의 시(尸)가 되지 말며 모사의 중심이 되지 말라. 일의 책임자가 되지 말며 앎의 주(主)가 되지 말라. 무궁을 다하여 체득하고 자취없는 곳에 노닐어라. 하늘로부터 받은 바를 다하고 얻은 바를 찾지 말라. 오직 허(虛)일 뿐이다. 지인(至人)의 마음 씀은 거울과 같다. 보내지도 않고 맞아 들이지도 않으며, 응(應)하면서 감추지도 않는다. 그러므로 능히 사물(事物)을 이기어 상하지 않는다.

7. 하루에 한 구멍씩 뚫었는데
    7일째 되는 날 죽었다.

남쪽 바다를 다스리는 신(帝)을 숙(儵)이라 하고, 북쪽 바다를 다스리는 신(帝)을 홀(忽)이라 하며, 중앙을 다스리는 신(帝)을 혼돈(渾沌)이라 하였다.

숙과 홀이 어느 때에 혼돈의 땅에서 서로 만났는데 혼돈은 그들을 위하여 융숭한 대접을 하였다. 그래서 숙과 홀은 혼돈의 후의를 갚으려고 의논하였다.

"인간에게는 모두 일곱 개의 구멍을 가지고 있어서 보고, 듣고, 먹고, 숨쉬고 있는데 혼돈만이 그것을 갖고 있지 않으니 그에게 구멍을 하나 시험 삼아 뚫어 주자."

그리고는 혼돈에게 하루에 하나씩 구멍을 뚫어 주었는데, 이레째가 되는 날 혼돈은 죽고 말았다.

▨ 응제왕편의 이 마지막 이야기는 저 유명한 '혼돈이 칠규에 죽다'의 우화로서 이 편의 결론이라는 것과 동시에 장자 전체의 결론으로 볼 수도 있다.

이 이야기에서 장자는 인간의 영리함—작위(作爲)와 분별(分別)이 참의 실재(實在) 즉 일체 존재의 생생활달한 자연의 운동을 질식시키고, 사멸시키는 어리석은 것을 풍자하고 있다.

장자에 있어서 참 실재(實在)란 인간의 알음알이(心知)의 분별에서 벗어나 개념적 파악을 끊어버린 비합리(非合理)의 궁극인 '혼돈(渾沌)'이었지만 그 혼돈은 체험하는 이외의 방법은 없는 것으로서, 인간의 합리적 사유로는 파악되지 않는 것이다.

참 실재(眞實在)—도(道)란 모순의 동시 존재(同時存在)—란 제물론편에서 말한 바 있는 '양행(兩行)'이며 모든 대립이 대립인 채로 하나인 이질적 연속이었다.

그러나 이 이질적 연속으로서의 실재가 인간 인식의 테두리 안에서 의지하기 위하여는, 그 이질성(異質性)이 동질성으로 바꾸어 놓아지든가 아니면 연속이 분리로서 단절되든가 하여야 한다. 바꾸어 말하면, 거기에 일종의 지적 처리―앎(知)의 살륙행위―가 베풀어지지 않으면 안된다.

인식은 항상 이러한 실재(實在)의 지적 처리―살륙행위―를 매개(媒介)로 했을 때만이 성립한다.

요컨대 살아 있는 혼돈의 실재는 '일곱 구명(七竅)'을 뚫는 일로부터 시작하여 인식의 대상이 되는 것이다. 그러나 장자는 인식의 통일성과 체계성보다는 살아 있는 혼돈의 비합리(非合理)와 무질서를 사랑했다.

그에 있어서 소중한 것은 '평안한 삶'이며, 이른바 인식이나 이론도 아니다. 때문에 장자적 절대자는 '일곱 구명(七竅)'을 갖추고 죽는 것보다는, '일곱 구명' 없이 살아 있는 쪽을 바랬다. 자기와 세계의 인과적 통일을 생각하는 것보다는 '만뢰(萬籟)'의 소리를 단순한 '천뢰(天籟)'로써 듣기를 바랬다.

장자적 절대자는 그저 살아 있는 혼돈을 사랑할 뿐이다. 생명 없는 질서보다는 생명 있는 무질서를 더 사랑했다.

이러한 일은 절대자의 지배에 관하여도 같다. 절대자의 지배는 '허(虛)의 지배'이며, '무심의 정치'라는 것은 위에서도 말했지만, 허(虛)나 무심(無心)이라는 것은 '혼돈'에게 일곱 구명(七竅)을 뚫어주지 않는 것, 즉 일체 존재를 그것이 본래 그것에 있는 것의 자연성(自然性)에 해방시켜, 작위적인 규범으로 그 자연성을 왜곡하고 권력의 교지(狡智)로 그 본래성을 위협하지 않는 것이다.

이른바 '큰 나라를 다스리는 것은 작은 생선을 삶는 것같이 한다. (治大國若烹小鮮)' 〈노자 제60장〉는 것과 마찬가지로 생선을 삶을 때 '작위의 저(作爲之箸)'질과 함께 고기는 남비 속에서 없어지는 것이다.

새는 배우지 않아도 하늘 높이 날고, 물고기는 가르치지 않아도 물 속 깊이 헤엄치며, 사람은 가르치지 않아도 스스로 자기의 삶을 살아간다.

절대자의 지배는 그 높이 날으는 새를 하늘에 놓아주고, 깊이 깊이 헤엄치는 고기를 물에 놓아주어 살게 하고, 스스로 살아가는 인간을 그 본래성에 해방시키면 되는 것이다. 굳이 '일곱 구멍'을 뚫는다는 것은, 살아 있는 '혼돈'을 살륙하는 것이다.

인류는 그들 스스로가 진보다, 문화다, 하는 가운데 자기 자신에게 너무나 많은 구멍(竅)을 뚫어 놓았다.

시(是)와 비(非)의 구멍, 미·추(美醜)의 구멍, 선·악(善惡)의 구멍, 현·우(賢愚)의 구멍, 대·소(大小)의 구멍, 장·단(長短)의 구멍 등, 그래서 지금이야말로 인류는 만신창이가 된 가운데서 현대의 문명을 질식시키고 있다.

인간 본래의 건강한 생명은 가치(價値)의 질곡(桎梏) 속에서 신음하고, 인간 본래의 바람직한 정신은 지나친 자의식(自意識) 속에서 현기증을 느낀다.

때문에 장자는 '인간이여 지금 다시 한 번 높이 날아오르라'고 외친다.

비상(飛翔)하여 구만리 장천(長天)을 그 생명의 고향으로 돌아오라고 외친다. 생명의 고향이란 자연(自然)을 말하는 것이며, 자연으로 돌아온다는 것은, 살아 있는 '혼돈'을 살아 있는 그대로의 '혼돈'으로 사랑한다는 것이다.

인간의 모든 슬픔이나 두려움, 한탄이 이 살아 있는 '혼돈'의 '무규(無竅)' 속에서 천뢰(天籟)로서 들렸을 것이다.

장자적 해탈은 그곳에서 성립되고, 장자적 절대자는 그곳에서 탄생한다.

장자의 철학은 '혼돈씨의 술(渾沌氏之術)'이라 일컫는다(외편의 천지)는 것도 우연은 아니다.

南海之帝爲儵[1] 北海之帝爲忽[1] 中央之帝爲渾沌[2] 儵與忽時相與遇於渾沌之地 渾沌待之甚善 儵與忽謀報渾沌之德 曰 人皆有七

竅[3] 以視聽食息 此獨無有 嘗試鑿之 日鑿一竅 七日而渾沌死

1) 儵(숙)·忽(홀) : 숙·홀 다같이 '재빠르다' '홀연히'라는 뜻이 있다. 혹 숙은 형상이 있는 것, 홀은 무형(無形)을 말하기도 한다고 하였다.
2) 渾沌(혼돈) : 맑고 탁함이 아직 분별되지 않은 상태(淸濁未分也 此喩自然)로 자연을 말하며 도(道)를 표현하는 하나임. 그러나 이 장에서는 의인화한 이름이다.
3) 七竅(칠규) : 일곱 구멍. 규(竅)는 구멍이며, 눈 둘, 코 둘, 귀 둘, 입 하나를 합하여 칠규라 하는데, 인간의 관능적 감각(感覺)을 뜻한다.

　　남해의 제를 숙이라 하고 북해의 제를 홀이라 하며 중앙의 제를 혼돈이라 한다. 숙과 홀이 어느 때 혼돈의 땅에서 만났는데 혼돈이 극진히 대접하였다. 숙과 홀이 혼돈의 덕을 갚고자 꾀하여 말하였다. "사람은 모두 칠규가 있어 써 보고 듣고 먹고 숨쉬는데 홀로 있지 않다. 시험 삼아 이것을 뚫으리라." 하루에 한 구멍씩 뚫으니 이레가 되어 혼돈이 죽고 말았다.

시간과 공간을 초월하여
영원한 고전으로 남아질 수 있는 —

자유문고의 책들

1. 정관정요
오긍 지음 ●576쪽

당나라 이후 중국의 역대왕실이 모든 제왕의 통치철학으로 삼아 오던 이 저서는 일본으로 건너가「도꾸가와 이에야스(德川家康)」가 일본 통일의 기틀을 마련하는데 큰 힘이 되었다. 〈완역〉

2. 식경
편집부 해역 ●304쪽

어떤 음식을 어떻게 섭취하면 몸에 좋은가? 어떻게 하면 건강하게 무병장수 할 수 있는가 등등. 옛 중국인들의 음식물 조리와 저장방법 등 예방의학적 관점에서 그 해답을 얻을 수 있다. 〈완역〉

3. 십팔사략
증선지 지음 ●254쪽

고대 중국의 3황 5제에서부터 송나라 말기까지 유구한 역사의 노정에서 격랑에 휘말린 인물과 사건을 시대별로 나눈 5천년 중국사를 한 눈에 볼 수 있는 역사서. 〈완역〉

4. 소학
조형남 해역 ●338쪽

자녀들의 인격 완성을 위하여 성인이 되기 전 한번쯤 읽어야 하는 고전. 아름다운 말, 착한 행동, 교육의 기초 등, 인간이 지켜야 할 예절과 우리 선조들의 예의범절을 되돌아 볼 수 있다. 〈완역〉

5. 대학
정우영 해역 ●156쪽

사회생활에서 지도자가 되거나 조직의 일원이 될 때 행동과 처세, 자신의 수양, 상하의 관계 등에 도움은 물론, 훌륭한 지도자로 성장할 수 있도록하는 조직관리의 길잡이이다. 〈완역〉

6. 중용
조강환 해역 ●168쪽

인간의 성(性)·도(道)·교(教)의 구체적인 사항을 제시하였다. 도(道)와 중화(中和)는 항상 성(誠)을 가지고 살아가야 한다는 것과 귀신에 대한 문제 등이 심도있게 논의됐다. 〈완역〉

7. 신음어
여곤 지음 ●256쪽

한 국가를 경영하는 요체로써 인간의 마음, 인간의 도리, 도를 논하는 방법, 국가공복의 의무, 세상의 운세 그리고 성인과 현인, 국가를 경영하는 요체 등을 주제로 한 공직자의 필독서이다.

8. 논어
김상배 해역 ●376쪽

공자와 제자들의 사랑방 대화록. 공자(孔子)의 '배우고 때때로 익히면 즐겁지 아니한가.'로 시작되는 논어를 통해 공문 제자의 교육법을 알 수 있다. 〈완역〉

9. 맹자
전일환 해역 ●464쪽

난세를 다스리는 정치철학. 백성이란 생활을 유지할 생업이 있어야 변함없는 마음을 가질 수 있고, 생업이 없으면 변함없는 마음을 가질 수 없다.

10. 시경
이상진·황송문 역 ●576쪽

공자는 시(詩) 3백편을 한마디로 대변한다면 '사무사(思無邪)'라고 했다. 옛 성인들은 시경을 인간의 마음을 정화시키는 중요한 교서로 삼았다. 각 시에 관련된 그림도 수록되어 있다. 〈완역〉

11. 서경
이상진·강명관 역 ●444쪽

요순(堯舜)시대부터 서주(西周)시대까지의 정사(政事)에 관한 모든 문서(文書)를 공자(孔子)가 수집하여 편찬한 책이다. 유학의 정치에 치중한 경전의 하나. 〈완역〉

12. 주역
양학형·이준영 역 ●496쪽

주역은 신성한 경전도 신비한 기서(奇書)도 아니다. 보는 자의 관점에 따라 판단을 내리도록 하는 것이 역의 기본이치이다. 주역은 하나의 암시로 그 암시를 통해 문제를 해결해 나가는 것이다. 〈완역〉

13. 노자도덕경
노재욱 해역 ●272쪽

난세를 쉽게 사는 생존철학으로 인생은 속절없고 천지는 유구하다. 천지가 유구한 것은 무위 자연의 도를 수행하고 있기 때문이다. 제일 귀중한 것은 자기의 생명이다 라고 했다. 〈완역〉

14. 장자
노재욱 편저 ●260쪽

바람따라 구름따라 정처없이 노닐며 온 천하의 그 무엇에도 속박되는 것 없이 절대 자유로운 삶을 영위하는 소요유에서부터 제물론, 응제왕 편 등 장주(莊周)의 자유무애한 삶의 이야기이다.

번호	제목	역자/쪽수	설명	비고
15	묵자	박문현·이준영 역 ●552쪽	묵자(墨子)는 '사랑'을 주창한 철학자이며 실천가이다. 묵자의 이론은 단순하지만 그 이론을 지탱하는 무게는 끝없이 크다. 묵자의 '사랑'은 구체적이고 적극적이다.	〈완역〉
16	효경	박명용·황송문 역 ●232쪽	효도의 개념을 정립한 것. 공자의 제자인 증자(曾子)는 효도의 마음가짐이 뛰어났다. 이 점을 간파한 공자가 증자에게 효도에 관한 언행을 전하여 기록하게 한 효의 이론서이다.	〈완역〉
17	한비자(상·하)	노재욱·조강환 역	약육강식이 횡행하던 춘추전국시대에 순자의 성악설(性惡說)을 사상적 배경으로 받아들여 법의 절대주의를 역설하였다. 법 위주의 냉엄한 철학으로 이루어졌다.	〈완역〉
18	근사록	정영호 해역 ●424쪽	내 삶의 지팡이. 송(宋)나라의 논어(論語)라 일컬어진『근사록』은 송나라 성리학(性理學)을 집대성한 유학의 진수이다. 높은 차원의 철학적 사상과 학문이 쉽고 짧은 문장으로 다루어졌다.	〈완역〉
19	포박자	갈홍 저/장영창 역 ●280쪽	불로장생(不老長生), 이것은 모든 인간의 소망이며 기원의 대상이다. 인간은 죽음을 초월할 수 있는가? 불로불사(不老不死)의 약은 있는가? 등등. 인간들이 궁금해 하는 사연들이 조명되었다.	
20	여씨춘추	정영호 ●12기 ●8람 ●6론	여불위가 3천여 학자와 이룩한 사론서(史論書)로 유가·도가·묵가·병가·명가 등의 설을 취함. '12기(紀), 8람(覽), 6론(論)'으로 나뉘어 선진(先秦)시대의 학설과 사상을 총망라해 다룬 백과전서.	〈완역〉
21	고승전	혜교 저/유월탄 역 ●260쪽	중국대륙에 불교가 들어 오면서 불가(佛家)의 오묘 불가사의한 행적들과 중국으로 전파되는 전도과정에서의 수난과 고통, 수도과정에서 보여주는 고승들의 행적 등을 기록한 기록문.	
22	한문입문	최형주 해역 ●232쪽	조선시대의 유치원 교육서라고 하는 천자문, 이천자문, 사자소학, 계몽편, 동몽선습이 수록됨. 또 관혼상제 등과 가족의 호칭법 등이 나열되고 간단한 제상차리는 법이 요약되었다.	〈완역〉
23	열녀전	유향 저/박양숙 역 ●416쪽	역사에 큰 발자취를 남긴 89명의 여인들을 다룬 여성의 전기이다. 총 7권으로 구성되었으며 옛여성들이 지킨 도덕관을 한 눈에 볼 수 있는 교양서.	〈완역〉
24	육도삼략	조강환 해역 ●296쪽	병법학의 최고봉인 무경칠서(武經七書) 가운데 두 가지의 책으로 3군을 지휘하고 국가를 방위하는데 필요한 저서이다.『육도』와『삼략』의 두 권이 하나로 합한 것이다.	〈완역〉
25	주역참동계	최형주 해역 ●272쪽	『주역참동계(周易參同契)』란 주나라의 역(易)이 노자의 도(道)와 연단술(練丹術)과 서로 섞여 통하며『주역』과 연단은 음양을 벗어나지 못하며 노자의 도는 음양이 합치된다고 하였다.	〈완역〉
26	한서예문지	이세열 해역 ●328쪽	반고(班固)가 찬한『한서(漢書)』제30권에 들어 있는 동양고전의 서지학(書誌學)의 대사전이다. 한(漢)나라 이전의 모든 고전을 일목요연하게 볼 수 있는 서지학의 원조이다.	〈완역〉
27	대대례	박양숙 해역 ●344쪽	『대대례』의 정식 명칭은『대대예기』이며 한(漢)나라 대덕(戴德)이 편찬한 저서로 공자(孔子)와 그의 제자들이 예에 관한 기록의 131편을 수집하여 집대성한 것이다.	〈완역〉
28	열자	유평수 해역 ●304쪽	『열자』의 학문은 황제(黃帝)와 노자(老子)에 근본을 삼았고 열자 자신을 호칭하여 도가(道家)의 중시조라고 했다.『열자』는 내용이 재미가 있고 어렵지 않은 것이 특징이다.	〈완역〉
29	법언	양웅 저/최형주 역 ●312쪽	전한(前漢)시대 사마상여(司馬相如)의 영향을 받아 대문장가가된 양웅(楊雄)의 문집이다. 양웅은 오로지 저술에 의해 이름을 남기고자 힘써 저술에 전념하였다.	〈완역〉
30	산해경	최형주 해역 ●408쪽	『산해경(山海經)』은 문학·사학·신화학·지리학·민속학·인류학·종교학·생물학·광물학·자원학 등 제반 분야를 총망라한 동양 최고의 기서(奇書)이며 박물지(博物志)이다.	〈완역〉

31	고사성어 송기섭 지음 ●304쪽	일상생활에서 많이 쓰이는 중심되는 125개의 고사성어가 생기게 된 유래를 밝히고 1,000여개 고사성어의 유사언어와 반대되는 말, 속어, 준말, 자해(字解) 등을 자세하게 실어 이해를 도왔다.
32	명심보감·격몽요결 박양숙 해역 ●280쪽	인간 기본 소양의 명심보감과 공부하는 지침을 가르쳐 주는 격몽요결. 학교의 운영과 학생들의 행동에 대한 모범안을 보여주는 율곡 이이(李珥) 선생의 학교모범으로 이루어졌다. 〈완역〉
33	이향견문록 이상진 역 ●상·하	일반적으로 많이 알려지지 않은 숨은 이야기 모음이다. 소문으로 알려져 있는 평범한 이야기도 있고, 기이한 이야기도 있고, 유명한 사람의 이야기를 능가하는 이야기도 있다. 〈완역〉
34	성학십도와 동국십팔선정 이상진 외2인 해역 ●248쪽	'성학십도'는 어린 선조(宣祖)가 성군(聖君)이 되기를 바라는 마음에서 퇴계 이황이 집필한 책. '동국십팔선정'은 우리나라 사람으로서 성균관 문묘(文廟)에 배향된 대유학자 18명의 발자취를 나열한 책. 〈완역〉
35	시자 신용철 해역 ●240쪽	진(秦)나라 재상 상앙의 스승이었다는 시교의 저서로 인의(仁義)를 바탕에 깔고 유가(儒家)의 덕치(德治)를 바탕으로 '정명(正名)과 명분(名分)'을 내세워 형벌을 주창하였다. 〈완역〉
36	유몽영 장조 저·박양숙 역 ●240쪽	장조(張潮)가 쓴 중국 청대(淸代)의 수필 소품문학의 백미(白眉)로, 도학자(道學者)다운 자세와 차원높은 은유로 인간의 진솔한 삶의 방법과 존재가치를 탐구하였다. 〈완역〉
37	채근담 박양숙 해역 ●288쪽	명(明)나라 때 홍자성(洪自誠)이 지은 저서로 하늘의 이치와 인간의 정(情)을 근본으로 삼아 덕행을 숭상하고 명예와 이익을 가볍게 보아 담박한 삶의 참맛을 찾는 길을 모색하였다. 〈완역〉
38	수신기 간보 저/전병구 역 ●462쪽	동진(東晉)의 간보(干寶)가 지은 것으로 '신괴(神怪)한 것을 찾다'와 같이 '귀신을 수색한다'의 뜻으로 신선, 도사, 기인, 괴물), 귀신 등 등의 이야기로 이루어져 있다. 〈완역〉
39	당의통략 이덕일·이준영 역 ●462쪽	조선 말기의 정치가이며 학자인 이건창이 지은 책으로 선조(宣祖) 때부터 영조(英祖) 때까지의 당쟁사이다. 음모와 모략, 드디어 영조가 대탕평을 펼치게 되는 일에서 끝을 맺었다. 〈완역〉
40	거울로 보는 관상 신성은 엮음 ●400쪽	달마조사와 마의선사의 상법(相法)을 300여 도록을 준비하여 넣고 완전 현대문으로 재해석하여 누구나 쉽게 알 수 있도록 꾸민 관상학의 해설서. 원제는 '마의상법(麻衣相法)'이다. 〈완역〉
41	다경 박양숙 해역 ●240쪽	당나라 육우(陸羽)의 『다경(茶經)』과 일본의 영서(榮西) 선사의 『끽다양생기』를 합 현대문으로 재해석하고 도록으로 차와 건강을 설명하여 전통차의 효용성과 커피의 실용성을 곁들여 다루었다. 〈완역〉
42	음즐록 정우영 해역 ●176쪽	선행을 많이 쌓으면 타고난 운명을 바꿀 수 있다는 저서. 음즐은 '하늘이 아무도 모르게 사람의 행동을 보고 화복을 내린다.'는 뜻에서 딴 것. 어떤 행동이 얼마만큼의 공덕에 해당하는 가에 대한 예시도 해놓았다.〈완역〉
43	손자병법 조일형 해역 ●272쪽	혼란했던 춘추시대에 태어나 약육강식의 시대를 살며 터득한 경험을 이론으로 승화시킨 손자의 병법서. 현대인들에게는 처세술의 대표적인 책으로 알려졌다. 〈완역〉
44	사경 김해성 해역 ●288쪽	'사람을 쏘려거든 먼저 말을 쏘아라'라는 부제가 대변해 주듯, 활쏘기의 방법에 대한 개론서. 활쏘기 자체를 초월한 도(道)의 경지에 오르는 길을 설명하고, 관련 도록을 수록하고, 『예기』에서 관련된 부분을 발췌해 넣었다. 〈완역〉
45	예기(상·중·하) 지재희 역	옛날 사람들의 생활과 관련된 모든 것을 총망라하여 49편으로 구성해 놓은 생활지침서로 상·중·하로 나누었다. 옛날 사람들이 어떤 문화를 가지고 살았으며, 어떤 것에 생활의 무게를 두었는가 하는 것들을 살필 수 있다. 〈완역〉
46	이아 최형주·이준영 역 ●424쪽	중국 13경(經)의 하나. 가장 오래된 동양 자전(字典). 이(爾)는 가깝다, 아(雅)는 바르다, 곧 '가까운 곳에서 바른 것을 취한다'는 뜻. 천문·지리·음악·기재(器材)·초목·조수(鳥獸)에 대한 고금의 문자 설명. 〈완역〉

■ 동양학 100권 발간 후원인(가나다 순)

후원회장 : 유태전
후원회운영위원장 : 지재희
　　김관해, 김기홍, 김소형, 김재성, 김종원, 김주혁, 김창선, 김창완, 김태수, 김태식,
　　김해성, 김향기, 박남수, 박문현, 박양숙, 박종거, 박종성, 백상태, 송기섭, 신성은,
　　신순원, 신용민, 양태조, 양태하, 오두환, 유재귀, 유평수, 이규환, 이덕일, 이상진,
　　이석표, 이세열, 이승균, 이승철, 이영구, 이용원, 이원표, 임종문, 임헌영, 전병구,
　　전일환, 정갑용, 정인숙, 정찬옥, 정철규, 정통규, 조강환, 조응태, 조일형, 조혜자,
　　최계림, 최영전, 최형주, 한정곤, 한정주, 황송문

| 인지 |
| 생략 |

동양학총서 〔14〕
장자(莊子)

초판1쇄 발행　1991년　12월 19일
초판4쇄 발행　2003년　 6월 30일

해역자 : 盧在旻
펴낸이 : 이준영

회장 · 유태전
사장 · 백상태
주간 · 김창완 / 편집 · 홍윤정 / 교정 · 강화진
조판 · 태광문화 / 인쇄 · 천광인쇄 / 제본 · 기성제책 / 유통 · 문화유통북스

펴낸곳 : 자유문고
서울 영등포구 문래동6가 56-1 미주프라자 B-102호
전화 · 2637-8988 · 2676-9759 / FAX · 2676-9759
e-mail : jayumg@hanmail.net
등록 · 제2-93호(1979. 12. 31)

정가 7,000원
※ 잘못 만들어진 책은 구입하신 서점에서 바꿔드립니다.

ISBN 89-7030-014-7　04150
ISBN 89-7030-000-7　(세트)